中国历史文化名人传

天崩地解
黄宗羲传

李洁非 著

作家出版社

中国历史文化名人传

组委会名单

主任：李　冰
委员：何建明　葛笑政

编委会名单

主任：何建明
委员：何西来　李炳银　张　陵　张水舟　黄宾堂

文史组专家成员（按姓氏笔划为序）

王春瑜　王家新　王曾瑜　孙　郁　刘彦君　李　浩　何西来
郑欣淼　陶文鹏　党圣元　袁行霈　郭启宏　黄留珠　董乃斌

文学组专家成员（按姓氏笔划为序）

王必胜　白　烨　田珍颖　刘　茵　张　陵　张水舟　李炳银
贺绍俊　黄宾堂　程步涛

出版说明

中华民族五千年文明史中，涌现了一大批杰出的文化巨匠，他们如璀璨的群星，闪耀着思想和智慧的光芒。系统和本正地记录他们的人生轨迹与文化成就，无疑是一件十分有必要的事。为此，中国作家协会于2012年初作出决定，用五年左右时间，集中文学界和文化界的精兵强将，创作出版《中国历史文化名人传》大型丛书。这是一项重大的国家文化出版工程，它对形象化地诠释和反映中华民族文化的基本精神，继承发扬传统文化的精髓，对公民的历史文化普及和建设社会主义文化强国都具有重要而深远的意义。

这项原创的纪实体文学工程，预计出版120部左右。编委会与各方专家反复会商，遴选出在中国文化发展史上产生过重大影响的120余位历史文化名人。在作者选择上，我们采取专家推荐、主动约请及社会选拔的方式，选择有文史功底、有创作实绩并有较大社会影响，能胜任繁重的实地采访、文献查阅及长篇创作任务，擅长传记文学创作的作家。创作的总体要求是，必须在尊重史实基础上进行文学艺术创作，力求生动传神，追求本质的真实，塑造出饱满的人物形象，具有引人入胜的故事性和可读性；反对戏说、颠覆和凭空捏造，严禁抄袭；作家对传主要有客观的价值判断和对人物精神概括与提升的独到心得，要有新颖的艺术表现形式；新传水平应当高于已有同一人物的传记作品。

为了保证丛书的高品质，我们聘请了学有专长、卓有成就的史学和文学专家，对书稿的文史真伪、价值取向、人物刻画和文学表现等方面总体把关，并建立了严格的论证机制，从传主的选择、作者的认定、写作大纲论证、书稿专项审定直至编辑、出版等，层层论证把关，力图使丛书经得起时间的检验，从而达到传承中华文明和弘扬杰出文化人物精神之目的。丛书的封面设计，以中国历史长河为概念，取层层历史文化积淀与源远流长的宏大意象，采用各个历史时期最具代表性的文化符号与雅致温润的色条进行表达，意蕴深厚，庄重大气。内文的版式设计也尽可能做到精致、别具美感。

中华民族文化博大精深，这百位文化名人就是杰出代表。他们的灿烂人生就是中华文明历史的缩影；他们的思想智慧、精神气脉深深融入我们民族的血液中，成为代代相袭的中华魂魄。在实现"中国梦"的历史进程中，必定成为我们再出发的精神动力。

感谢关心、支持我们工作的中央有关部门和各级领导及专家们，更要感谢作者们呕心沥血的创作。由于该丛书工程浩大，人数众多，时间绵延较长，疏漏在所难免，期待各界有识之士提出宝贵的建设性意见，我们会努力做得更好。

《中国历史文化名人传》丛书编委会

2013 年 11 月

黄宗羲

目录

序言

　　黄宗羲，表字太冲，晚号梨洲。近世将他与顾炎武、王夫之一道，并称明末三大儒。他们都以明遗民终世，而自实际影响言，黄、顾在世已负盛名，王夫之当时知者不多，约二百年后才被发现。顾炎武影响主要在经学，黄宗羲则对清代史学贡献尤卓。清之代明，是中国史一大节点。它造成作为汉族国家的"中国"第二次整体亡国，但从今天观点讲，这是次要的。明代是帝制晚期，嬴政所创的这种极权政体，到明亡时存世近一千九百年。如此漫长时间，积累了大量矛盾，除早就存在的老问题，又有随经济、社会发展而形成的新问题。这令明代一面在制度上走到尽头，没有活力，上下苦闷；另一面，社会现实、思想现实又充满躁动。思想方面，整个中晚明兼有解体和解放双重特征，像极了欧洲文艺复兴对于中世纪的反动。政治方面，士大夫在朝堂上开始自觉结成利益集团，与皇权系统相抗，"宫""府"冲突一直伴随明朝到亡。而在地方或民间社会，乡绅对地方事务和民心、民望、民风的影响力，与日俱增，渐而能与官府相颉颃，东南一带以乡绅崛起为背景的社会再组织情形，万历以后相当显明。所有这些，当然以当时经济、生产的重大变化和突破为底蕴。打个比方，明王朝有如一只大脓包，细菌等病原体与白细胞的厮杀，以大脓包方式表现出来，看上去是很丑陋，但脓包破时毒素也就流尽，历史将能生长新鲜的肌肤。黄宗羲就活在这大脓包行将溃破的时代，他看得很清楚，脓包仅剩一层薄皮，近乎透明，触之即溃。偏不承想，溃破的当口儿，白山黑水之满人，趁乱而入。对此事的后果，当时自有各种解读，其中，从效忠明朝或华族亡国角度做出反应的，不乏其人。但以黄宗羲为代表的一些杰出人物，则从更高的历史高度看问题。他们主要看到两点。一是"大金—大清"① 文化上过于粗陋野质，他们入主中国，势必以这较大的文化落差拖中国文明进程后腿；二是当时中国已有明显的变革迹象，条件颇备，意识亦开始觉醒，而异族统治则势必以新的矛盾内容、矛盾关系，扭转中国历史呼之欲出的变革主题和方向。后来事实证明了这种预感。在近代化历程中，中国与欧洲拉开差距，主要取决于十七、十八世纪这二百年，明亡清兴可谓是其节骨眼儿。如今论到中国近代史，习惯以一八四〇年鸦片战争为起点与视角，其实可以试着将视线提前二百年。一旦基准点选在十七世纪四十年代而非十九世纪四十年代，我们眼光或大不相同，对一些事情看法可随之刷新。比如中国文化有无自我更新能力，中国历史可否自发孕育现代性，以及中国有无民主、法制、共和等思想的原创根芽……在鸦片战争视角下，这些都被否认了，认为非中国所能有，只有靠从欧美输入。以后，又有不少人断言"民主"等是外来物、不适合中国国情。这两种看似对立的看法，都认为近代之门，我们不能主动启之。究竟如何呢？或应越过清代的两百多年，到明末看一看。黄宗羲当能告诉我们不同的话语。一方面他平生所历很精彩，值得一述，更重要的是，他的思想对我们重新确认中国精神资源颇具启发。黄传过去已不算少，然而写得简明、详略得当，又能深入浅出的，似未得见。笔者除把握好主题以外，便想在这两个方面多下点功夫。体例上别无特别，唯行文之中夹注，通行的方式是加括号，但考虑到引用的传主一些诗文，颇多自注，若以括号标识，有失古意，故借鉴中国旧式印书的办法，凡夹注一律以较小字号排出；其中引文这一部分，传主原注则字号略小而字体不变，倘若注出笔者，则另择字体。谨序。

---

① 明万历四十四年（1616），努尔哈赤建国称汗，国号大金，亦称后金。明崇祯九年（1636），皇太极称帝，同时改国号大清。

零壹

麟儿

绍兴古称越，宁波古称甬，余姚大致居它们中间。如今余姚隶属宁波市，四百年前却在绍兴府治下。本书主人公乃余姚人氏，他一生许多故事与以上三地有关，故而我们先取得一点地理的概念。

余姚东南一带，眼下称梨洲街道，那是二〇〇一年为了城市化，将梁辉镇、余姚镇等十余村合并后新改的名称。四百年前，这里的古名乃是通德乡。

通德乡有座桥，叫黄竹浦。它还有别的名字，"黄家竹桥、竹桥、黄竹浦是一座桥名的不同说法"①。桥至今仍在，石制；从那个"竹"字来看，原来大约是竹造的，后来变成了石桥。至于黄竹浦中的"黄"字，则确因周围住着一支黄姓宗族。他们分布于一个较大范围，包括周家埠、后新屋、前园、李家塔几个自然村，黄竹浦本身并非村落，但黄氏以之为中心点，来指代全族的聚居区域。

明万历三十八年八月八日1610 年 9 月 24 日，黄家李家塔一支的长

---

① 季续《黄宗羲故里考查散记》，《宁波师院学报（社会科学版）》1985 年第 2 期。

媳姚氏临盆。戌时，暮色刚落，诞一男婴。孩子的父亲预先做过推算，"年月庚戌乙酉，得日时庚辰丙戌"①，实际竟然分毫未爽。

乳名也早就起好，单唤一个"麟"字。

它得自姚氏一个梦，梦见自己生了一只麒麟。这是很好的梦。古以麒麟为仁兽，"圣王之嘉瑞也"。鲁哀公十四年前481有猎获麒麟一事，《春秋》记之："春，西狩获麟。"写完这一句，孔子便辍笔了。杜预于此注道："时无明王出而遇获，仲尼伤周道之不兴，感嘉瑞之无应，故因《鲁春秋》而修中兴之教。绝笔于'获麟'之一句，所感而作，固所以为终也。"②说孔子本是为发扬周的道德而作《春秋》，现实却很令人失望，故对"时无明王"而仍有"获麟"之事发生，孔子感到无法解释，灰心而且伤心，索性就此搁笔其后至哀公二十七年这段尾声，非其亲笔，由门徒续完。

姚氏是否果有"获麟"之梦，无从考究。据说，新生儿"额角有红黑痣如钱，左右各一"③。我们知道麒麟是头上生角的，这描写自然意在印证"梦麟"之确。还有人查阅宋濂《孔子生卒岁月辨》，发现"与孔子生殂，只差一字"④。凡此种种都预示着，降生在黄家的这孩子，非比寻常。古时对一般所谓"人杰"，喜欢就其身世搞一点穿凿附会，我们姑妄听之。但无论如何，男婴乳名叫"麟"却是事先起好的，并非后来另改。

说起黄竹浦黄家，嗣胤虽繁，在当地却还称不上望族。宗谱上所载前十世，似乎都无名讳，仅以排行相称，如"万二""亚一""从二""辛六""端十四""福十""顺六"等。这是门户低微的特征。古时村野之夫，除有姓氏之外，只以排行区分，非得具一定身份地位的人家，才有专门起名的必要。

---

① 黄炳垕《黄宗羲年谱》，中华书局，1993，第9页。
② 《春秋左传正义》卷第五十九，北京大学出版社，1999，第1673—1674页。
③ 黄炳垕《黄宗羲年谱》，中华书局，1993，第9页。
④ 同上。附识：此书误将"生殂"印作"生物"，宜改之。

黄家这一支，到了第十一世，始有确切名讳。不过仍不稳定，有时又"失讳"无载、仅具排行。至第十四世，终于稳定下来，族中不仅各有名讳，甚至可以知道他们的表字。第十五世，出现第一个读书人，讳曰坤，字龙蟠，是"郡庠生"府学学生。第十六世，出现首位为官者——此人非他，正是麟儿的父亲黄尊素。①

黄尊素，表字真长。生麟儿那年，他二十六岁。这是他初次得子，他本人是长房长子，他的父亲黄曰中也是长房长子，到麟儿这儿，连续三代长房有子，从伦序角度说，意义非常，十分可喜。这种好兆，很快有了进一步的验证。麟儿出生的第六年，黄尊素"举于乡"。明清两代，当上举人便有做官的资格。过去族中无人中举，学历最高的叔父黄曰坤，仅为府学生。黄尊素中举后，丝毫没耽搁，百尺竿头，更进一步，翌年会试一举再登进士第。科举途中，能从乡试而会试连捷，甚是难得，多少人都蹉跎不已，屡试屡败。

不单功名得意，黄尊素子息也来得旺盛。成进士当年，次子出生，隔一年，又得第三子。这三个儿子，日后名望都很高，人称"浙东三黄"。他们便是长兄黄宗羲表字太冲、仲弟黄宗炎表字晦木、叔弟黄宗会表字泽望。后又有第四、五子黄宗辕、黄宗彝。

---

① 黄炳垕《世系图》，《黄宗羲年谱》，中华书局，1993，第5—6页。以上所叙，是黄宗羲这一支的情形，旁支或有不同，例如黄曰中同辈旁支中，有万历间中进士者。（参见黄宗羲《黄氏家录》）

零贰

随任

黄尊素成进士，时在万历四十四年 1616，第二年得授宁国府推官，于是携眷赴任。此后九年，麟儿都跟着父亲随任而往，度过一段官宦人家子弟生涯。

这正是他从童年到少年的阶段。此时他的生活，无忧无虑，多少显得平淡，所以《年谱》记载极简，似乎没有特别值得一叙者。

稍有兴味的，或许在于他的资赋和求学。古时才子硕儒，往往幼年即显异禀，麟儿却完全不曾留下类似美谈，好像只是一个很普通的孩子。天启二年 1622，父亲把他从宁国单独送回老家，去郡城绍兴"应童子试"。那是获取生员资格的考试。当时念书由私塾开蒙，念到一定程度，参加官学考试，县、府、院共考三道，全都合格通过，就取得官学入学资格，成为生员亦即俗称的秀才。勿要小看童子试，那是通往仕途的第一扇门，也殊为不易，考了一辈子到七八十岁仍通不过的，大有人在。麟儿一次成功，次年"补仁和博士弟子员"①。博士弟子员是生员别

---

① 黄炳垕《黄宗羲年谱》，中华书局，1993，第 11 页。

称，仁和是当时浙江一个县。换言之，麟儿就此成为仁和县县学的学生，那年他十四岁。

不过此事或许有些名堂在内，主要看那个"补"字，作何解释。

明代从太学国子监到地方上的府、州、县学，名额都是一定的。洪武年间，"生员之数，府学四十人，州、县以次减十"[1]，以后历朝具体人数有所增减变化，而有定额这一条不变。原因是，凡入官学，朝廷就要每月按人头支出，"师生月廪食米，人六斗，有司给以鱼肉"[2]，换言之，每个学生将由国家所养，故必然有额度限制。既有定额，不言而喻是缺一个补一个。补缺机会，无非是有人升了太学、考取举人或因过黜免。每次招考，"一等前列者，视廪膳生有缺，依次充补，其次补增广生"[3]。廪膳生指"初设食廪者"，增广生则近乎后代的扩招生、走读生。

麟儿"补仁和博士弟子员"，自然可以是这种正常的"补"，但并不排除另一可能。《思旧录》邓锡蕃条记：

> 邓锡蕃，字云中，金坛人，嵊县知县。余弟司舆补弟子员，为公所荐。[4]

"司舆"是四弟黄宗辕的表字。又，冯元飏条也记：

> 塘栖卓大丙年十六七，其妇翁引之见余，余言于公，即为致书杭司理宋璜，大丙即补博士弟子员。[5]

显然，"补"还可以通过请托亦即"走后门"达到。这种事，黄宗羲亲

---

① 张廷玉等《明史》卷六十九志第四十五选举一，中华书局，1974，第1686页。
② 同上。
③ 同上，第1687页。
④ 黄宗羲《思旧录》，邓锡蕃，《黄宗羲全集》第一册，浙江古籍出版社，2005，第374页。
⑤ 同上，冯元飏，第382页。

自运作过两回。一次为四弟宗辕宗辕四岁时父亲已被害，宗羲长兄如父，补弟子员一事必出彼手，另一次是为一个叫卓大丙的熟人家子弟。以此佐证，我们设想黄尊素当日为了麟儿亦曾如此，大抵并不离谱。

我们作此猜想，主要依据是少年时黄宗羲不算刻苦用功的孩子。按他的表现，应试会有相当难度，更不必说还一考即中。他自己回忆说：

> 宗羲此时年十四，课程既毕，窃买演义，如《三国》《残唐》之类数十册，藏之帐中，俟父母熟睡，则发火而观之。①

他的兴趣，不在正经功课上。所热切去读的东西，如今虽是堂而皇之的"文学经典"，以当时来论，则并不高于琼瑶古龙之类在今下的地位，耽于其间，不能不意味着疏怠学业。

麟儿保守着自己的小秘密，以为瞒得甚好，实则和每个背地里捣蛋的孩子一样，自以为得计而已。"一日出学堂，忠端公见其书，以语太夫人，太夫人曰：'曷不禁之？'忠端公曰：'禁之则伤其迈往之气，姑以是诱其聪明可也。'自此太夫人必窃视宗羲所乙之处，每夜数十叶，终不告羲为忠端公所知也。"②古时读书，爱在书上画"乙"字作为标记，类乎今人打钩画杠之类。麟儿不知，他每夜标注过的几十页，悉为母亲姚氏所掌握。

黄尊素纵容麟儿读闲杂书，说明他不是功利心很重的父亲，无意将儿子精神空间挤压到唯以举业为念的扁平态，以致伤了"迈往之气"。这是对的，于黄宗羲的精神格局发生了良好影响。然而话分两头，从应试角度我们得说，未来第一等的学问家黄宗羲并非优等生，拙于考试在他可谓始终的短板，一生最高"功名"止于"博士弟子员"。从日后崇祯间的屡次乡试不中，我们自有理由认为，连当初那个生员出身，多半

---

① 黄宗羲《家母求文节略》，《黄宗羲全集》第十一册，浙江古籍出版社，2005，第24页。

② 同上。

也未必是靠"真本事"挣来的。

天启二年，黄尊素在考评中升官，得授御史，位子一时无缺，乃先回乡待命。第二年任命下来，去都察院做山东道监察御史。这样，麟儿又随着父母北上，来到遥远的北京。

北京是大码头，麟儿很开眼界，见识了各种场面和人物。晚年他曾有一笔述及："余十四岁时，随先公至李皇亲园看牡丹，公指朱大典方较射园中，得一见之。"①印象新鲜如昨。而更开心的，还是杂书易得。先前，不论故乡或是宁国，不会有北京那么发达的市肆供他游逛。"窃买演义"之"窃"字，暗含了违禁少年所特有的快乐喜悦，那感觉，想来也为现在偷泡网吧的孩子所共有。

可这无忧无虑的光阴，没有维持多久。麟儿并不知道，当自己享受"少年不知愁滋味"时光的同时，父亲却正卷入一场严酷斗争。

① 黄宗羲《思旧录》，《黄宗羲全集》第一册，浙江古籍出版社，2005，第369页。

零叁

党祸

明都察院设十三道监察御史一百一十人，其中山东道十员。监察御史官不大，正七品，而位子重要、职权不小："主察纠内外百司之官邪，或露章面劾，或封章奏劾。在内两京刷卷，巡视京营，监临乡、会试及武举，巡视光禄，巡视仓场，巡视内库、皇城、五城，轮值登闻鼓"；出则为巡按，"代天子巡狩，所按藩服大臣、府州县官诸考察，举劾尤专，大事奏裁，小事立断。按临所至，必先审录罪囚，吊刷案卷，有故出入者理辩之。诸祭祀坛场，省其墙宇祭器。存恤孤老，巡视仓库，查算钱粮，勉励学校，表扬善类，翦除豪蠹，以正风俗，振纲纪。凡朝会纠仪，祭祀监礼。凡政事得失，军民利病，皆得直言无避。"①比之于后世，职责性质略近于"中纪委"。

从地方上调中央，自是仕途的进展，又何况是去了这样的岗位。以黄尊素的格调，这任命颇得其人，倘若朝纲振作，他可以很好胜任和履行职责。然而，彼时明朝却已至最腐烂的状态，处在黑暗风暴的前夜。

---

① 张廷玉等《明史》卷七十三志第四十九职官二，中华书局，1974，第1768—1769页。

帝权时代，朝臣与皇帝身边近倖，是两个主要的政治集团。从基本的方面来说，朝臣服从并维护整个国家的利益及伦理，近倖则代表皇权私利，或赖此身份为他们本人谋取私利。朝臣与近倖之间的对立，起因于帝制政治的两面性。

一般对帝权都理解为"朕即国家"那句话，原也不错的，但若以为君权至上便等于皇帝可以为所欲为、无所顾忌，却并非事实——至少不符合古代国家伦理。汉代以来所遵奉的儒家纲常早把话说在前头："君君，臣臣，父父，子子。"这四个连叠的字，一为名词，一个用如动词。"君君"的意思是，为君之人应表现得像一位君主。

语出《论语·颜渊》，乃孔子对齐景公的答言。当时后者表示："善哉！信如君不君，臣不臣，父不父，子不子，虽有粟，吾得而食诸？"意思是，吃君王这碗饭，必须谨守为君之道和君王本分，倘若做不到，就算有饭，恐怕也吃不上啊！但他嘴上说得漂亮，行动却是另一码事，故朱熹批评说："景公善孔子之言而不能用，其后果以继嗣不定，启陈氏弑君之祸。"《颜渊》开篇讲"克己复礼"，主要就是针对君主们而言："克己复礼为仁。一日克己复礼，天下归仁焉。"[1] 君主只有克制私欲，天下方致和谐。

总之，"朕即国家"固然不错，但"朕"却并非某位皇帝自己那个"小我"，而是与为君之道或"合格皇帝"概念相吻的人。当他是这样一种情形，他可以代表国家并与国家利益相一致；否则，并不适合吃这碗饭，臣子有责任谏议规劝，助他改过，使他回到正确道路上来。所以，中国的皇帝并非想象的那样绝对"自由"，可以无法无天。当然，如果君主一意孤行，非任其性子胡来，臣子除了批评抗议，确也拿他没有太多办法，这是古代权力制度的薄弱处，对独夫只能劝说而没法制裁。但大多时候，真正不管不顾、恣肆妄为的独夫亦为少数，一般出了这种皇帝，都距亡国之未远。理论上，帝权愿意接受儒家纲常的约束，

---

① 朱熹《四书章句集注》，论语集注卷六颜渊第十二，中华书局，1983，第131—136页。

那毕竟攸关王朝长治久安。朱元璋所颁祖训，就严守"圣王之道"，其子孙为君者，虽往往为之不便，却也不敢公然将祖训一脚踢开，只好一面挖空心思逞其私欲，一面维持礼法不废的表面文章。这一对矛盾体在政治上集中体现，就是有明一代所屡现的"宫府"对立。"宫"指内廷，皇宫中的小集团；"府"为朝堂，百官供职的行政机关。它们一个代表皇帝及皇族的意志和私欲，一个体现国家大政，而帝权于此二者，鱼与熊掌俱欲兼得，两样都不能丢，遂致彼此扞格、自相矛盾。自打宣德后、英宗起，明代政治一直在演绎这同一个故事，尤以正德、嘉靖、万历为甚，目下天启年间，更达到登峰造极的地步。

起因要溯至天启皇帝的祖父万历皇帝。朱翊钧因为偏私郑贵妃，置伦序于不顾，必欲以其所出第三子朱常洵嗣位，遭朝臣坚决抵制。双方所争，表面为伦常，实则是皇帝要不要守规矩、权力是否受约束。结果，朱翊钧居然拗不过朝臣，终以皇长子朱常洛为太子，敕封朱常洵为福王并送其洛阳之国。中间发生"梃击"一案，昏天黑地。事虽以皇帝落败为解，但"宫府"矛盾这堆干柴却已熊熊点燃，愈演愈烈，大有势不两立之态。

朱翊钧一死，朱常洛多年媳妇熬成婆，是为泰昌皇帝。可他这皇帝当的，委实窝囊，甫一月，便木坏山颓，原因——起码之一——是纵欲无度、服用"红丸"春药所致，而为之提供"女乐"的，据说就是仇人郑贵妃。这件事，史称"红丸案"；"宫"内之不端，就此而再添一笔。紧接着朱由校即位，便是那个以无知顽童闻名的天启皇帝。即位之初，又遭朱常洛宠姬李选侍挟持，宫中为此上演"解救孤儿"行动，由太监王安和顾命大臣杨涟等将朱由校从李氏那里"强抱持以出"[①]，史称"移宫"。到此，明末所谓"三案"俱齐，而各案关节，一致在于"宫府"相抗。

故事犹在继续。朱由校有个奶妈客氏，客氏则先后与魏朝、魏忠

---

① 李逊之《三朝野记》卷二上，天启朝纪事上，上海书店，1982，第19页。

贤二位太监"对食"，那魏忠贤原名李进忠，曾在李选侍身边当差。这几个人彼此之间，是一种紊乱且古怪的关系，总之，客氏为朱由校所宠信，魏忠贤则因客氏的关系骤列大珰，为司礼监秉笔太监，在整个宦官系统排名第二。他这个第二，实为第一。司礼监掌印太监王体乾虽位列其上，却很知趣地退避三舍，"故事，司礼掌印位东厂上。体乾避忠贤，独处其下"①。魏忠贤不识字，天启皇帝由于黑暗的宫廷生活自幼缺乏教育，也是白丁。这由文盲组成的团伙，却不乏自私自利本能，因为那弗学而能，不识字也照样认得明白，甚至比之于受过教育、有点文化来得越发彻底、肆无忌惮。他们联起手来，意欲将无上的帝权变成个人逞其私欲的工具。受着儒家伦理指引的文官系统，自然加以阻挠，不肯让他们得逞。矛盾愈积愈深，形成了两党。一是以魏忠贤为核心的"奄阉党"，一是朝臣中最有声势的"东林党"。后者是通过在吴中东林书院讲学而结成的一批士大夫政治同盟。"党"在那时不是好字眼，双方互称对方为"党"，都有贬斥的含义。

此时，吏部尚书为东林领袖之一赵南星，人事大权悉在东林掌握，他们有意识通过官员考察、任免来加强自己力量。黄尊素迁京，当然以此为背景。所以一到北京，就加入了对奄党的斗争。"时逆奄窃政，党论方兴，杨忠烈涟、左忠毅光斗、魏忠节大中诸公与忠端公为同志，常夜过邸寓，屏左右，论时事。"②这几个人，都是赫赫有名的东林大佬。

黄府所以是东林同志间的固定会面处，大概是黄尊素家眷随任，仆供颇备，别人则或孤身一人在京为官，如魏大中："魏忠节官邸惟有一僮，衙散朝回，则径来书室，其饥渴盐酪，皆于我乎是赖。"③吃喝都在黄家。

多少个夜晚，黄府烛晕下某角落，暗中都有一双少年的眼睛在闪

① 张廷玉等《明史》卷三百五列传第一百九十三宦官二，中华书局，1974，第7825页。
② 黄炳垕《黄宗羲年谱》，中华书局，1993，第11页。
③ 黄宗羲《家母求文节略》，《黄宗羲全集》第十一册，浙江古籍出版社，2005，第24页。

亮，注视着交谈者们慷慨激昂而又紧张密勿的神情，以及默默守候一旁、不时递茶斟酒的女主人。灯烛一次次燃之殆尽，以致仆婢黑暗中经过时不小心头会碰到屏风，但宾主谈兴不减：

> 是时逆阉窃政，党论方兴，杨、左诸君子，多夜过忠端公寓，议论时事，烛累见跋，僮婢头触屏风，而太夫人管勾茶铛酒罍，投于话阑。[①]

如此情景，历久不忘，晚年忆及，犹在眼前。萦绕在父亲身边的气氛，虽令麟儿感觉异样，但究竟意味着什么，想来他其实不懂。他暗中投向喋喋不休的父亲及其朋友们的目光，恐怕也并不出于对谈话内容的兴趣，而出于有如热锅上蚂蚁般的煎熬和等待——"别说了，让一切快些结束吧！"他心里这样悄悄告饶着。他有点秘密的事要做——好些可爱迷人的"窃买"而来的演义，要"俟父母熟睡"，"发火而观之"。

　　时在天启三年癸亥 1623。黄尊素北京任职时间并不长，仅二载，天启五年 1625 三月，他就因疏劾客、魏，削籍归。再过一年，党祸大作。三月，黄尊素与高攀龙、周顺昌、缪昌期、李应升等各被逮，解往北京。当年闰六月辛丑日 1626 年 7 月 23 日，黄尊素惨死狱中，时年四十有三。

---

① 黄宗羲《家母求文节略》，《黄宗羲全集》第十一册，浙江古籍出版社，2005，第 24 页。

成人

黄尊素蒙冤血海，死不瞑目。但千般恨愁之中，有一点大概可聊以自慰，那就是总算赶在被逮之前，为长子完婚。

天启五年 1625，麟儿年满十六岁。是年年底，娶同邑叶氏为妻。亲事当然是父亲做主替他定下。新娘子比新郎官年齿还长一岁，乃叶六桐之女。说起叶家，底蕴比黄家可要深厚许多。叶六桐曾任广西按察使，本人是名诗人和剧作家，论其祖上，则"宋石林先生梦得先生之后也"①。叶梦得，号石林居士，是两宋间南渡前后的大词家，官至刑部尚书。

十六岁，为明代男子法定婚龄。麟儿既娶，标志着他的成人。依礼，古时对已成人的男子不便直呼其名，或者说，本名仅供本人自称，旁人直呼其名都为失礼；故有身份的人家子弟，要另取一个与本名涵义相关的别名，作为表字，作为与人交际之用。黄尊素为麟儿所起表字，是"太冲"。眼下麟儿既已成人，我们也就不宜仍呼其乳名，而应依其表字，改称太冲。

---

① 黄宗羲《外舅广西按察使六桐叶公改葬墓志铭》，《黄宗羲全集》第十册，浙江古籍出版社，2005，第389页。

新婚不过三个月，缇骑就将父亲缉拿。太冲"送至郡城"①，郡城即绍兴。到绍兴后，不能再送，父子就此分手，不意竟成永诀。饯别时，黄尊素请好友——此时亦因得罪奄党削籍还乡的大儒刘宗周，收太冲为弟子。虽非托孤，心迹相同。古云，一日为师，终身为父；对男孩子来说，良师的意义不逊慈父。完婚、拜师，从黄尊素替太冲最后安排的两件事来看，他于此去的结局，胸中仿佛已经豁然。

又三个月，凶问自京传至。姚夫人"痛哭至晕绝"，祖父黄曰中"大书'尔忘勾践杀尔父乎'八个字"贴在太冲每日出入处。②失父之痛，在男孩当更为刻骨，盖因所失远不止父爱，每个男孩都下意识以父亲为榜样，故而失父对于他们还有一层精神归属的亡佚之痛。

许多年后，两位好友为他六十之寿，写来贺文，他却因此惟怀伤臆：

> 某不胜愕然，如昏沉梦中，忽然摇醒，记忆此身，方才痛哭。某十七失父，斯时先忠端公年只四十三耳，某亦何忍自比先公，而以四十三年私为己有，乃不意顽钝岁月，遂赢先公之十七，某之赢一年，是先公之缩一年也，何痛如之！人子之寿其父母，大约在六十以后，最夭则五十耳。某不得遇先公之五十，申其一日之爱，又何敢自有其五十、六十乎？先公就逮之日，题诗驿壁云："中官弟侄皆遗荫，孤孽何曾敢有儿。"齿发易销，斯哀难灭，是马医夏畦皆得为寿，惟某有所不可也。③

这时，距父亲之死四十三年。父亲时年四十三岁，自己十七岁，至今自己又比父亲多享十七年人寿。这几个数字巧合，令太冲五味杂陈、莫可

① 黄炳垕《黄宗羲年谱》，中华书局，1993，第11页。
② 同上，第12页。
③ 黄宗羲《辞祝年书》，《黄宗羲全集》第十册，浙江古籍出版社，2005，第166页。

名状。在他心里，无喜可言，反为至恸。几十年浑浑噩噩，少年失父那份哀恸深深压在心底，眼下被朋友贺寿"忽然摇醒"，令他面对如此凄惨的人生。"齿发易销，斯哀难灭"几个字，可让我们了解四十三年前一幕，于太冲是怎样挥之不去的噩梦。

巨祸突降，太冲因长子长孙之故，虽龄仅十七，肩膀尚犹稚嫩，也不得不担起整个家庭的重担。

首当其冲的难题，是所谓"完赃"。如同历来惯用的手法，魏忠贤明明搞的是政治迫害，加诸政敌罪名却为贪贿。下狱东林诸君，不同程度被追赃，几万至数千不等。黄尊素被追数目算少的，两千八百两，饶是如此，对家底并不厚实的黄家来说，亦属惊人巨款。然而钱款一日未齐，则酷刑严拷一日。后来，太冲给崇祯皇帝的颂冤奏章述之：

> 臣痛父血比，遍贷臣乡之商于京者，并父之同年门，至差足交赃将完，而杀机遂决矣。[1]

眼看将要缴毕，人却已被活活打死。由这段叙述我们又知，父亲逮去后，太冲紧跟着也北上京城，在那里四处求贷。短短两年，这座城市对于昔时御史官邸少爷来说，可谓冰火两重天。

重创之下，黄家生计维艰。"先忠端公殉节之后，室如悬磬"，太冲几以一人之力支撑所有。父亲扔下其弟兄五人，除他以外，皆在冲龄，而上有母亲姚氏、祖父母，下有妻室、子女。过了几年，几个弟弟也先后成亲，更是"食指繁多"。太冲忆那十来年的日子："际此丧乱，藐是流离，身挽鹿车，投足无所"，"自念养生送死，多少不尽分处，未尝不痛自勉强"，"不孝支撑外侮，鞅掌家塾"，"夏税秋粮，犹不孝一人办之"。[2]家中老的老、小的小，既要养生送死，又要应付"外侮"乡间有奄

---

① 金日升《颂天胪笔》卷二十，黄宗羲奏疏，《续修四库全书》四三九·史部·杂史类，上海古籍出版社，2001，第620页。
② 黄宗羲《吾悔集题辞》，《黄宗羲全集》第十册，浙江古籍出版社，2005，第32—33页。

党同伙，趁机落井下石、滋生事端，还要担负弟弟们的教育，帮助他们成家，沉重的税赋更险些将他压垮。

其子黄百家《先遗献文孝公梨洲府君行略》，对这一段经历有详述，谓之"府君少丁家难，母寡弟幼，覆巢之下，仅存完卵，兼之祸患频仍，内外百凡，只身肩拒"。具体谈到四件事。

一、为祖父黄曰中采备棺木："曾王父病革，匠事未敦，府君步行四百里，冒暑至诸暨，购归美椷，计直二百金。曾王父力疾出视，摩挲久之，喜曰：'汝后日即封赠及我，亦是虚名，今日之孝乃实事耳。'"古人极重棺椁，视为最后归宿。太冲知祖父心事如此，勉力为其了此愿，二百金想是东借西凑而来，不假舟楫、靠脚力徒步四百里，无非是为了省几个钱。

二、安葬父亲黄尊素："先王父丧归，卜葬隐鹤桥，乡人之在逆案者甚妒，天子有表章忠义之事，出而为难，府君御之。已建王父祠于西石山，又出为难，府君号于当事，蕺山助之曰：'不佞，白安先生之未亡友也，请以螳臂当之。'卒得御史萧公奕辅助金，推官陈公子龙作祠堂碑铭，檄县立石，又邀两冯公留仙、邺仙暨陆文虎、万履安、刘瑞当凡数十先生，会祭祠下，大鸣攻鼓，而逆党始沮。丙子，王父迁葬化安山，明年二月，分守台绍道谢公云虬奉命论祭，府县各官绅士皆来，馔者数千人，府君应之，不露寒俭之态。"黄尊素灵柩归故里时，客魏已倒，但乡间奄党气焰不减，对下葬颇事刁难，太冲勇于抗争，得刘宗周等支持，才办成丧事。后来迁葬化安山，此时奄党不复嚣张，仪式比较隆重，太冲虽然年轻、家贫，在整个过程中却能应对自如，亢卑得体。

三、抚教诸弟："叔父辈四人，王父被难时，四叔父司舆、五叔父孝先更幼，读书任之外傅。二叔父晦木年十一，三叔父泽望年九，府君身自教之……如是两叔父学成矣。为娶二叔父徐、冯两叔母，三叔父刘、梁两叔母，四、五叔父宋、姚两叔母。"二弟黄宗炎、三弟黄宗会，俱系太冲一手教成，四个弟弟中，恰也是这二人后来学识文章最好。他还替每个弟弟娶妻办婚事，二弟三弟甚至各娶两房。

四、完纳田赋："庚辰，点解南粮，充是役者，家无不覆，又值岁连大祲，叔祖辈皆相向而泣。府君告籴黄岩，一身竭蹶，又值遏禁甚严，驰驱台、越间，谋于王峨云、倪鸿宝、祁世培先生，而其事得集。"[1] 明代从宫廷供应到官俸、军饷，专赖"南粮"，东南一带田赋极重，且不光纳粮，还得负责运输，所谓"点解南粮"即民间完赋者轮值充任征解工作，不能完成，唯点解人是问。庚辰年即一六四〇年，轮到黄家负责"点解"。时连年灾乱，饷粮极缺，因而"遏禁甚严"，然而历来人口、田亩实际变动极大，朝廷却概不理会，仍按从前登记在册的情况征收，充点解者无不焦头烂额。太冲四处奔走，所幸得到绍兴几大望族帮助，将事情应付下来。有此亲身经历，难怪他日后在《明夷待访录》里严厉抨击赋税政策及朱棣"都燕"永乐迁都北京，造成南粮北解的沉重负担。

太冲生于安逸，而长于忧患。家中横遭变故，与成人同时。无忧无虑的少年时代戛然而止，旬月间踏入完全不同的人生，黄百家感叹这巨大悬殊，以"劳逸之判，逾于霄壤"形容，说父亲就此"茹苦一生"。然而有道是生于忧患，死于安乐。艰辛苦难，磨砺了太冲性格，亦廓大了其胸襟，令他为人治学迥异乎通常的"世家子"，身为书生却有一番罕见的豪杰气概。

---

[1] 黄百家《先遗献文孝公梨洲府君行略》，黄炳垕《黄宗羲年谱》附录，中华书局，1993，第76—77页。

零伍

颂冤

这种豪杰气概的首度显露，在崇祯元年 1628。

去年秋，天启皇帝朱由校以二十三岁之龄和并非致命绝症，正常死亡。如此年轻，也无人谋害，死因只是两年之前发生的溺水事件，受惊之外加上着凉，小伙子病体就此缠绵，竟至于死。

他死后两个多月，也即天启七年十一月，魏忠贤自杀，客氏浣衣局掠死。继位的崇祯皇帝，决定清算兄皇七年以来的奄党统治。崇祯元年上半年，魏党内阁黄立极、张瑞图、施凤来等陆续罢，五月，毁《三朝要典》，销其版；二年三月，终定逆案，分处磔、斩立决、秋后处斩及充军、坐、徙、革职、闲住等罪名，计二百余人。

是为四百年前的拨乱反正。得到了消息，太冲时隔三年再度北上京师。这次，是去为父亲御前陈冤。

具体日期未详，依《颂天胪笔》所载奏疏末尾所注"崇祯元年三月日具题"① 推知，大约是二月甚或正月就从余姚动身。当中，在杭州稍

---

① 金日升《颂天胪笔》卷二十，黄宗羲奏疏，《续修四库全书》四三九·史部·杂史类，上海古籍出版社，2001，第 620 页。

有停留，住"太平里小巷"。在那里，见到陈继儒眉公。陈乃当世名士，书画俱绝，身份不过诸生，名头却大得惊人，"上自缙绅大夫，下至工贾倡优，经其题品，便声价重于一时，故书画器皿，多假其名以行世"。时眉公方游于西湖，一人而以三只画舫随行，一条供其居住，一条专供会客，一条载其门生故友，拜会者如云，以致他苦笑道：来西湖数日，"只看得一条跳板"。访客如此之多，太冲求见却即得延入，不但如此，复亲至太平里小巷专程"答拜"，那全是对黄尊素敬重的缘故。太冲忆此，有"天寒涕出"一语，以杭州的气候，这光景一般不会在正月以后，此可助我们断他赴京颂冤行程的起止。也正是这次回访中，太冲拿出颂冤疏稿请陈过目，"先生从座上随笔改定"，因知这道奏疏当中包含眉公手笔。①

奏疏指控对象，为曹钦程、李实，及许显纯、崔应元。曹钦程官太仆寺少卿，父事魏忠贤，李实是太监，任苏杭织造，黄尊素案是此二人出面构陷。许显纯掌北镇抚司，崔应元官锦衣卫指挥，专事锻炼，魏奄将人下狱，即付与他们折磨。具体说，黄尊素先由曹、李捏成案子，继由许、崔毙于狱中。此四人乃黄尊素致死直接责任人，所以奏疏没有直接告魏忠贤，而是要求惩处这几位帮凶："臣父之惨死，虽由逆珰恣擅，实附逆之钦程、李实借以希荣，同谋杀人"②。

疏上，圣旨批答："黄宗羲奏谢知道了。曹钦程、李实等已屡有旨处分，该衙门知道。"③ 谓针对曹、李等的处置，先前多次作过批示，就此对刑部重申不赘。

刑部得旨，遂于五月会审许显纯、崔应元。太冲作为原告，对簿公堂。其间发生如下一幕：

① 黄宗羲《思旧录》，陈继儒，《黄宗羲全集》第一册，浙江古籍出版社，2005，第343页。
② 金日升《颂天胪笔》卷二十，黄宗羲奏疏，《续修四库全书》四三九·史部·杂史类，上海古籍出版社，2001，第620页。
③ 同上。

> 公对簿，出所袖锥锥显纯，血流被体。①

预先将一柄长锥藏于袖中，当庭刺向许显纯，令其血流遍体。味其所述，似乎是甫一照面，拔锥便刺，十分鸷猛，所以令许显纯不及躲避，衙役也不及阻拦。

六月，会审李实等三人，又上演同样一幕：

> 复于对簿时，以锥锥之。②

不过这一回，只说有锥刺之举，而无结果的描述，兴许受到阻拦，未曾刺中。

这种场景，法庭上大概常有。所谓"仇人见面，分外眼红"。故而如今法院，对于来者皆行严格安检，连小小打火机亦不得带入，更不必说利刃之器。古时不知如何，多半也有所防备，虽无安检设备，搜身总不难办到。太冲得携利刃在身，头一回如此，下一回复能如此，其情蹊跷。个中原委，我们无由知之。关键是，他以一介书生，出此悍勇之举，实在让人目瞪口呆。

更有奇者，黄百家《先遗献文孝公梨洲府君行略》载：

> 又与光山夏承、吴江周延祚，共棰"棰"是鞭子或棍杖所头
> 叶咨、颜文仲，立时而毙。③

"所头"即狱卒，许显纯的北镇抚司有这么两个恶棍，一个叫叶咨，一

---

① 黄炳垕《黄宗羲年谱》，中华书局，1993，第13页。
② 同上。
③ 黄百家《先遗献文孝公梨洲府君行略》，黄炳垕《黄宗羲年谱》附录，中华书局，1993，第64页。

个叫颜文仲，当初对东林诸君刑讯逼供，他们都是干将，"被难诸公，皆其手害者"①，眼下也被收监。照以上所述，叶、颜受审时，太冲与同难的周宗建之子周延祚、夏之令之子夏承，一齐冲上去，将两人当场打死。此叙事因出黄百家，似乎可靠，所以邵廷采《遗献黄文孝先生传》、全祖望《梨洲先生神道碑文》以及黄炳垕《黄梨洲先生年谱》，都予采纳全祖望稍有不同，为"共锥牢子叶咨、颜文仲，应时而毙"②，但我一直未敢轻信。盖此情节，跟先前袖锥以刺许显纯、李实，大不相同。锥人致伤，哪怕血流被体，终究未曾夺人性命，"立时而毙"则属于擅杀，完全逾于法度之外。后读《思旧录》，从周延祚一条见太冲亲笔写道："狱卒颜咨、叶文仲，诸公皆被其毒手，余与长生登时捶死。"③居然是真，唯两狱卒姓氏，旁人似乎是弄颠倒了。

太冲在京城的作为，称得上惊世骇俗。邵廷采说：

> 当是时，先生义男④勃发，自分一死，冲仇人胸，赖天子仁明，念忠臣遗孤子，不加罪，会审之日，观者无不裂眦变容。当是时，姚江黄孝子之名震天下，事定还里，四方名士无不停舟黄竹浦，愿交孝子者。⑤

看来他的做法，确超出了一定限度，不然不会有崇祯皇帝的"不加罪"。事情究竟如何，恐怕要请教古代刑律专家。从我们现代人角度，一个人即便十恶不赦，亦须按程序治罪，不能由个人私自处置。古代想来也

---

① 黄百家《先遗献文孝公梨洲府君行略》，黄炳垕《黄宗羲年谱》附录，中华书局，1993，第64页。
② 全祖望《梨洲先生神道碑文》，黄炳垕《黄宗羲年谱》附录，中华书局，1993，第86页。
③ 黄宗羲《思旧录》，周延祚，《黄宗羲全集》第一册，浙江古籍出版社，2005，第349页。
④ 原书如此，当为"勇"之误。
⑤ 邵廷采《遗献黄文孝先生传》，黄炳垕《黄宗羲年谱》附录，中华书局，1993，第79—80页。

是如此，只是理念与执行的严格，也许达不到现代程度，有时会有些人情的参酌而网开一面。从两个狱卒姓氏弄得颠倒来看，他们都是毫无身份、微不足道的小人物，或许因了这一点，太冲和周延祚的擅杀，才被宽恕。

作为现代人，这件事，我们不免有点难以接受。但一来我们不能忘掉时代、社会的不同，二来亦勿就此以为太冲的为人暴烈鸷狠。他确实并非那样的人。这次在京的表现，十分特殊，一生绝无仅有，包括后来武装抗清，亦未听说他亲手杀过什么人。北京所为，实在是那帮坏蛋害父亲死得太惨，害他全家水深火热，悲愤交加，胸中攒着千般苦万般痛。其次，实际他是抱着必死之念而来，欲以血还血、以牙还牙，来此就是跟仇人拼命，原未打算活着回去，故邵廷采称之"义勇勃发，自分一死，冲仇人胸"。好在冤如血海，众所周知，所以崇祯皇帝法外开恩，悯而不论。

北京颂冤，是太冲首次以"社会人"在人生舞台亮相。后来，当他走完漫漫人生路，众门生聚议为他上私谥，最终定下来两个字，一个是"文"，一个是"孝"。"文"的所指一目了然，他乃当世大儒、思想巨擘；那个"孝"字，主要就是指他一腔热血替父申冤的表现。当时，东林同难的后人纷纷赶到京城颂冤，大家同样悲痛，然论行动的刚果与决绝，多不能和太冲比，以哭诉、进呈血书等方式为主，这也更符合书生们通常的文柔性情，唯太冲能够义无反顾、不计安危，显示超众的行动力。而这种行动力，在他，是具标志性的。他以后的人生轨迹和杰出成就，实际皆从中而来。那些大开大阖、波澜壮阔、传奇惊世的经历，以及思想上的卓立崛岿、一骑绝尘，根源都要到这种人格中找寻。

秋天，太冲奉父柩南回。随身携来的，还有从崔应元胸前揪下的一撮胡须，作为替父报仇的象征，"归而祭之忠端公神位前"[①]。

---

① 黄炳垕《黄宗羲年谱》，中华书局，1993，第13页。

零陆

同难

之前太冲，可以说是孤单的。如今他有了第一个相互友近的圈子，其中有些还是终生的朋友。

这圈子，便是东林同难者的后人，如魏大中子魏学濂、周宗建子周延祚、杨涟子杨之易、李应昇子李逊之、周顺昌子周茂兰、袁化中子袁勋及左光斗、周起元、周朝瑞、缪昌期、高攀龙、顾大章后人等。颂冤中，他们同仇敌忾、并肩团结，经常联袂行动；颂冤毕，"同难诸子弟设祭诏狱中门"，集体举行告慰先人仪式，宣读祭文，齐声痛哭，时观者甚众，悲痛气氛感染了每个人，而"观者亦哭"。①

这番经历，使他们结成深厚友谊。内中最具人望的，是魏学濂表字子一。为了给父亲魏大中申冤，魏学濂以苦行僧般坚忍，从浙江徒步至京，率先以血书上疏，致"天子改容"②，对推动东林冤案平反，有重大贡献。之前，子一的兄长、魏家长子魏学洢，更被目为人间楷模。魏大中狱中惨死后，魏学洢领得父亲尸体，千里"扶榇归，晨夕号泣，遂病。

---

① 黄炳垕《黄宗羲年谱》，中华书局，1993，第13页。
② 计六奇《明季北略》，中华书局，1984，第609页。

家人以浆进，辄麾去，曰：'诏狱中，谁半夜进一浆者？'竟号泣死。崇祯初，有司以状闻，诏旌为孝子。"①魏家门风，堪称世所共仰，故而东林子弟的集体行动，"共推子一为首"②，那篇宣读于诏狱门外、感人肺腑的祭文，即为子一手笔。

在所有同难兄弟中，太冲"年最少"，他受到了大家的照顾和友爱。"子一以同难视余犹弟"③，拿他当小弟弟。周延祚表字长生对太冲尤为关照，太冲晚年忆及曰："当年同集阙下，初离外傅，遇事周章，长生为之提揭，钦爱之情，至今历然。"④《思旧录》亦写道："余年十九，于世故茫然……长生练达，凡事左提右挈。"⑤同难间的特殊情义，令太冲没齿难忘，而这位小弟弟，却也以逾人一等的勇毅果决，让人刮目相看。

之前他们大概从未谋面，此番因颂冤聚首京城，那患难与共的感受，令大家格外珍视，而有很正式的订交：

> 烈皇登极，其孤子皆讼冤阙下，叙其爵里年谱，为《同难录》。甲乙相传为兄弟，所以通知两父之志，不比同年生之萍梗相值也。⑥

烈皇即崇祯皇帝，甲乙乃甲申1644、乙酉1645两年连称，指明亡时刻。也就是说，在京期间大家曾经各序年齿，共入名册，以彼此父亲遗志相激励，做了超乎血缘之上的结盟弟兄，而情谊一直延续到明朝灭亡以后。

---

① 张廷玉等《明史》卷二百四十四，中华书局，1974，第6337页。
② 黄宗羲《翰林院庶吉士子一魏先生墓志铭》，《黄宗羲全集》第十册，浙江古籍出版社，2005，第413页。
③ 同上。
④ 黄宗羲《顾玉书墓志铭》，《黄宗羲全集》第十册，浙江古籍出版社，2005，第431页。
⑤ 黄宗羲《思旧录》，周延祚，《黄宗羲全集》第一册，浙江古籍出版社，2005，第349页。
⑥ 黄宗羲《顾玉书墓志铭》，《黄宗羲全集》第十册，浙江古籍出版社，2005，第431页。

太冲晚年遗墨《自题》，将一生述为三阶段："初锢之为党人，继指之为游侠，终厕之于儒林。其为人也，盖三变而至今。"[1] 初锢为党人，指的就是这一段。"党"字古义为负面，这里本是奄恶辈加诸东林同志的诬称，眼下，客观上却也使这些东林后人团结起来，后来好些年都作为思想共同体，与奄党余孽展开斗争。其中最有名的一件事，就是发生在南京的"桃叶渡大会"。

事在丙子 1636。丙子年，又逢大比，为了备考，举子们去年冬天就陆续来到南京，温习热身。魏学濂也在其中。奇怪的是，他在南京不敢抛头露面，和一个朋友秘密租了间房子，隐身避迹。

为什么呢？因为阮大铖之故。

我们知道魏学濂父魏大中惨死党祸，而其渊源即牵惹阮大铖。天启四年 1624，吏科都给事中职缺，阮大铖循例应补，且事先得同乡左光斗允诺支持。不意，东林方面以该职重要，决定另委自己同志任之，于是人选临时变成了魏大中。阮大铖眼看到手的职位丢掉，由此与东林结怨。崇祯元年 1628，昭雪期间，魏学濂伏阙陈冤，血书进奏，直指阮大铖以私怨陷其父致死。阮大铖就此名列逆案，废斥还籍，旧怨之上再添新仇。

及乙亥年 1635，也就是丙子的前一年，阮大铖因"流氛逼上江"，从怀宁流寓南京。到南京后，阮大肆活动，交结权贵，一改废斥以来的落寞，颇有死灰复燃之势。冒襄记之：

> 怀宁指阮大铖在南京，气焰反炽。子一茕茕就试，传怀宁
> 欲甘心焉。[2]

恰好魏学濂从浙江来南京参加乡试，两边一个"气焰反炽"，一个"茕茕就试"，形成鲜明对照。阮大铖好像到处打听魏学濂下处，意欲寻仇。

---

[1] 黄炳垕《黄宗羲年谱》，中华书局，1993，卷首插页。
[2] 冒襄《往昔行跋》，《同人集》，卷之九，往昔行，水绘庵清刻本，北京师范大学图书馆藏，第三页。

冒襄是从朋友陈梁那里听到这风声，当即往访魏学濂。叩门之际，魏学濂还颇为紧张；一番试探，知来者为友，才敢出见。冒襄叫他们不要怕："旧京何地？应制科举别称何事？怀宁即刚狠，安能肆害？"与人凑了一百多两银子，替魏学濂在桃叶河房冒氏寓所附近租房，将其安顿。此处"前后厅堂楼阁凡九，食客日百人，又在通都大市"，众目睽睽之下，兼有冒襄时时看视，而"怀宁敛迹矣"。

但整个备考期间，魏学濂并不放心，"鳃鳃虑怀"，提心吊胆，还是怕出事。终于考完，"场毕，果亡恙也"。心间一块石头落地，魏学濂觉得该庆祝一下，冒襄更有意借此机会狠煞阮大铖气焰。于是，由冒襄出资、魏学濂发束，约定于观涛日在秦淮河桃叶渡"置酒高会"，"大会同难兄弟"。

观涛日即八月十五，以扬州、镇江一带"秋月观涛"得名。前曾说，崇祯元年京城《同难录》"共推子一为首"，眼下"大哥"撒帖，岂有不至？况当时在南京赴考的"同难兄弟"甚多，收到请帖，群起响应，举如缪昌期子缪采室、李应昇子李逊之、左光斗子兄弟四人、周顺昌子茂兰茂藻兄弟、顾大章子顾玉书、周朝瑞子周延祚、高攀龙孙高永清……咸来赴会，太冲也在其内，据冒襄说只有"杨忠烈公杨涟公子在楚不至"。除了这些"同难兄弟"，与会者还有冒襄、方以智、陈贞慧、侯方域此所谓"明末四公子"者等众多秦淮名士。一干人等彻夜痛饮，通宵达旦，对阮大铖指名道姓、嬉笑怒骂，轰动了整个南京，"一时同人咸大快余此举，而怀宁饮恨矣"。[①]

此即明末士林闻名遐迩的"桃叶渡大会"。是为崇祯间南京秦淮河畔青春反叛群体一次空前盛会，当年影响甚大，以致并未躬逢其盛者，如吴伟业、陈维崧，多年后也为之津津乐道，在诗文中品评不已。另外，两年后的《留都防乱公揭》事件，实亦由其启之。

以后世事沧桑，《同难录》人迹星散，有的不知所终，也有像周延祚、魏学濂那样不幸早死。而太冲铭心刻骨，乱后屡有寻访，如甲辰年

---

① 以上均据冒襄《往昔行跋》。

1664 五十五岁时，专程至吴中，在常熟见了顾玉书，访李逊之于江阴而不遇，"与周氏兄弟茂兰、茂藻凄怆话旧"于姑苏。①彼此保持最久交往记录的，大概是周茂兰。癸亥年 1683 周茂兰"千里来拜先忠端公墓"，是年太冲七十四岁，"子佩年七十九"，两人身体都很好，周"登山如履平地"。后年乙丑 1685，太冲又到苏州回访周茂兰，这或系《同难录》入册者之间的最后一次晤面。

不能忘怀，复显于文字。他曾为好几个同难兄弟写过墓志铭，尤其对于"大哥"魏学濂，始终不信其晚节不保。甲申之变，闯军克京师，时在城中的魏学濂据说屈膝迎降、得授伪职，旋羞悔自尽。但也有另外的说法：城陷后魏学濂与陈名夏、吴尔壎、方以智相遇于金水桥，大家商议以死报先帝，魏学濂反对，说："死易尔，顾事有可为者，我不以有用之身轻一掷也。"并说出了太子等尚在，自己所联络的真定、保定义师"且暮且至"这样的理由。后传来太子被捉并遇害的消息，而所约义师迟迟不至，于是，魏学濂赋绝命诗二首而自缢。②真相扑朔迷离，但魏氏故乡嘉善的仇家则借机大肆鼓噪，南京马、阮当局也正式宣布魏学濂是从逆者。至此，魏学濂可谓身败名裂。壬戌年 1682，当魏学濂之子魏允札登门，以其父墓志铭相求，太冲毫不犹豫答应下来，并这样写道："顾四十年以来，子一之大节尚然沉滞，则党人余论锢之也。乾坤未毁，所赖吾党清议犹有存者。"③明确表示，以他个人观点，魏学濂大节"沉滞"，系出党锢之徒抹黑，自己作为"清议犹有存者"，理应为子一一辩。文章最后说："於戏同"呜呼"忠节，忠于天启；於戏子一，忠于未祀。前有其父，后有其子；一家之祸，千秋之美。"未祀指崇祯皇帝，他的后事未能备于本朝之礼，故曰未祀。太冲认为，魏大中、学濂父子，一为天启尽忠，一为崇祯尽忠，前后辉映。

---

① 黄宗羲《顾玉书墓志铭》，《黄宗羲全集》第十册，浙江古籍出版社，2005，第 431 页。
② 计六奇《明季北略》，中华书局，1984，第 611 页。
③ 黄宗羲《翰林院庶吉士子一魏先生墓志铭》，《黄宗羲全集》第十册，浙江古籍出版社，2005，第 413 页。

零柒

读书

进京颂冤，太冲年已十九。普通来讲，凡以学者为业者，在这个年龄，应已养成读书的习惯，甚至成系统地读过不少书。可是未来的一流大儒黄宗羲，此时却谈不上如何读书。

原因如前所述，家未遭难以前，麟儿颇为贪玩，将大量时间用来读闲杂之书，无非"《三国演义》《列国传》、东汉残唐诸小说"[1]，而那样的阅读，在当时与其说增广知识、有助学问，勿如说仅属娱乐而已。及难作，倾家荡产、祸患频仍，太冲内外百凡、只身肩拒，全无读书之裕。

所以在当时同龄人中间，太冲腹内积学偏少，跟许多人无法相比。然而他却终以博学多识跃上时代之巅，这个奇迹，一方面说明了他才具的罕见，另一方面，更得之于后起直追的苦读。

父亲平反，黄家里里外外境遇为之逐渐有变。太冲也终于开始从焦头烂额应付生计中摆脱，而有读书之暇。《与陈介眉庶常书》云：

---

[1] 黄百家《先遗献文孝公梨洲府君行略》，黄炳垕《黄宗羲年谱》附录，中华书局，1993，第66页。

> 某幼离通"罹"党祸，废书者五年。二十一岁，始学为科
> 举，思欲以章句扬于当时，委弃方幅典诰之书而不视。①

言之甚明，之前有五年时间完全顾不上读书；二十一岁恢复学习，开始主要是为应付科举而学，所读并不广。而从黄百家叙述看，大规模读书，始于二十二岁：

> 年二十二，发愤读《二十一史》，日限一本，丹铅矻矻，
> 不毕不寝。②

明刻《二十一史》，国家图书馆今有缩微制品可阅，凡二千五百六十五卷，倘以每册六卷计，"日限一本"，全部读完，就要一年多。换言之，单单为了读《二十一史》，太冲"不毕不寝"的状态，就坚持了一年以上。

他并不像今天的我辈，只要愿读，不愁无书。遭故以来，太冲家贫荡然，根本没有多少书，读书多靠借。而借来的书总要还，想要自己身边有些书又没钱买，怎么办？只有手抄：

> 府君抄书，寒夜必达鸡鸣，暑则拆帐作孔，就火通光，
> 伏枕摊编，以避蚊喙。③

竟至抄书成瘾，与人组织抄书社，多年后有《感旧》一诗忆之：

---

① 黄宗羲《与陈介眉庶常书》，《黄宗羲全集》第十册，浙江古籍出版社，2005，第
167 页。
② 黄百家《先遗献文孝公梨洲府君行略》，黄炳垕《黄宗羲年谱》附录，中华书局，
1993，第66页。
③ 同上，第77页。

> 抄书结社自刘城，余与金闱许孟宏。好事于今仍旧否，
> 烟云过眼亦伤情。①

充满怀念。诗内提到的刘城表字伯宗、许孟宏讳元溥，孟宏是他的表字，便是抄书社两位社友。《思旧录》许元溥、刘城条下，各有所录："余与刘伯宗及孟宏约为抄书社。是时藏书之家，不至穷困，故无轻出其书者，闲有宋集一二部，则争得之矣。"② 他们千方百计找人借书来抄，一般并不容易借到。这种抄书，似乎也不总是囊中羞涩之故，也单纯的是对书籍的狂热；比如刘城，太冲说："余信宿其家，四壁图书，不愧名士也。"③ 并不缺书，甚至本身已经有点藏书家的气象，但还是到处借书狂抄。

太冲确可以说成了"书痴"。到得某处，但"闻某家有藏书"，纵天色已晚，亦连夜"提灯往观"。④ 有次在绍兴，到朋友家于书架上见其先人所著某书数十册，市面所无，当时就有"欲尽抄其所有"之想。⑤ 钱谦益绛云楼藏书甚富，太冲惊呼"余所欲见者无不有"，钱氏见他艳羡若此，乃"约余为老年读书伴侣"，令太冲憧憬不已，后来绛云楼不幸毁于祝融，太冲居然叹为"是余之无读书缘也"。⑥

其痴于书，程度远超出了喜爱，简直该说是疼爱。他留有一首恳求人家借书让他抄的诗，惜书恋书之情溢乎言表：

> 借书还书各一瓻，一段风流吾所师。古墨闻香鱼亦

---

① 黄宗羲《感旧》，《南雷诗历》卷一，《黄宗羲全集》第十一册，浙江古籍出版社，2005，第 223 页。
② 黄宗羲《思旧录》，许元溥，《黄宗羲全集》第一册，浙江古籍出版社，2005，第 392 页。
③ 同上，刘城，第 360 页。
④ 黄炳垕《黄宗羲年谱》，中华书局，1993，第 16 页。
⑤ 同上。
⑥ 黄宗羲《思旧录》，钱谦益，《黄宗羲全集》第一册，浙江古籍出版社，2005，第 378 页。

寿，新抄未较豕生疑。绛云过眼哀神物，梅阁惊心落市儿。
副本君曾许见乞，幸宽十指出支离。绛云，牧斋藏书；梅阁，祁氏
藏书。①

"幸宽十指出支离"，完全是哀求的语气。里面还以不胜痛惜之意，提
到绛云楼和梅阁，这是江南两家赫赫有名的藏书楼。绛云楼燔于火，
我们刚刚讲过，太冲为之扼腕，恨己无福。梅阁则为绍兴祁家书楼，
主人即明末名臣祁彪佳，乙酉南京失陷以后，祁彪佳殉国自尽，祁家
就此散架，精宏藏书有如废品一般流入市场，所以太冲有此"梅阁惊
心落市儿"疾首之言。说及此，还有牵及太冲生平当中一个很重要的
故事。当时，听到祁家藏书成捆出售，太冲与仍是朋友的吕留良等
人，共同集资，赶去收购，结果在这过程中彼此闹了不愉快，成为
黄、吕反目的契机之一。撇开其他不论，太冲的恋书癖确是有些迷了
心窍的意思。

这么旁掊穷觅，可不仅仅是为了拥有。拼命积书，弄得叠床架屋、
汗牛充栋，本人却不怎么读书，历来也不少。但太冲不是那种恋书癖。
他所搜罗到的每一本书，都是用来读的。他曾惊讶于许多知识分子一生
读书之少，而以"读书难"讽之：

> 自科举之学兴，士人抱《兔园》②寒陋十数册故书，崛起
> 于白屋之下，取富贵而有余。读书者一生之精力，埋没散纸
> 渝墨之中，相寻于寒苦而不足。每见其人有志读书，类有物
> 以败之，故曰读书难。③

---

① 黄宗羲《乞书副本》，《南雷诗历》卷二，《黄宗羲全集》第十一册，浙江古籍出版
社，2005，第254页。
② 原书标点如此，然"兔园"意指浅近书籍，非书名，不宜加书名号。
③ 黄宗羲《天一阁藏书记》，《黄宗羲全集》第十册，浙江古籍出版社，2005，第
117页。

我们看他那些皇皇巨著,且不说六十二卷、约百万字的《明儒学案》这类学术专著,即以所编明代文选为例,《明文案》二百余卷,《明文海》更达四百八十卷,单单选辑其中的文章,太冲一生就读过多少书!可见他能从年过二十始学,而成为明清之际的宗师级学问家,实在只能靠手不释卷的好读与苦读而来。

零捌

应试

太冲很瞧不起科举。前面刚引的《天一阁藏书记》那段话说，应科举考试，一个人一生仅仗着几十册书，即可"崛起于白屋之下，取富贵而有余"。就此，梁启超也说："明朝以八股取士，一般士子，除了永乐皇帝钦定的《性理大全》外，几乎一书不读。"[1]科举与学问可以没有一丁点儿的关系。为什么呢？因为科举是用来选人做官的，并不在意你读书多少、学问多大，而只考核你的思想观念是否符合、满足政治需要，标准很是狭小。由于以科举为出路，当时许多读书人，自打入学起，整天就盯着官方规定的几部科举考试用书，按照科举答题作文的格式反复琢磨和练习，至于此外的知识和书籍，不但无暇顾及，简直也毫无兴趣。这样，一步一步从生员而举人，而进士，一辈子所学往往不出于"数十册故书"。尽管科举得意者并非一律不学无术，个中也找得到渊博的例子，但功名与学问不成比例，却是更普遍的情形。太冲曾举两个他亲见的例子：

---

[1] 梁启超《中国近三百年学术史》，东方出版社，1996，第 3 页。

> 余尝遇士人问"叠山何人",余应之曰"谢枋得";又问"枋
> 得何人",余不知从何处说起,遂不应。又有士人过余斋头,
> 见《宋书》有《陶渊明传》,曰:"渊明乃唐以后人乎?"余
> 轩渠而已。[1]

这两位"士人"的身份,一为举人,一为进士,从科举角度说,可谓千军万马独木桥中杀出的好汉,而竟如此。谢枋得、陶渊明都是一流的诗人,以当时言,稍涉诗书即应有所闻;就算今天,对谢枋得何人觉得支吾,犹情有可原,至于陶渊明,但凡有个中学文化程度,都不应该不知道。然而那位明末的进士先生,对陶渊明竟懵然无知。何以见得?因为他从太冲案头上《宋书》翻到陶传,第一反应居然是此"宋"乃赵宋之宋,故问太冲"渊明乃唐以后人乎?"实际上呢,那是南朝宋、齐、梁、陈之宋。堂堂一位进士,陋识也如此,真是既羞煞人也惊煞人了。难怪太冲叙完二事,而叹息说:"科举之学如是,又何怪其无救于乱亡乎!"[2]

然而,再伟大、再天纵其才的人物,一生也难以做到从不和现实妥协。太冲明知科举无趣,却也不能免俗。毕竟,作为一个读书人,别无长技,想要养家立业,正常仅有此途。他于二十一岁涉足其间,先后考了十二年。

崇祯三年1630,又逢大比,太冲恰好在这一年来到南京。明代乡试,三年一度,分别于各省城及南北直隶的顺天府、应天府举行。太冲此来南京,本非为了应试,而是奉祖母卢太淑人去叔父黄等素家,黄等素在南京为官,时任应天府经历。

既至南京,遂有交游。因届大比,南京聚集了千百举子。内中有位

① 黄宗羲《振寰张府君墓志铭》,《黄宗羲全集》第十一册,浙江古籍出版社,2005,第39—40页。
② 同上,第40页。

沈寿民，表字眉生，宣城人氏，太冲与他一见如故，后来终生都是知己。照《年谱》所叙，太冲原未打算投考，是沈眉生一番劝说，才临时决定加入考生行列："宣城沈徵君眉生寿民劝公理经生之业，始入场屋。"①

　　然有一点不明：明代乡试，府州县学的生员，均应在本省应试，太冲是仁和县博士弟子员，照理说应在杭州参加浙省考试，不能参加应天府的考试。只有一种情况例外，即"国子学生或回原籍，或在顺天府或应天府应试"②，即国子监太学学生才可以选择原籍或顺天、应天两府中的一个为参加考试地点明于北京、南京各有一处国子监。太冲既能在南京就地考试，莫非他已取得监生资格？然若如此，奇怪的是又从来没有资料提到这一点。不过我们略微发现一点线索，《年谱》说：

　　　　番禺韩孟郁上桂以南京国子监丞左迁照磨，其署与经历署但隔一墙。公昕夕过从，孟郁始授公诗法。③

原来，左迁不久的前国子监丞韩上桂，和太冲叔父黄等素乃是隔墙邻居，彼此往来非常密切，太冲与韩上桂朝夕过从。这里，只说他随韩上桂学诗，未提别的。但我们于太冲作为浙省生员而在应天府应试，似乎也只能从这儿找一点解释。不单是这一次，崇祯十五年 1642，太冲还曾在北京参加顺天府乡试，如无监生资格，同样是不可以的。那么，在顺天、应天两府应试有何特殊好处呢？通常，南北直隶的贡额较他省多出不少，《明史·选举志》："乡试之额，洪武十七年诏不拘额数，从实充贡。洪熙元年始有定额。其后渐增。至正统间，南北直隶定以百名，江西六十五名，他省又自五而杀，至云南二十名为最少……庆、历、启、祯

---

① 黄炳垕《黄宗羲年谱》，中华书局，1993，第 14 页。
② 王德昭《清代科举制度研究》，中华书局，1984，第 23 页。
③ 黄炳垕《黄宗羲年谱》，中华书局，1993，第 14 页。

间，两直隶益增至一百三十余名，他省渐增，无出百名者。"[1] 据此，有明一代，虽然普通地方中举名额一直在增加，但直到崇祯年间，两直隶名额仍比其他各省至少高百分之三十，堪比目下高考北京、上海两地在录取比例上的优势。

榜上无名，于太冲再正常不过，想他自己也不觉得意外。这毕竟是他第一回应乡试；小时候他就不以制艺为意，之后家中坎坷，"无暇更理经生之业"[2]，对于如何去做八股文章，近乎于一张白纸。此番南京应试，主要是沈眉生撺掇，临时起意，急抱佛脚，靠沈眉生辅导，"开导理路，谆谆讲习"[3]，现学现卖，哪能一考即中？

落榜后，还乡途中，在京口遇见因得罪权臣辞归的义震孟。义震孟可是科举高手，天启二年1622的状元。太冲拿出自己落考的文章请他指点，文阅后"嗟赏久之"，"谓后日当以古文鸣世"。[4] 虽称赞有加，其实话里有话。八股文又称时文，说太冲日后当以"古文"鸣世，实则是婉转表示他做"时文"没出路。老状元文震孟真非浪得虚名，他一眼看出太冲对八股一窍不通，不是那块料。

但太冲此时自己还看不清楚，因而未弃努力。下轮乡试为崇祯六年1633，没有他应试的记载，大约上回经历令他知道，以现有的准备，试亦白试。几年间他常居杭州，埋头钻研，"读书武林南屏山下"，与人组成"孤山读书会"。孤山，西湖名胜，在白堤北侧，也即后来西泠印社社址。

又过三年，大约稍有把握，太冲再试。这回在省城杭州参试，复又落榜。此时太冲才气学力在一般青年俊彦中已颇有共识，一再不售，大家都莫名其妙。曾有朋友来黄竹浦乡下造访，"村路泥滑。同来沈长生

① 张廷玉等《明史》卷七十，中华书局，1974，第1697页。
② 黄宗羲《思旧录》，沈寿民，《黄宗羲全集》第一册，浙江古籍出版社，2005，第352页。
③ 同上。
④ 同上，文震孟，第342页。

不能插脚，元子笑言：'黄竹浦，固难于登龙门也。'"①

崇祯十二年 1639，太冲第三次乡试，又是在应天府。"三十而立"，这年他刚好三十岁，却没"立"起来——不出意外，他又名落孙山。

崇祯十五年 1642，第四次也是最后一次应解试，居然远赴北京，却仍遭败绩。算来，这也是太冲平生第四次和最后一次到北京。四次在京，除了最初作为御史官邸公子而有愉快回忆，这城市对于他意味着告贷完赃、替父颂冤、科场失意，都不伴随美好印象。发榜之后，大学士周延儒有意以荐举方式委他为中书舍人，太冲"力辞不就"，想必也是从别人好意中领略到一种料定他科举无望的信息。"一日，游市中，闻铎声，曰：'此非吉声也。'遽南归。"与其说真的有什么不祥预感两年后北京陷落、崇祯死国，恐怕不如说是心灰意懒、心生倦意的托辞。

虽然壬午乡试，就是明朝的末代乡试，但我感觉，即便明朝不亡、仍有下一届乡试，太冲十之八九是不会再预了。四次皆北，足够令他认识到，科举不是他的"菜"，非为他这样真正具有思想创造力的人所设。如下的话，说明了他的反思：

> 举业盛而圣学亡。举业之士，亦知其非圣学也，第以仕宦之途寄迹焉尔，而世之庸妄者，遂执其成说，以裁量古今之学术，有一语不与之相合者，愕眙而视曰："此离经也，此背训也。"于是六经之传注，历代之治乱，人物之臧否，莫不各有一定之说。此一定之说者，皆肤论瞽言，未尝深求其故，取证于心。其书数卷可尽也，其学终朝可毕也。②

意思是，思想不容于科举。科举只容"一定之说"，凡一语与之不合，都不被接受。太冲得出结论，科举只能造就"肤论瞽言"。所以，对自己何以屡考不中，他已然看透。

① 黄炳垕《黄宗羲年谱》，中华书局，1993，第 18 页。
② 黄宗羲《恽仲昇文集序》，《黄宗羲全集》第十册，浙江古籍出版社，2005，第 4 页。

零玖

友游

从一六三〇到一六四二年，他投身举业达十二年之久，这势必蹉跎掉大把光阴，在治学上做了不少无用功，让人惋惜。不过并非都是损失，也有可贵的收获。黄竹浦地处偏远，我们从朋友们造访他时的"难于登龙门"之叹，可想见它的僻野。因为从事举业，太冲才更多地从那里走出，会四方之士，开阔眼界，吸收各种营养。

比如作诗。由于过去的遭际，走出黄竹浦前的太冲，不单读书不多、对制艺懵然无知，其实连如何作诗也一窍不通。《南雷诗历》之《题辞》如是说：

余少学南中，一时诗人如粤韩孟郁上桂、闽林茂之古度、黄明立居中、吴林若抚云凤，皆授以作诗之法，如何汉魏，如何盛唐，抑扬声调之间，规模不似，无以御其学力，裁其议论，便流入为中晚，为宋元矣。余时颇领崖略，妄相唱和。①

---

① 黄宗羲《南雷诗历》，题辞，《黄宗羲全集》第十一册，浙江古籍出版社，2005，第 204 页。

那时他连最基础的知识也不知道，到了南京，接触到一些能诗的文人，经过他们传授，始窥门径。其中，韩上桂传授知识和理论最多，"孟郁始授余诗法"①；林云凤则似乎是从创作实践上对他鼓励最力者，"……皆与余往还，而若抚最亲，赠余诗亦最多……若抚寓报恩寺，余与之登塔九重，及游城南七十二寺，皆有诗唱和"②。

北京颂冤，太冲开始有自己的友朋，眼下他的交游又大为增广，可以说东南一带才俊莫不与之交，这些交往集中发生在三个地方。

最近的地点，自然是省城杭州。杭州活动，以"读书社"为中心，《郑玄子先生述》对读书社往事有比较集中的述说。它是当地青年学子以研讨思想学问结成的团体，主要人物有张岐然、江浩、虞赤玫、仲宗瑶、冯惊、郑铉表字玄子、闻启祥、严调御及太冲三兄弟，从崇祯初一直活动到乙酉国亡。读书社诸友，性情各异，才学有别。如张岐然"读书深细，其读《三礼》，字比句栉"③；江浩则相反，"读书略见大意，而胸怀洞达，无尘琐纤毫之累"④；冯惊重视现实、强调学以致用，一次他与太冲谈杨涟左光斗事，旁有人问"杨大洪何人也"杨涟号大洪，冯惊立刻"正色曰：'读书者须知当代人物，若一向不理会，读书何用？'"⑤ 总之，大家取长补短，群益共进。这里头，为首的是闻启祥、严调御、冯惊三个人，太冲对他们都以"领袖读书社"相称，而闻启祥可能最为核心，因为每次太冲到杭州，"舍馆未定，子将闻启祥表字已见过矣"⑥。

读书社同人，俱系本省人氏，在外无名。以上诸人，若非太冲记诸文字，史上恐怕很难留名。就当时而言，太冲兄弟的加入，也对读书社

---

① 黄宗羲《思旧录》，韩上桂，《黄宗羲全集》第一册，浙江古籍出版社，2005，第356页。
② 同上，林云凤，第357页。
③ 同上，张岐然，第391页。
④ 同上，江浩。
⑤ 同上，冯惊，第392页。
⑥ 同上，闻启祥，第379页。

扩大交往至关重要，其乃英烈之后，忠端公"东林六君子"的誉望，士林谁人不仰？《年谱》说："是时，东林、复社争相依附。公所居虽僻远城市，不乏四方之客。"① 因了太冲，一些大名士现身读书社：

> 癸酉1633秋冬，余至杭，沈昆铜、沈眉生至自江上，皆寓湖头，社中诸子，皆来相就。每日薄暮，共集湖舫，随所自得，步入深林，久而不返，则相与大叫寻求，以为嗢噱。月下泛小舟，偶竖一义，论一事，各持意见不相下，哄声沸水，荡舟沾服，则又哄然而笑。②

兴旺、火热，非前可比。大家游得尽兴，争也争得痛快："一日，昆铜诋分宜严嵩于座，进卿刘同升，江西人，与严嵩同乡争之，至于揎拳恶口，余与君指郑铉解去。"③ 沈士柱表字昆铜、沈眉生都名传天下，名气不输于他们的还有吴应箕表字次尾，他也跑到杭州来会太冲和读书社，《思旧录》有此一段写他在西湖引起的轰动：

> 尝于西湖舟中，赞房书罗炌之文，次日杭人无不买之。坊人应手不给，即时重刻，其为人所重如此。④

与乡党交游中，太冲最重要的收获是陆符表字文虎和万泰表字履安这两位至交。陆、万都是宁波人。《思旧录》这样谈论陆文虎对他的意义："故余之学始于眉生，成于文虎。余之病痛，知无不言，即未必中，余亦不敢不受也。"说自己的学业，如以沈眉生为启蒙者，则陆文虎就是真正使他解惑开窍者；他们的友情，超过寻常朋友层次，而为"登堂拜

① 黄炳垕《黄宗羲年谱》，中华书局，1993，第15页。
② 黄宗羲《郑玄子先生述》，《黄宗羲全集》第十册，浙江古籍出版社，2005，第528页。
③ 同上。
④ 黄宗羲《思旧录》，吴应箕，《黄宗羲全集》第一册，浙江古籍出版社，2005，第360页。

母之交"。①惜文虎享年不多，三位好友，后来只剩下太冲与万泰，晚年太冲提及此，怅痛之情溢乎言表：

> 癸巳，老母六旬，文虎已故。履安踽踽独行，出其《正
> 气堂寿序》，读之不觉失声而哭。②

宁波万氏乃是名门，京城万驸马万炜，即万泰族父。万泰对太冲人格学问十分佩服，尽己所能来帮助太冲一家，并把所有孩子都付与太冲教导，"履安有八子，都以学问著名……八兄弟皆从学梨洲"③，其中最小的儿子名叫万斯同表字季野，成绩最好，尽得太冲史学真传，是清代史学开山祖一级人物，官修《明史》一多半根基便是万季野打下的。

本省之外，太冲交游较广的又一区域，要算皖南。他从八岁到十二岁，随父在皖生活四年，对彼处可谓葆有童年记忆。明末皖江一带，亦是文物风流之地，桐城、宣城、怀宁等出了很多名士，太冲后来曾说："余束发交游，所见天下士，才分与余不甚悬绝而为余之所畏者，桐城方密之、秋浦沈昆铜、余弟泽望及子一四人。"④四人中除了他三弟宗会和魏学濂，另两个都是皖籍才子；方以智桐城人，沈昆铜芜湖人。太冲最契挚友沈寿民、沈寿国眉生、治先兄弟，还有刚才提到的在西湖引起轰动的吴次尾，各为皖地宣城、贵池人，而他童年随父任住了四年的宁国，就隶属于宣城，我们觉得他和沈氏兄弟特别相厚，一定含了这一因素在内。

为了访友，或兼及怀旧，崇祯十一年戊寅 1638，太冲去皖地走了一遭。先到宣城，欲访眉生，不遇；眉生恰好因受保举而去了北京。太冲打算翌日就离开宣城去安庆，但他来访的消息已被眉生之弟治先知道，

① 黄宗羲《思旧录》，陆符，《黄宗羲全集》第一册，浙江古籍出版社，2005，第 385 页。
② 同上，万泰。
③ 梁启超《中国近三百年学术史》，东方出版社，1996，第 82 页。
④ 黄宗羲《翰林院庶吉士子—魏先生墓志铭》，《黄宗羲全集》第十册，浙江古籍出版社，2005，第 416 页。

当即找到太冲下榻的客栈，"将余襥被强搬去"，到了一看已有十几位朋友"出迎于路"，内中麻三衡表字孟旋、梅朗中表字朗三，都是在南京的旧相识。他们安排太冲在徐律时家住下，一住近十日。① 徽州产墨，墨中名品价值颇昂，太冲说麻三衡以"古墨"相赠，他很珍视。②《思旧录》写到梅朗中时说："梅朗中，字朗三，宣城人。世以诗名，前有圣俞，后有禹金，而朗三行住坐卧，无不以诗为事。"③ 圣俞者，宋大诗人梅尧臣也，为梅朗中先祖；而梅禹金即梅鼎祚，明代文豪，与汤显祖为莫逆交，又以藏书宏富著称，他便是梅朗中的父亲。所以宣城梅家，称得上宋明数百年来古老名门之一。太冲以钦企的语调叙其造访梅宅的印象：

> 余登其家三层楼，禹金读书之所也。古木苍然，下临古冢，发其藏书，朗三以《陈旅集》赠我。④

盘桓十日，太冲将去池州。临行前日晚，沈治先背着太冲打开他的随身小匣，见里面"空无所有"，便悄悄放入五十两银子。朋友们必是注意了太冲的清俭，而估计到他囊中羞涩。天亮时，太冲发现了，指着墙上说："此会银也，凡人窘则举会，奈何以饷余乎？"所谓会银，大抵相当于募捐款，用来接济急需之人，墙上所贴，就是捐款人名单。治先不便明言太冲贫寒，只说："你出门在外，不比我们守着家。"恰在这时，宣城县令余赓之有一笔赠金，派人送来，治先才将原银收回，而安排肩舆小轿送太冲一直到池州。到了池州，又有人"馈金"，一问，还是治先预先修书嘱咐的。太冲忆此，感叹"其交情如此"。⑤ 在池州，太冲宿

---

① 黄宗羲《思旧录》，沈寿国，《黄宗羲全集》第一册，浙江古籍出版社，2005，第353页。
② 同上，麻三衡，第358页。
③ 同上，梅朗中，第362—363页。
④ 同上，第363页。
⑤ 同上，沈寿国，第353—354页。

于刘城家，也就是抄书社的那个刘伯宗；[1] 此外还会了何人，未提；先前计划的"欲抵安庆"，亦不知是否成行。之后的行止，我们只知他并未东返余姚，而是从皖地径直北去南京。因为这年七月，"金坛周仲驭镳与宜兴陈定生贞慧、贵池吴次尾应箕出《南都防乱揭》，集诸名士攻之。"[2] 那是继桃叶渡大会之后，复社学子们击溃阮大铖的一次决定性行动。

说到南京，很自然地引出了太冲青年时代三大友游地中最重要的一个。

自一六三〇年第一次到南京，迄于明亡，十五年内，太冲凡七至。后六次分别是一六三六年桃叶渡大会、一六三八年防乱公揭、一六三九年应解试、一六四一年、一六四三年和一六四四年。末一次为时最长，从朱由崧监国后不久起，直到翌年五月南京陷落前。

如此频繁来南京，除了两次为了应试，更重要的在于南京城当时的特殊气氛。崇祯年间的南京，是帝制中国一座非典型城市。而典型的帝制城市，当如北京那样，一切在体制内发生，哪怕变革也只能指望朝堂、官僚体系中的进步力量，那里的民间社会，看不见主动性，政治只是有权人内部的游戏。相形之下，此时南京，从传统角度说简直是令人陌生的城市。体制和官僚系统似乎失位，阮大铖广交政界，却无人替他出头，那些毛头学子，不但占领思想文化制高点、引领舆论，也在社会现实层面呼风唤雨、兴风作浪。它某些侧影，完全不像仅有"民氓"与"有司"的标准古代城市，两者之间似乎出现了第三者，一种不符合古代城市秩序与特点的新兴力量，而我们在近现代革命时期的城市，倒时常看见这样的自由的人流。

能够为明末南京独特氛围作表征的，有接踵不断的盛大集会、街谈巷议的政治热情、集体围观的大字报之类，还有秦淮河岸边容光焕发、纵情荡冶的情侣。将十七世纪初南京打量一番，我们对于它的风貌，不

① 黄宗羲《思旧录》，刘城，《黄宗羲全集》第一册，浙江古籍出版社，2005，第 360 页。
② 黄炳垕《黄宗羲年谱》，中华书局，1993，第 18 页。

能不感到极其罕见，整个帝制时代，似乎找不到第二座城市曾经处在这种状态。

实际上，太冲之为南京所吸引，及其在南京的交往，远远超出了游学、友情等普通社交层面，而是积极投身思想文化运动与现实政治变革。这样的内容，非以单独的一段叙之不可。

壹
拾

复
社

《思旧录》周镳条下记道：

> 庚午，南中为大会，仲驭招余入社。[1]

仲驭是周镳表字，大会是金陵大会，社是复社，庚午则即一六三〇年。简而言之，是年太冲第一次来南京，赶了个正着，正赶上复社历史上著名的三次大会之一的金陵大会，并在周镳动员介绍下就此加入复社。

眉史氏《复社纪略》[2] 之"复社总纲"，有复社酝酿、草创及发展壮大的简要时间表。崇祯二年 1629 第一次集会，于苏州尹山湖举行，称"尹山大会"。崇祯三年 1630 第二次集会就进军南京，称"金陵大会"。再过一年，即崇祯五年壬申 1632，举行"虎丘大会"，最后完成复社创建史。

其中，金陵大会有承前启后的意义。从前面所讲太冲如何由奉祖

---

[1] 黄宗羲《思旧录》，周镳，《黄宗羲全集》第一册，浙江古籍出版社，2005，第 352 页。
[2] 眉史氏《复社纪略》，中国历史研究社编《东林始末》，神州国光社，1947。

母探视叔父临时起意参加科举已知，这年乃大比之期。四方举子齐赴南京，沉寂三载乡试三年一期的贡院重新喧阗，人如潮涌。算起来这是"一举粉碎客魏集团"后首次乡试。人人扬眉吐气、心高气爽、骚动不宁，都有一股做点什么的兴奋。

复社的萌芽，几年前出现，但影响区域还未逾苏州左近。本期乡试，提供了绝好的会盟四方之士的机会，所以前后三次"大会"，这次最具里程碑意义，它令复社从一个局地组织，发展到号令和引领整个东南青年士林，举例而言，皖籍的方密之、浙籍的黄太冲，都是这一次融入其中。

又由于本次乡试，一些复社领袖和中坚分子大获全胜，称得上齐放共绽。"乡试，杨廷枢中解元。张溥、吴伟业并经魁。吴昌时、陈子龙并中式。"[①] 如此佳绩，令复社名声大振，随之翌年会试，吴伟业梅村高中头名会元，继而殿试连捷中了榜眼；张溥则为会试"会魁"大致相当前五名。一时间，复社如日中天，号召力无与伦比。复社的政治倾向，与东林一脉相承；如果说东林是朝堂上的改革集团，复社就是它在野或主要由青年学子组成的后备队伍，故而有称复社为"小东林"者。但是眼下，"小东林"的声势已有后来居上况味，渐渐盖过了"大东林"。尤其东南一带，无论政治、思想与文化，领风气和抛头露面的，主要是复社。到了崇祯末期和弘光间，这一点看得格外清楚，马士英、阮大铖集团明显以复社为主要对手，阮大铖张网欲兴大狱的矛头，更几乎都指向复社的活跃分子。

复社的姿态，比东林更激进。他们有时会嫌自己的前辈缩手缩脚、暮气沉沉。太冲就对史可法在国变之后南京定策过程中的优柔颇有微词，又于《汰存录》中激烈批评夏允彝是非混淆，从中都可看出青年一代有更强的叛逆性。这些已是后话，暂且按下。

太冲参加了金陵大会，又曾参加桃叶渡大会、留都防乱公揭两次复

---

① 眉史氏《复社纪略》，中国历史研究社编《东林始末》，神州国光社，1947，第167页。

社重大集体行动，但崇祯五年壬申 1632 虎丘大会他不在场。他太年轻，当时又没有多高的文名，在复社中还算不上一线人物，领袖"娄东二张"张溥、张采以下，周钟、顾杲、吴应箕及"四公子"陈贞慧、冒襄、方以智、侯方域等好些人，风头都比他劲。但《年谱》记太冲这年从皖地赶赴南京加入防乱公揭行动却说：

> 以顾子方杲，端文公孙与公为首，次左硕人国柱、子直国禄，二人忠毅公子、沈眉生寿民、沈昆铜士柱、魏子一学濂，忠节公子等。①

而以我们看到的资料，似乎不是这样。参与策划的陈贞慧在《防乱公揭本末》中详细讲述了事情经过：

> 崇祯戊寅，吴次尾有《留都防乱》一揭，公讨阮大铖。……次尾愤其附逆也，一日言于顾子方杲，子方曰："杲也不惜斧锧，为南都除此大憝。"两人先后过余，言所以。……次尾灯下随削一稿，子方毅然首唱，飞驰数函：毘陵为张二无张玮，金沙为周仲驭，云间为陈卧子陈子龙，吴门为杨维斗杨廷枢，浙则二冯司马冯晋舒、冯京第、魏子一，上江左氏兄弟左国栋、左国材、方密之、尔止方以智族弟。②

亦吴应箕动议，顾杲慨允首唱、领衔他是东林书院创始人顾宪成之孙。当事人吴应箕《与友人论留都防乱公揭书》亦说：

> 留都防乱一揭，乃顾子方倡之，质之于弟，谓可必行无

① 黄炳垕《黄宗羲年谱》，中华书局，1993，第 18 页。
② 朱希祖《书刘刻贵池本留都防乱揭姓氏后》，《明季史料题跋》，中华书局，1961，第 22 页。

疑者，遂刻之以传。[1]

也只提到以顾杲为首。故《年谱》谓太冲于其事"为首"，与上不合，《年谱》之说，当本太冲《弘光实录钞》"《南都防乱揭》，首杲，次宗羲，次左国栋，次沈寿民，次魏学濂"[2]几句。单看这几句，可能只是述其签名先后——这份公揭，其实就是后世的"大字报"，由大家自愿签名，张贴在公共场所，也许签名的时候，太冲名字签在了顾杲之后，《年谱》因而理解为"为首"？当然这也纯系猜想，原样的防乱公揭，我们无缘见之。但全祖望另有一说："乃以大铖观望南中，作《南都防乱揭》。宜兴陈公子贞慧、宁国沈徵君寿民、贵池吴秀才应箕、芜湖沈上舍士柱共议，以东林子弟推无锡顾端文公之孙杲居首，天启被难诸家推公居首，其余以次列名。"[3]指太冲以天启被难者方面的代表，而领衔在公揭上签名，并说这是几位皖籍名士力推的结果。这一点，倒与太冲在皖得讯，从那里直接赶来南京，颇合得上。只是这说法的出处，我们暂时还不知道。

总之，这张或系中国历史上的第一份大字报，太冲参与其中，又因签名居前，被阮大铖牢牢记住，埋下后来的祸根。

加入这群体，是太冲青年时代最大收获。彼时他的人生轨迹还比较简单，既未著书立说，亦未授徒讲学，别的事业和社会身份角色也都谈不上，故与复社的关系，就是最具实质性的经验了。从中，他找到并正在形成思想认同，见识形形色色的人，极大扩展了视野，且从天南地北的朋友们那里，真切感受着充实与快乐。所以对于太冲三十五岁为止这一人生花季的时段，南京无疑是它的中心点。后来他追述此时的友近，

---

[1] 吴应箕《与友人论留都防乱公揭书》，《楼山堂集》，第十五卷，书，中华书局，1985，第176页。

[2] 黄宗羲《弘光实录钞》卷四，《黄宗羲全集》第二册，浙江古籍出版社，2005，第89页。

[3] 全祖望《梨洲先生神道碑文》，黄炳垕《黄宗羲年谱》附录，中华书局，1993，第88页。

一多半是在南京结识。如：何栋如"住南都乌龙潭"①，范景文"其为南大司马……余谒公，公出其书画"②，方震孺"辛巳，公在南都，余往还久之"③，沈寿民"庚午，至南京，邂逅眉生"④，沈寿国"庚午，同试南都"⑤，周镳"庚午，南中为大会，仲驭招余入社"⑥，韩上桂"南京国子监丞，左迁照磨。庚午，余奉祖母太夫人在经历官舍，与之为邻"⑦，韩如璜"南中诗会，无有不赴"⑧，麻三衡"余交之于南中"⑨，林古度"住南京……余赠诗"⑩，梁稷"辛巳，余复遇之于南中"⑪，何乔远"为南司空，四方名士多归之"⑫，张自烈"举国门广社，而社中与予尤密者，宣城梅朗三、宜兴陈定生、广陵冒辟疆、商丘侯朝宗、无锡顾子方、桐城方密之及尔公张自烈表字，无日不相征逐也"⑬……

在太冲而言，南京就是一段不可重复的岁月。他本人的格调，是不张狂而倾向于自敛的，我们从他任何其他时段看到的，都是素朴、持重、清俭、慎行和苦学，可是在南京，他却卷在一种张扬不羁乃至纵情声色的情形中。盖因彼时的南京，实在是一座借着个性解放抒发变革苦闷的城市。读《同人集》《板桥杂记》等，每每想到秦淮河畔的情形与"世纪末"时期巴黎塞纳河左岸颇有几分相似。那里，充斥着从精神和肉体的自我放逐，自比波希米亚人，以漂泊、流浪为乐事的反传统艺术

---

① 黄宗羲《思旧录》，何栋如，《黄宗羲全集》第一册，浙江古籍出版社，2005，第343页。
② 同上，范景文，第345页。
③ 同上，方震孺，第348页。
④ 同上，沈寿民，第352页。
⑤ 同上，沈寿国，第353页。
⑥ 同上，周镳，第355页。
⑦ 同上，韩上桂，第356页。
⑧ 同上，韩如璜，第358页。
⑨ 同上，麻三衡。
⑩ 同上，林古度。
⑪ 同上，梁稷，第359页。
⑫ 同上，何乔远。
⑬ 同上，张自烈，第361—362页。

家。而崇、弘之间的南京，也有一个飘浮无根、萍水相逢、客居游荡的群体——那些因赶考而聚集南京的青年举子，很多人后来已经忘掉原来的目的，或把它降到次要的位置，他们几年以至十几年滞留南京，参加一轮又一轮乡试，而一次又一次失利，却仿佛乐此不疲、心满意足。

南京的气象和人物，其他任何城市都见不到。张溥条记道：

> 庚午，同试于南都，为会于秦淮舟中，皆一时同年，杨维斗、陈卧子、彭燕，又吴骏公、万年少、蒋楚珍、吴来之，尚有数人忘之，其以下第与者，沈眉生、沈治先及余三人而已。[①]

这是一份令人眼晕的名单。维斗是杨廷枢，卧子是陈子龙，骏公是吴梅村，年少是万寿祺，眉生、治先是沈寿民、沈寿国兄弟，再加上一个黄宗羲……个个风华绝代，都是中国文化史上的夺目之星。

要注意"为会于秦淮舟中"。"秦淮舟"何物？便是有名的秦淮灯船：

> 秦淮灯船之盛，天下所无。两岸河房，雕栏画槛，绮窗丝障，十里珠帘。主称既醉，客曰未晞。游楫往来，指目曰：某名姬在某河房，以得魁首者为胜。[②]

秦淮灯船固不自庚午始，但一定自此而盛。因为过去实在并没有一个叫作复社的团体。这么多抱团、嚣张、风雅而轻狂的举子，三天两头在此邀妓同船、聚游醼饮。到了他们手中，秦淮才真正称得上一片文物风流的热土。

韩上桂一条，记了旧院的另一番见闻。韩上桂，即授太冲诗法的那

---

① 黄宗羲《思旧录》，张溥，《黄宗羲全集》第一册，浙江古籍出版社，2005，第361页。
② 余怀《板桥杂记》上卷，雅游，周瘦鹃校阅《板桥杂记（全一册）》，上海大东书局，民国二十二年（1933），第3页。

人，他大宴名士于曲中，让伶人演唱自己所作词曲，凡为名士击节叫好者，当场给予重赏，出手极阔：

> 伶人习其填词，会名士呈技，珠钗翠钿，挂满台端，观者一赞，则伶人摘之而去。在旧院所作相如记，女优傅灵修为《文君取酒》一折，便赍百金。①

张自烈条写一班复社公子"无日不相征逐"，尤其是《桃花扇》主角侯方域的行状：

> 朝宗侑酒，必以红裙，余谓尔公曰："朝宗之大人方在狱，岂宜有此？"尔公曰："朝宗素性不耐寂寞。"余曰："夫人不耐寂寞，则亦何所不至？吾辈不言，终为损友。"尔公以为然。②

世所称的"明末四公子"悉在座，太冲显然与场中情氛不甚相谐，但追声逐色，却是复社人等常态。

又比如方以智：

> 己卯岁牛女渡河之夕，大集诸姬于方密之侨居水阁。四方贤豪，车骑盈闾巷。梨园子弟，三班骈演。阁外环列舟航如堵墙。品藻花案，设立层台，以坐状元。③

"状元"在此指参加献演诸姬之优胜者。这次活动，不妨名之"秦淮名

① 黄宗羲《思旧录》，韩上桂，《黄宗羲全集》第一册，浙江古籍出版社，2005，第353页。
② 同上，张自烈，第359页。
③ 余怀《板桥杂记》，中卷，丽品，周瘦鹃校阅《板桥杂记（全一册）》，上海大东书局，民国二十二年（1933），第28—29页。

姬选美、才艺大赛"。

"四公子"另两位，宜兴陈定生、如皋冒辟疆，也出手不凡。旧院名姬李小大《板桥杂记》称"李大娘"，红极一时，"定生访之，屡送过千七百金，犹未轻晤。"[1] 冒氏晚年，一位世家晚辈于赋诗时叹道："江左一时风流人物，今复存者，惟我辟疆先生，年登八十……"此语竟令耄耋辟疆唏嘘不已，和其诗："寒秀斋深远黛楼，十年酣卧此芳游。媚行烟视花难想，艳坐香薰月亦愁……"诗余，意犹不尽，专门写了一段跋，来回忆往昔风流，而时间的起点就是庚午年 1630：

> 余庚午与君家龙侯、超宗，追随旧院。其时名姝擅誉者，何止十数辈。后次尾、定生、密之、克咸、勒卣、舒章、渔仲、朝宗、湘客、惠连、年少、百史、如须辈，咸把臂同游，眠食其中，各踞一胜，共睹欢场。[2]

列于其间的，是一些复社名士的表字。"咸把臂同游，眠食其中，各踞一胜"，足见他们整天泡在欢场之中。所以，如果说自庚午年起，旧院已是复社的宿营地，应未如何夸张。

太冲与这班复社才子，诗酒流连是有的，但那些轻薄嬉戏的行径，一点不曾沾染。这方面，仅凭他自己的叙事当然不足为据，我们有把握这样说，是因遍搜同时代人的回忆，从未找到太冲放浪形骸的描写。一来他品性端方，不是风流自许的人，据亲炙过他的学生邵廷采说，"其貌古而口微吃"[3]，通常一个有口吃情形的人，心怀比较谨严；二来太冲家境一直清寒，不比那些食甘餍肥的公子，从小养成享乐挥洒的风度。他对侯方域的不以为然，说明他们确有差别。但差别也不意味着反感，

---

① 冒襄《和书云先生己巳夏寓桃叶渡口感怀原韵》，《同人集》，卷之十一，己巳唱和，水绘庵清刻本，北京师范大学图书馆藏，第 24 页。

② 同上。

③ 邵廷采《遗献黄文孝先生传》，黄炳垕《黄宗羲年谱》附录，中华书局，1993，第 84 页。

复社才子们的思想倾向，太冲是亲近的，而他们的才华，太冲更感欣赏。南京的交往，在他始终是美好、清新和充满青春热情的记忆，就像这段文字所呈现的笔调：

> 辛巳，在南中，与共晨夕者数月。宿观音阁，夜半鸟声聒耳，朗三推余起听曰："此非'喧鸟覆春洲'乎？如此诗境，岂忍睡去！"薄暮，出步燕子矶，看渔舟集岸，斜阳挂网，别一境界。①

---

① 黄宗羲《思旧录》，梅朗中，《黄宗羲全集》第一册，浙江古籍出版社，2005，第363页。

壹壹

脱难

甲申年 1644 三月十九日，李自成攻克北京，崇祯皇帝以发蒙面，缢死煤山。五月初一，凤阳总督马士英扶从河南逃来的福王朱由崧在南京监国，十五日即皇帝位，改年号弘光。为马士英策划这一切的，是阮大铖。他很快得到起复，官居兵部尚书。弘光朝政遂为马、阮把持，在此一年中，他们的所为可用两件事来概括，一是贪黩，一是报复。阮大铖废斥十七年所攒下的所有怨恨，一一化为寻仇之举。

马、阮先是设法将史可法挤出南京，去扬州当督师，继而令张慎言、高弘图、姜曰广、吕大器、刘宗周、徐石麒等或退或罢。待绊脚石俱已清除，就着手兴狱构陷。先造"顺案""顺"字在此一字数用，兼指李闯"大顺"之"顺"，和归顺李闯的官吏，同时阮大铖当年身陷"逆案"，这里特以一个"顺"字做针锋相对的翻案文章，将自京逃归的周钟复社领袖、光时亨东林骨干等下狱，再以周钟牵连周镳。周钟、周镳是堂兄弟，而周镳在《留都防乱公揭》事件中非常卖力，有人对阮大铖说："周镳之名，以诉公而重，诸名士之党，又以诉公而媚镳。"[1] 阮遂"衔镳刺骨"。

---

① 徐鼒《小腆纪年附考》，中华书局，2006，第250页。

周钟、周镳被逮，仅为序幕，后面有一连串的逮捕名单，顾杲、陈贞慧、侯朝宗、杨廷枢、太冲本人乃至徐汧、祁彪佳、徐石麒、吕大器、陈子龙悉在其列。事实上，阮大铖一共编了三本名册，册内都是他拟予打击的对象："阮大铖作正续《蝗蝻录》《蝇蚋录》，盖以东林为蝗，复社为蝻，诸和从者为蝇为蚋。"①即《蝗蝻录》正、续二本，《蝇蚋录》一本。蝗、蝇易懂，蝻是蝗之幼虫，蚋便是蚊子。他以蝗、蝻、蝇、蚋为比喻，分别列入东林、复社成员，以及东林、复社的追随者。甲申年1644十二月起，接连发生大悲和尚、南来太子等案，因案情牵及帝位，阮大铖认为是绝好由头，就此发难，列"十八罗汉五十三参之名，海内清流，皆入其内"②。"罗汉""菩萨"等名目，与魏忠贤编造《东林点将录》，比照《水浒传》"一百单八将"给东林要人逐一加派诨名的做法，一脉相承。

这当中，阮大铖最为痛恨的，便是《留都防乱公揭》之事，"大铖聚起南中，遂案揭中一百四十人姓氏，欲尽杀之"③，凡在上面签名的一百四十人，一个不落，俱欲杀而后快。

朱由崧监国诏书发表，太冲得讯即往南京，"上书阙下"，欲于国难当头之际，稍尽绵薄。所以差不多弘光这一年从头至尾，太冲都在南京，这也是他在南京待得最久的一次。可能甫到南京，阮大铖已开始他的迫害行动。据李清《南渡录》，阮某"顺案"之计提出于甲申年六月中旬："壬申六月十六日，命严核从逆诸臣。时阁臣士英以荐阮大铖为中外攻，甚忿。大铖亦语人云：'彼攻逆案，吾作顺案相对耳。'于是士英疏攻从逆。"④过了一个月，七月癸卯十八日逮捕令正式下达："革从逆诸臣职，命法司察有确据者先行抚按解京正法"，周钟即逮捕名单上的头名。⑤而太冲《弘光实录钞》说：

① 徐鼒《小腆纪年附考》，中华书局，2006，第327页。
② 夏允彝《幸存录》，《明季稗史初编》，上海书店，1988，第308页。
③ 全祖望《梨洲先生神道碑文》，黄炳垕《黄宗羲年谱》附录，中华书局，1993，第88页。
④ 李清《南渡录》卷之一，《南明史料（八种）》，江苏古籍出版社，1999，第165页。
⑤ 同上，卷之二，第198页。

> 钟之就逮，臣遇之句容道中，语臣欲辨其诬。①

周钟是从金坛_{常州附近}家中就逮，解往南京，句容则在南京东南与镇江之间，他们于此相遇，显然太冲正在来南京的路上，故而我们可以推知太冲是在七月二十日左右到的南京。

可以说，太冲双脚尚未踏入南京，就已经撞上了阮大铖的一次报复行动。但这个时候，大家好像都还没有意识到周钟被逮背后的阴谋。周钟降闯是确凿的；北变消息传来，周钟行径引起极大愤慨，在金坛，"合学绅衿遂相与诉詈之"，朝廷为崇祯皇帝所颁正式讣告五月初六发布到达的那天，"诸缙绅哭临三日"，并齐至当地文庙，毁掉周钟祖父的从祀牌位。之后，冲到周家，"碎其门榜"。② 惩办从逆，是各方一致呼声。而阮大铖鬼就鬼在这里，他揪住周钟乃虚晃一枪，借此为过渡，来牵出周钟的堂兄弟周镳。太冲过后写道：

> 而镳者，阮大铖贸首之仇也。大铖欲杀镳而不得，遂以钟事中镳……大铖无心于杀钟，反因镳以累钟，事之不可知如斯也。③

阮大铖以"边才"自居，颇嗜兵法，这一招使的是"借刀杀人"计。当时谁也没看出来，所以太冲会叹"事之不可知如斯也"。

八月二十四日己卯；《南渡录》为丙子即八月二十一日，眉目方始显露出来。这一天，阮大铖某爪牙参周镳等，其逻辑是这样：

---

① 黄宗羲《弘光实录钞》卷二，《黄宗羲全集》第二册，浙江古籍出版社，2005，第35页。

② 抱阳生《甲申朝事小纪》，书目文献出版社，1987，第44页。

③ 黄宗羲《弘光实录钞》卷二，《黄宗羲全集》第二册，浙江古籍出版社，2005，第34页。

按律，谋危社稷者，谓之谋反，大逆不道，宜加赤族之
诛，以为臣子之戒。今其指周钟胞弟周铨，尚厕衣冠之列；其
堂弟周镳，俨然寅清之署，均当从坐，以清逆党。①

周镳及雷缜祚当即下狱。据《南渡录》，同时被参者多达十余人，其中
包括姜曰广、刘宗周那样的高级别官员，只因反对者众袁继咸、熊汝霖各
有疏言，不得已，先拿周、雷二人是问。

周镳不仅是太冲入复社的介绍人，两人还很谈得来。崇祯十二年
1639，太冲访周镳于其家，当时正发疟疾，但见面后"谈至夜分而疟不
发"。周镳被逮后，太冲拟入狱一会而未果：

仲驭在狱，余欲入视之，而稽察甚严，徒以声相闻而
已。负此良友，痛哉！②

周镳和雷缜祚后于乙酉年四月初九 1645 年 5 月 4 日遇害：

谓二人实召左兵，趣赐自尽。乃各作家书，互书"先帝
遗臣"于腹，投缳死。遗命勿葬，如伍子胥抉目事，置棺雨
花台侧，未浃月不足一个月而南都破矣。③

左兵，指左良玉兵变。周镳以周钟从逆事连坐而被捕，却因左良玉兵变
被杀，可见阮大铖的随心所欲。不过，这实际也是他新生一计。全祖望
说："虽良玉自为避流贼计，然大铖以为揭中人所为也。"④ 意思是，兵变

① 黄宗羲《弘光实录钞》卷二，《黄宗羲全集》第二册，浙江古籍出版社，2005，第
33—34 页。
② 黄宗羲《思旧录》，周镳，《黄宗羲全集》第一册，浙江古籍出版社，2005，第 356 页。
③ 徐鼒《小腆纪传》卷十九列传十二，周镳，中华书局，1958，第 207 页。
④ 全祖望《梨洲先生神道碑文》，黄炳垕《黄宗羲年谱》附录，中华书局，1993，第
88 页。

其实是左氏为躲避李自成而找的借口，阮大铖却将计就计，说成是"揭中人"亦即搞防乱公揭那伙人招诱来的，因为这个理由最能煽起朱由崧、马士英的愤怒，使他们同意大规模惩治复社分子。

果然，周镳被杀前后，大范围捉拿行动开始，陈贞慧、吴应箕、顾杲、沈寿民、侯方域以及太冲，都已批准逮捕。好在大家事先得到消息，四处逃散，如侯朝宗过江逃至史可法幕下，孔尚任《桃花扇》就写到这个情节。

太冲的此番遭遇，有人存在误会，例如身任《黄宗羲全集》执行主编的吴光先生于其《黄宗羲与清代浙东学派》一书这样写：

> 黄宗羲与顾杲一起被捕入狱，第二年五月，清军攻下南京，弘光政权瓦解，黄宗羲才得以乘乱脱身，回到家乡。[1]

明指太冲已经被捕，完全搞错。太冲实际是逃脱了，并未被捕。不过，吴著如是说，亦情有可原；它显然是由全祖望《梨洲先生神道碑文》的几句话，生出误会：

> 而公以朝不坐谓太冲布衣燕不与谓太冲置身北京之外之身，挂于弹事遭到弹劾，闻者骇之。继而里中奄党徐大化佥、官光禄丞者复疏纠，遂与杲并逮。[2]

"遂与杲并逮"，径读之，确易理解为"黄宗羲与顾杲一起被捕入狱"；然而全氏后面还有一句："公等惴惴不安，驾帖未出，而大兵至，得免。"驾帖，即刑科签发的逮捕公文。这里讲得很清楚，逮捕令确有，然未曾发出，而恰在这时清兵至，事寝。此情节，《年谱》表述得更具体些：

---

[1] 吴光《黄宗羲与清代浙东学派》，中国人民大学出版社，2009，第31页。
[2] 全祖望《梨洲先生神道碑文》，黄炳垕《黄宗羲年谱》附录，中华书局，1993，第88页。

> 时邹掌院虎臣，与子方有姻连，故迟其驾帖，公踉跄归
> 浙东。未几，大兵至，得免。①

再看太冲自述：

> 孽逆原任署正徐禹英希阮大铖旨，参顾杲、黄宗羲……
> 于是禹英参杲、宗羲，下法司逮问。左佥都御史邹之鳞，杲
> 之姻也，迟之，而北兵已下，不竟其狱。②

按：以上两段引文，各有一处错误；"邹之鳞"系邹之麟之误，其表字应
为"臣虎"而非"虎臣"。邹之麟乃明末清初一位不错的画家，弘光间
官居左佥都御史。他和顾杲为姻亲，正是他利用职务之便，拖延了逮捕
令的发出，使顾、黄有机会逃走。随后清兵南下，事情遂不了了之。故
而全祖望所谓"并逮"，仅指确已有逮捕令，但后面随又补充说明，这
张已有的逮捕令，被压下或延迟执行了。

---

① 黄炳垕《黄宗羲年谱》，中华书局，1993，第 25 页。
② 黄宗羲《弘光实录钞》卷二，《黄宗羲全集》第二册，浙江古籍出版社，2005，第
89 页。

壹贰

别师

乙酉年 1645 五月，南京失陷前，太冲乘乱脱身，"踉跄归浙东"。

六月，刚刚勉从诸臣之请就监国之位的潞王朱常淓，以杭州献降清军。

闰六月初八，明左都御史、太冲的老师刘宗周，在绍兴城外乡间绝食卒。

刘宗周，表字起东，世称念台先生。明代最后的大儒，创蕺山学派，门下硕学辈出。他死后，诸弟子于康熙年间为刻遗著凡四十卷，卷前列《蕺山弟子籍》，叶廷秀、祁彪佳、熊汝霖、陈子龙、陈洪绶、黄宗羲、魏学濂、张履祥、陈确、仇兆鳌、万斯同、毛奇龄……如许卓砾英才，悉列蕺山门下。他的思想，独重"诚意""慎独"。诚意，即心志真诚；慎独，则讲在独处中谨慎不苟。

天启五年 1625，黄尊素就逮之际将太冲托付于刘宗周，拜以为师。崇弘间，有"蕺山三大弟子"之说，则祁彪佳、章正宸与太冲也。然单从学问角度，太冲这个弟子应该还排不上号。主要是当时他底子薄、学识不够。太冲自己讲：

甲戌岁崇祯七年1634，随先师至嘉禾，陈几亭以遗书高攀龙《高子遗书》为馈，先师在舟中阅之，每至禅门路径，指以示弟，弟是时茫然。[1]

"禅门路径"指佛学元素。宋以来援释入儒，很多学者为之浸润，但刘宗周不赞成。当他把高攀龙书中混入的佛家语向太冲一一指出时，太冲"茫然"，脑中空空如也，完全接不上话。所以，他实事求是地自评"聊备蕺山门人之一数耳"[2]，又于《思旧录》检讨说："先生诲余虽勤，余顽钝终无所得。今之稍有所知，则自遗书摸索中也。"[3]承认老师在世时，自己没有学到什么，真正的了解，是以后静下心做学问，通过老师遗著摸索而来。

最终太冲无疑算蕺山门下最出众的，甚至青出于蓝，但蕺山在世时，他列入"三大弟子"，并非因为学业突出，而是在别的方面有过独特贡献。崇祯初，刘宗周在绍兴办证人书院，从事讲学，当中涉及基本学术观点之争：

而越中承海门周氏之绪余，援儒入释，石梁陶氏奭龄为之魁，传其学者沈国模、管宗圣、史孝咸、王朝式辈，鼓动狂澜，翕然从之，姚江之绪，至是大坏。忠介刘宗周追谥忠介忧之，未有以为计也。公之及门，年尚少，奋然起曰："是何言与！"乃约吴、越中高材生六十余人，共侍讲席，力摧其说，恶言不及于耳。故蕺山弟子，如祁、章诸公，皆以名德重，而四友御侮之助，莫如公者

① 黄宗羲《与顾梁汾书》，《黄宗羲全集》□□册，浙江古籍出版社，2005，第 212 页。
② 黄宗羲《恽仲昇文集序》，《黄宗羲全□□》第十册，浙江古籍出版社，2005，第 4 页。
③ 黄宗羲《思旧录》，刘宗周，《黄宗羲全集》第一册，浙江古籍出版社，2005，第 342 页。
④ 全祖望《梨洲先生神道碑文》，黄炳垕《黄宗羲年谱》附录，中华书局，1993，第 87 页。

"恶言不及于耳"，就是把那些反对、挑衅者的聒噪之声，撵得远远的。显然，三大弟子中，祁、章是以学问和造诣知著，太冲当时主要是起了一个很好的"护法"作用。

大多数时间，太冲除了埋头举业，就是外出友游，没有很好地亲炙老师教诲。我们不知道念台先生生前对太冲抱有何种期望，抑或可曾料到这位学问平平、看上去还有些贪玩的学生，后来却是最能光其门楣的高足。

甲申七月下旬，刘宗周起复抵南京；因事事耿直、危言危行，使从马、阮到武人等各种利益集团都深感不快，未及两月，九月十日即令致仕。翌年五月南京陷落，消息传至，刘宗周在家乡与弟子熊汝霖、祁彪佳联络组建义师抵抗事，正当此时，却闻朱常淓已在杭州投降，未几，绍兴亦降，"方进食，即命撤之"，立刻开始绝食。他严谨、理性地叙述了自己决定的由来：

> 北都之变，可以死，可以无死，以身在削籍也，而事则尚有望于中兴。南都之变，主上朱由崧自弃其社稷而逃，仆在悬车，尚曰可以死，可以无死，以俟继起者有主也。监国朱常淓降矣，普天无君臣之义矣，犹曰吾越为一城一旅乎，而吾越又复降矣！区区老臣尚何之乎？若曰身不在位，不当与城为存亡，独不当与土为存亡乎？

"前后绝食者四旬"实足天数凡三十六日，在这漫长过程中，刘宗周意志坚定、未稍悔退。中间有这样的细节："宗周绝食久，渴甚，饮茶一杯，精神顿生，曰：'此后勺水不入口矣！'"原以为喝水与绝食无碍，饮后才发现对于绝食者，哪怕滴水也提供养分，遂又禁水，"勺水不入口者十有三日"，禁水十三天后，终于完成了庄严的死亡过程。[①]

[①] 黄宗羲《弘光实录钞》卷四，《黄宗羲全集》第二册，浙江古籍出版社，2005，第94—95页。

在刘宗周，这是把生命付之"诚意""慎独"的践行，验其真义，证其不虚。

六月下旬，太冲得知老师绝食，"徒步两百余里"，赶往绍兴探视。到绍兴才知老师因为城已降故，避之不居，迁至乡下，再翻山越岭前去，见到老师最后一面：

> 先生卧匡床，手挥羽扇。余不敢哭，泪痕承睫，自序其来。先生不应，但颔之而已。时大兵将渡，人心惶惑，余亦不能久待，复徒步而返，至今思之痛绝也。[1]

这当是失父以来太冲最悲痛的个人遭受。太冲心中，蕺山不止是老师而已，"先生于余有罔极之恩"[2]，罔极一词，古时常指人子对父母的无尽哀思。当然，蕺山最后也以坚毅、沉静的死，给太冲上了最后一课，示以人格的终极垂范。

---

[1] 黄宗羲《思旧录》，刘宗周，《黄宗羲全集》第一册，浙江古籍出版社，2005，第342页。

[2] 同上，刘宗周，第341页。

壹叁

起兵

《鲁之春秋》黄宗羲传：

> 南都破，得免，归。与弟宗炎、宗会，纠合黄竹浦子弟数百人起兵，随督师孙嘉绩军营于江上，江上呼为世忠营。[1]

《明遗民录》：

> 南都亡，踉跄还浙东。时宗周已殉国，鲁王监国，孙嘉绩、熊汝霖兵起，乃纠合黄竹浦宗族子弟数百人，随诸军于江上，人呼之为"世忠"。黄竹浦者，宗羲所居之乡也。宗羲请如唐李泌故事，以布衣参军事，不许，授职方主事。[2]

清军攻下南京，弘光皇帝朱由崧被俘，明朝诸臣遂在杭州拥朱由崧

---

① 李聿求《鲁之春秋》卷十，浙江古籍出版社，1984，第100页。
② 孙静庵《明遗民录》，浙江古籍出版社，1985，第69页。

的叔父潞王朱常淓登位，但潞王自己无此心情，不久，清军一到，他即献降。这时候，孙嘉绩、熊汝霖在余姚率先树起反抗旗帜，杀掉清廷委派的县令；很快，章正宸、郑遵谦等在绍兴，钱肃乐、王之仁等在宁波，张国维等在东阳，亦各起事。"时张国维至台州，与陈函辉、宋之普、柯夏卿及郑遵谦、熊汝霖、孙嘉绩等合谋定议，斩北使袷旗，拥戴鲁王监国，此乙酉六月二十七日戊寅也。"①

六月二十七日，大致正是太冲赶去见老师最后一面的时候。他应是回来后得知各处举义之事，而立刻与二弟、三弟决定起兵响应。熊汝霖首义地就在太冲家乡余姚，他也在《蕺山弟子籍》名册；继之而起的另一位起义领导者章正宸，亦是刘宗周门徒，即与太冲、祁彪佳共称宗周三大弟子者。因此，刘宗周虽然故去，弟子们却各以义举来践行和传承老师的教诲。

这一年，太冲三十六岁，可谓青年时代的结束，壮年时代的开始。他已不再是毛头小伙子，慨然担当起民族和国家大义。对于甲乙两年中国迭遭大变，他曾以"天崩地解"形容，痛陈无法以"落然无与吾事"待之②，由此加入南中国风起云涌的反清运动，为之献身十多年，从三十来岁到五十岁，整个壮年尽付于此。

这一运动，主要是民间自发性质的。国家已经崩坍，军队实际也已瓦解，无从在朝廷层面组织和供给抵抗活动。起义队伍，多依凭宗族姓氏，由有声望的士绅大户领头，毁家为赀，自集人马、自筹钱粮，是民间自发的救国行为，之称"义师"，"义"字含义就在于此。

太冲兄弟组建的黄竹浦义军，号"世忠营"。这个旗号，是对宋名将韩世忠的祧绪。镇江金山之战，韩世忠大败金兀术，"是役也，兀术兵号十万，世忠仅八千余人"③。后"守楚州十余年，兵仅三万，而金人

① 计六奇《明季南略》，中华书局，1984，第 2877 页。
② 黄宗羲《留别海昌同学序》，《黄宗羲全集》第十册，浙江古籍出版社，2005，第646 页。
③ 脱脱等《宋史》卷三百六十四，中华书局，2000，第 11362 页。

不敢犯"①。由韩世忠这些事迹,可以窥知黄家军自命"世忠营"的寄意,一是高蹈民族大义,二是以力寡死战精神自励。

关于"请如唐李泌故事,以布衣参军事",事见《新唐书》。李泌,中唐时人,神童,"及长,博学,善治《易》",喜游名山,不入官学,无功名:

> 肃宗即位灵武,物色求访,会泌亦自至。已谒见,陈天下所以成败事,帝悦,欲授以官,固辞,愿以客从。入议国事出陪舆辇,众指曰:"著黄者圣人龙袍黄色,著白者山人。"②

不光李泌,"世忠营"所比附的韩世忠,初亦为布衣身份,"世忠曰:'吾以布衣百战……'"③太冲请以布衣加入抗清运动,首先因为他确实仅为布衣。但这主要不是资质问题,而是一种意愿,要求保持布衣身份,如同李泌的"愿以客从"。其中深意,俟后再谈。然监国未允,还是给他安排了官职,先封为监察御史兼兵部职方司主事,最后官至左副都御史。

---

① 脱脱等《宋史》卷三百六十四,中华书局,2000,第11367页。
② 欧阳修、宋祁《新唐书》卷一百三十九,中华书局,1975,第4632页。
③ 脱脱等《宋史》卷三百六十四,中华书局,2000,第11367页。

壹肆 鲁王

　　代君摄取国事，曰"监国"，多由太子行之；所以，称"监国"也有储君的意思。明朝终末期，先后有三位监国，即福王朱由崧、潞王朱常淓和鲁王朱以海。朱由崧任监国十来天，即皇帝位；朱常淓被群臣逼着就了监国之位，旋以城降；只有朱以海在这位子上待得最久，长达八年，所以历来都称他"鲁监国"。

　　朱以海乃鲁肃王朱寿镛第五子，祖上是太祖第十子朱檀，就藩山东兖州，鲁王爵位本由他兄长以派袭承。崇祯十五年 1642，清兵攻掠山东全境，朱以派自缢身亡，朱以海遂于崇祯十七年 1644 嗣鲁王位，但受封仅四天，李自成陷北京，遂南奔，落脚于台州。

　　当时避浙的宗室共有五位。从伦序角度讲，鲁王这一支，与现今皇室只能算远亲。现今皇室乃太祖第四子朱棣之后，传了若干代，目前是万历皇帝朱翊钧的一支，天启、崇祯、弘光三朝皇帝，都是朱翊钧之孙。所以从"政治资格"上讲，鲁王远得很。但浙江起义者认为，"时入浙五王，惟王最贤"①。其实还有个原因，其他几位王爷，或降或作鸟

① 钱海岳《南明史》第二册本纪五监国鲁王，中华书局，2006，第286—287页。

兽散，也只有鲁王愿意继续抵抗。

鲁王的为人，有完全不同的叙述。某诗形容他在浙江时期的生活：

> 鲁国君臣燕雀娱，共言尝胆事全无。越王自爱看歌舞，不信西施肯献吴。[1]

意谓鲁王毫无勾践卧薪尝胆之志。诗后并有很长一段自注：

> 鲁监国之在绍兴也，以钱塘江为边界。闻守江诸将日置酒唱戏，歌吹声连百余里。当是时，余固知其必败矣。丙申入秦，一绍兴娄姓者同行，因言曰：余邑有鲁先王故长史某，闻王来，畏有所费，匿不见。后王知而召之，因议张乐设宴，启王与各官临家。王曰将而费，吾为尔设。因上数百金于王。王乃召百官宴于庭，出优人歌伎以侑酒。其妃亦隔帘开宴。余与长史亲也，混其家人得入。见王平巾小袖，顾盼轻溜，酒酣歌作，王鼓颐张唇，手象箸击座，与歌板相应。已而投箸起，入帘拥妃坐，笑语杂遝，声闻帘外。外人咸目射帘内。须臾三出三入，更阑烛换，冠履交错，傞傞而舞，优人官人，几几不能辨矣。即此观之，王之调弄声色，君臣儿戏，概可见矣，何怪诸将之沉酣江上哉。期年而败，非不幸也。[2]

但有一点，以上并非作者亲见，是他若干年后在陕西听一个绍兴娄姓者所聊，而这娄姓者，据说又是从乡间一位曾任鲁王长史的人那里听来的、辗辗转转，颇似如今市井所乐于传闻的"高层内幕"，可靠性如何，终不得知。顺便提一下，作者李寄，乃"徐弘祖孕妾改嫁所生"。徐弘

---

① 邓之诚《清诗纪事初编》卷一，李寄，上海古籍出版社，1984，第48页。
② 同上。

祖即徐霞客，弘祖乃其名讳，霞客是表字。霞客有一妾，以有孕之身改嫁，"不欲复徐氏。故曰寄"①。亦即寄姓于李的意思。徐霞客大名鼎鼎，而此事颇为八卦，录以附闻。

有一个人的记录，不是耳闻，是亲见。此即张岱《陶庵梦忆补》"鲁王"一文，略为：

> 福王南渡，鲁王播迁至越，以先父相鲁先王，幸旧臣第；岱接驾，无所考仪注，以意为之……是日演《卖油郎》传奇，内有泥马渡康王故事，与时事巧合，睿颜大喜。二鼓转席，临不二斋、梅花书屋，坐木犹龙，卧岱书榻，剧谈移时，出登席，设二席于御座旁，命岱与陈洪绶侍饮，谐谑欢笑如平交。睿量宏，已进酒半斗矣，大犀觥一气尽，陈洪绶不胜饮，呕哕御座旁。寻设一小几，命洪绶书簏，醉捉笔不起，止之。剧完，饶戏十余出，起驾转席。后又进酒半斗，睿颜微酡，进辇，两书堂官掖之，不能步。岱送至闾外，命书堂官再传旨曰："爷今日大喜，爷今日喜极！"君臣欢洽，脱略至此，真属异数。

这应是清兵南下之前的事。张岱也是绍兴人，其父曾在兖州鲁王府为相，以此有故，所以朱以海南迁后特临张府一顾。从张岱叙述看，朱以海喜欢看戏，酒量惊人。当天陪酒者还有陈洪绶，醉得一塌糊涂。朱以海先喝了半斗，后又喝半斗，却只"睿颜微酡"。他显然是有纨绔之风的，但为人平易，没什么架子，与人"剧谈"，态度随和，"谐谑欢笑如平交"，临别大呼"爷今日大喜，爷今日喜极"，更显豪爽。张岱为此非常意外，故曰"君臣欢洽，脱略至此，真属异数"。

李寄从绍兴娄姓处所闻，显然与张岱在家中接待朱以海时间相近，

---

① 邓之诚《清诗纪事初编》卷一，李寄，上海古籍出版社，1984，第47页。

即都在清兵南下之前，且很可能就是张家那一次。盖明清所谓王府"长史"，在汉代即称封国相国、丞相。娄姓者是绍兴人，他所称"余邑有鲁先王故长史某"，与张岱"先父相鲁先王"，绍兴地方有此经历者，恐怕只有张岱父亲。如果是同一事，那么李寄所闻的走样与夸张，就凿然可见了。并且，作为清兵南下之前发生的事，无论如何也不能用以证明浙江陷落后抵抗者"日置酒唱戏，歌吹声连百余里。当是时，余固知其必败矣"。

鲁王先前的纨绔之风，后来不但不能保持，客观上还只有过极俭苦的日子。这有太冲从亡的亲身体验为证，《行朝录》中有生动描述。鲁土君臣的光景，即令俄底修斯见了也自叹弗如。"每日朝于水殿"[①]，"以海水为金汤，舟楫为宫殿"[②]。古代城墙、宫墙绕以护河，称"金汤"；眼下，朱以海的"金汤"便是海水。"水殿"云云，说来好听，其实就是破船而已。太冲这些笔墨，似幽默而实苦涩，他这样具体地摹绘"行朝"行朝犹今所谓"流亡政府"的窘况：

> 海泊中最苦于水，侵晨洗沐，不过一盏。舱大周身，穴而下，两人侧卧，仍盖所下之穴，无异处于棺中也。御舟稍大，名河船，其顶即为朝房金銮殿，诸臣议事在焉。落日狂涛，君臣相对，乱礁穷岛，衣冠聚谈。是故金鳌橘火，零丁飘絮，未罄其形容也。[③]

"无异处于棺中"，与活死人不相上下。他感慨："有天下者，以兹亡国之惨，图之殿壁，可以得师矣！"倘把如上情景绘于宫墙，那些为君的就明白绝不可做亡国之人了。

后来浙江待不下去，鲁王便到福建依郑成功，居金门，日子益发凄

---

① 黄宗羲《行朝录》，《黄宗羲全集》第二册，浙江古籍出版社，2005，第138页。
② 同上，第141页。
③ 同上。

淡，不要说酒肉荤腥，连细粮也是没有，靠番薯果腹，所以人称"番薯王"。金门至今流传这故事，台湾一作家于文中写：

> 第一次在教室里接触到它，唱到"南明往事话兴亡，鲁王旧墓桂花香"时，音乐老师停止拍板，"鲁王就是番薯王，明朝末年从大陆来到金门，每天吃地瓜，所以大家才叫他番薯王"。[①]

朱以海只是抗清的一面旗帜，在他以外，闽地有唐王朱聿键隆武帝，粤桂滇有桂王朱由榔永历帝，势力都更强。他和朱聿键互不买账，但朱聿键有郑成功为靠，朱以海比不了。一番颠沛流离之后，癸巳年 1653，清顺治十年，已投郑成功的朱以海，在金门自去监国之号，郑成功则对其"修寓公之礼"[②]，直至壬寅年 1662，清康熙元年薨于金门。

论起来，他算南明三个小朝廷里最后过世的一位君主。朱聿键死得最早，朱由榔于前一年被捉后，于昆明就地处死。一六六一、一六六二年之间，是中国历史又一个诡异时刻。清顺治皇帝和明永历皇帝死在同一年；第二年五月，清政权的劲敌郑成功突然暴死；而仅隔数月，本来正由张煌言等积极运作恢复监国称号的朱以海，竟也随之病故。这种重大历史人物之间突然接二连三死掉的现象，真是令人称奇。

鲁王死于哮喘。"会王得哮疾，于十一月十三日薨。生于万历戊午五月十五日，年四十有五。"[③]还很年轻，足见十多年的清苦，是怎样损害了他的健康。

这是道光间时任兴泉永道清代兴泉永道辖福建兴化府、泉州府和永春直隶州的周凯于《明监国鲁王墓碑阴》中所述鲁王结局，而早其一世纪的《明史》却不是这样。《明史》卷一百十六列传第四诸王：

---

① 杨树清《番薯王》，联经出版公司，2003，第 35 页。
② 周凯《明监国鲁王墓碑阴》，《内自讼斋文集》，道光二十年刻本。
③ 同上。

> 以海遁入海。久之，居金门，郑成功礼待颇恭。既而
> 懈，以海不能平，将往南澳。成功使人沉之海中。①

称朱以海被郑成功沉海溺死。对于《明史》这么写，胡适说："《三藩纪事本末》及南明的几种野史，也有这种记载。《明史》可能是依据这些野史的。"② 也许如此，也许不那么简单。我们知道《明史》为清官方所修，对涉及前明皇室的笔墨，是惯于捏造的。孟森先生就曾于《明烈皇殉国后纪》一文考证，所谓崇祯袁妃自缢未成，被救活，随后入清等情节，尽属造假。③ 朱以海结局，硬说成是郑成功害死，或即便野史有此说，而官史却不严肃地加以审证、乐于采用，怕不能说没有抹黑郑成功等反清人士的政治目的。

周凯从哪里得到与正史大相径庭的鲁王结局，我们不清楚，但它精确得惊人。1959 年，金门意外发现"皇明监国鲁王圹志"碑一座。发现人刘占炎叙述：

> 获石碑一具长七十公分、宽四十公分，余知有异。除饬暂停发掘外，亲自持该石往湖边清洁；几经洗制，始发现"皇明监国鲁王圹志"八字及鲁王毕生事迹之全文。④

圹志文末为："永历十六年十二月廿二日，辽藩宁靖王宗臣术桂同文武官谨志。"永历十六年即一六六二年清康熙元年，碑立于十二月廿二日，也就是朱以海死后一个月零十一天，其为距史实最近之遗物无疑，而碑刻明载：

① 张廷玉等：《明史》卷一百十六，中华书局，1974，第 3576 页。
② 胡适《跋金门新发现〈皇明监国鲁王圹志〉》，《中华日报》，1959 年 11 月 2 日。
③ 孟森《明烈皇殉国后纪》，《明清史论著集刊》，中华书局，1959，第 30 页。
④ 刘占炎《发现皇明监国鲁王墓记》，《中华日报》，1959 年 11 月 14 日。

王素有哮疾，壬寅十一月十三日中痰而薨。距生万历戊午五月十五日，年才四十有五。痛哉！[①]

周凯叙述与之高度吻合，令人颇疑这座圹志碑他当时曾亲眼见过。

死后葬处无人知晓。过了将近二百年，道光十二年 1832 金门生员林树梅发现一处古墓，认为就是鲁王墓，报告给了他的老师周凯。周凯乃"为立墓碑，禁樵苏，加封植焉。惧其久而复湮也"，并为之写了碑阴。

一九五九年八月二十二日，刘占炎奉命"率部负责在旧金城东炸山采石"，"约入地五十公分，发现深埋地下之石碑一块露出"，这块碑"未刻一文"，但向下发掘一公尺余，出现圹盖，"其圹四周及盖，均系用特制之三合来砌成，坚固异常，诚一久湮埋之古墓"，继而"在碑后一公尺处凿开一洞"，就此发现鲁王圹志碑。

由这个发现，遂以林树梅旧墓为假。又三年建成新墓，立碑亭，碑刻蒋介石"民族英范"题字。逮至八十年代初作进一步考古发掘，由新的出土，似乎新墓又实为宋代某命妇墓。

鲁王葬处终究成疑。当年自以为发现"鲁王墓"的林树梅，曾为之赋了一首《修前明鲁王墓即事》诗：

> 苍茫云海怀王孙，遗骨犹存乱石根。岛屿十年依故老指郑成功，东南半壁望中原。地经兵燹无留碣，字蚀莓苔有旧痕此句承认墓地并无碑刻为证，只是疑似。从此青山妥抔土，春来杜鹃莫啼冤姑为安魂之意。[②]

墓地虽然存疑，但此诗对于朱以海悲凉命运的描写，却颇为精要。

---

① 《皇明监国鲁王圹志》，台湾文献史料丛刊第六辑，《鲁春秋》《浙东纪略》《海东逸史》《海外恸哭记》合订本，《鲁春秋》附录二，第 99 页，台湾大通书局，1987。
② 陈庆元《春来杜宇莫啼冤——读林树梅〈修前明鲁王墓即事〉诗兼谈鲁王疑冢、真冢与新墓》，《中国典籍与文化》，2004 年第 1 期。

壹伍

游侠

太冲于其人生第二个大的阶段，述为"继指之为游侠"。这个"指"字，当为别人的评说，或曰"世议"。游侠词义正面，有可能是朋友所赠，也可能是与他共事的同志所言。

首创这个词的，乃是司马迁。他于《史记》中释之：

> 今游侠，其行虽不轨于正义，然其言必信，其行必果，已诺必诚，不爱其躯，赴士之厄困，既已存亡死生矣，而不矜其能，羞伐其德，盖亦有足多者焉。①

这里"正义"，非今天作为"邪恶"反义词的意思，主要指"合法""正途"或"正统"。又说：

> 而布衣之徒，设取予然诺，千里诵义，为死不顾世，此

---

① 司马迁《史记》卷一百二十四游侠列传第六十四，上海古籍出版社，1997，第2399页。

亦有所长，非苟而已也。①

可见，"游侠"特征是以布衣取义，这也正是当初黄宗羲请"以布衣参军事"的注脚。从一开始请"以布衣参军事"，到晚年对这一段目以"游侠"，黄宗羲对于他在反清斗争中的姿态，一直在坚持着什么。这究竟何意，其实就藏在"不轨于正义"几个字里，而所谓"正义"作何解，或太冲心中有别于一般所谓"正"的特殊的"义"是什么，待我们看完他一生，自然知其答案。

清军克江南过程中，士绅阶层的民族自觉性相当令人敬佩。江浙皖各地，在民族存亡关头以及国家或朝廷完全崩解的背景下，许多望族毁家纾难，倾其所有，献于抵抗事业。

例如宜兴卢家。那是个庞大悠久的家族，"族人千计"，崇祯十一年1638末因抗清壮烈阵亡的儒帅卢象升，便出卢家。卢象升有个弟弟卢象观，癸未1643进士，此时里居家中。南都变故后，象观即散家财，"聚乡兵千人"，准备起义。很快，宜兴城被清军占领，但广阔乡间仍未为其所控。卢家在乡下，距城六十里，象观举兵抗清消息传出后，短时间当中"乡镇拥众悉归象观，象观遂得乌合数万"。"乌合"，是指起义者完全是未经训练的民众。同时，哥哥卢象升的几个旧将，闻讯"亦归之"。象观决计领着这"乌合之众"，收复宜兴城。他从探报得知，城内"无兵，可取"，便"身率三十骑疾趋"，一马当先，大队人马反在其后。城内确实无兵，但原因是清军主要为骑兵，"驻营城外平原，盖利于驰突也"。有经验的卢象升旧将，听到象观突出的消息大惊："书生不晓兵事，身为大帅，轻至此乎？"却已不及阻止，"即选精骑三百赴援"。象观等三十人虽然比较轻松突入城中，外营清兵却随后涌来。象观只能在曲巷与敌周旋，援兵赶来时，他已"颊中二矢"。杀出城，一路都被清军追击。象观等打算从水路退入太湖，最后没有成功，"众寡

---

① 司马迁《史记》卷一百二十四游侠列传第六十四，上海古籍出版社，1997，第2400页。

不敌"，"左右欲退，已扬帆矣"，但已抱死志的象观"持刀断索"，"曰'誓死于此'不去，遂被杀"。反抗中仅卢家一家，"昆季子侄死者凡四十五人"。①

《明季南略》在讲述一桩桩类似事迹后，特写一条"总论起义诸人"，其云：

> 夫以国家一统，而自成直破京师，可谓强矣。清兵一战败之，其势为何如者！区区江左，为君为相者必如勾践、蠡、种，卧薪尝胆，或可稍支岁月。……至是而一二士子率乡愚以抗方张之敌，是以羊投虎，螳臂当车，虽乌合百万，亦安用乎！然其志则可矜矣，勿以成败论可也！②

太冲家境哪比卢家？自从家遭变故，经济上再也不曾翻过身。打仗是最花钱的事，生计营生都放下，只出不入。但正所谓"千里诵义，为死不顾世"，为民族大义，纵不可为也要力行，恐怕这就是他当时的念头。

所以，黄家三兄弟在族中纠集起数百人，加入抵抗行列。这支队伍，名字很响亮："世忠营"；但实事求是说，只是乌合之众，没有什么战斗力的。

起兵后，战斗经历实际仅一次。那是第二年 1646 初夏，太冲的西进之策获支持，于是加上自己的"世忠营"，总共得到三千的兵力，另有朱大定、陈潜夫等的小股部队"数百人附之"，计划"渡江钱塘江，劄通"扎"，驻扎之意谭山，将取海宁"。这三千主力，好不容易方才凑得，"两督师指孙嘉绩、熊汝霖所将皆奇零残卒，不能成军"。③但抵抗力量对此次行动却颇寄厚望，"嘉绩蒿目望之，俟捷音至，欲令义兴伯郑遵谦

① 计六奇《明季南略》，中华书局，1984，第 204 页。
② 同上，第 277—278 页。
③ 黄宗羲《行朝录》，《黄宗羲全集》第二册，浙江古籍出版社，2005，第 130 页。

夹攻杭城"①，一旦得手，就要夺取杭州。这显然不切实际。行动刚一开始，未能渡江便大败，"以江上兵溃而返"——说来也是天不作美，是岁，正赶上大旱，"夏旱水涸，有浴于江者，徒步往返"。清军北人，本来恐水，此时大胆放马试之，"不及于腹"，于是挥兵过江。这边义师则被冲得七零八落，"走死不暇"，苦苦聚集的三千人马登时烟消云散，连监国朱以海也从绍兴仓皇出逃，"上由江门出海"，直接漂泊海上了。②

太冲失去和朱以海的联系，以所剩五百人逃入四明山，"结寨自固"，暂所栖身，然非长久之计。稍作喘息，太冲决定乔装打扮自己下山，去访监国下落。他"再三申戒，以山民皆贫，不可就之求粮"。可话虽如此，部队也并非不明白这道理，但这是一支穷饿的部队，终不能白白等死。太冲走后不久，"部下粮绝，不得已取之山民"。而山民看来也无甚政治觉悟，不因你是抗清武装就甘心被抢，"以语逻卒，导之焚寨"，向当局侦探告发了这支武装的存在，且为之当向导，"夜半火起"，太冲手下汪涵、茅瀚二将"出战死之"，余者或死或逃。而太冲查访空手而回，回来则"无所归"，山寨早已荡为平地，只好潜回黄竹浦，"而迹捕之檄累下"，从此过着东躲西藏的日子。③

---

①　李聿求《鲁之春秋》卷十，浙江古籍出版社，1984，第 101 页。

②　黄宗羲《行朝录》，《黄宗羲全集》第二册，浙江古籍出版社，2005，第 130 页。

③　李聿求《鲁之春秋》卷十，浙江古籍出版社，1984，第 101 页。

壹陆

行朝

"世忠营"瓦解，太冲回家，接了老母，奉之躲入山中。作为抵抗者，他当然登了黑名单。关于这种地下状态，他自己有过一番统计：

> 自北兵南下，悬书购余者二，名捕者一，守围城者一，以谋反告讦者二三，绝气沙墠者一昼夜，其他连染逻哨之所及，无岁无之，可谓濒于十死者矣。[1]

二次被悬赏捉拿，一次遭通缉，被包围在城中一次，受人以谋反检举二三次，曾逃于野外藏身土台一天一夜不敢动，至于平时被巡逻哨盘查，则不计其数。

四明山失败后的丁亥1647、戊子1648，整整两年都是这么度过的。主要躲避地点，是化安山。偶尔也悄悄潜回黄竹浦。所幸那时天网恢恢疏而有漏，还比不了今天的密如蛛网，否则太冲早就被绳之以法了。

---

[1] 黄宗羲《怪说》，《黄宗羲全集》第十一册，浙江古籍出版社，2005，第70页。

在那人迹罕至之地，他用研究历法和数学打发时间。我们往往以为他只是人文学者，其实，太冲算得上近世重要的自然科学家。清代历算之学以梅文鼎成就最高，全祖望却说："其后梅徵君文鼎，本《周髀》言历，世惊以为不传之秘，而不知公实开之。"[1] 称梅氏先驱实为黄宗羲。而其自云："勾股之术，乃周公、商高之遗，而后人失之，使西人得以窃其传。"[2] 一是认为中国数学衰落已久了，言下之意，到他这儿才重续旧脉。其次，似乎他的历法与数学得之"西人"，当然，以他看来西方这类学问源出中国，他不过使之回了娘家而已，但由此看出，他是中国近世较早向西方学习自然科学的人物之一，具体经过我们并不清楚，有人推测可能从前在北京游历时与汤若望等有过交往。[3] 也许如此，不然我们似乎也找不到太冲对这学问发生兴趣的由头。崇祯七年1634，他偶然结识明代大历学家周云渊之孙周仲，于其府上见到周氏遗著《神道大编》数十册，太冲"欲尽抄其所有"，只因周仲出门远游，"未果"。[4] 无论如何，兴趣是早就有的，化安山的研究并非心血来潮。这一是因为他自认有历算天分，"自谓：'屠龙之技，无可与语者。'"[5] 二是古代认为历法关乎天命，精研确算，有裨政治。避祸间，他写了十几种历法、数学著作，"所著有《春秋日食历》《授时历故》《大统历推法》《授时历假如》《回回历假如》《气运算法》《勾股图说》《开方命算》《测图要义》诸书，约在此数年中。"惜多佚，仅存名录。《叙陈言扬句通"勾"股述》说：

　　余昔屏穷壑，双瀑当窗，夜半猿啼怅啸，布算簌簌，自

---

① 全祖望《梨洲先生神道碑文》，黄炳垕《黄宗羲年谱》附录，中华书局，1993，第94页。
② 同上。
③ 方祖猷《黄宗羲长传》，浙江大学出版社，2011，第79页。
④ 黄宗羲《周云渊先生传》，《黄宗羲全集》第十册，浙江古籍出版社，2005，第562页。
⑤ 黄炳垕《黄宗羲年谱》，中华书局，1993，第26页。

叹真为痴绝。①

说的便是这一段。既以"痴绝"形容，可见很下了苦功夫的。但他叹道："及至学成，屠龙之技，不但无所用，且无可与语者，漫不加理。"②原因是国家破亡，根本用不着，想来这也从侧面平添了亡国之恨。不过，太冲这一绝学，后来儿子百家有所继承，他的辛苦不算完全白费。

藏身两年，己丑年1649，清顺治六年他终和鲁王重新接上头。这时，鲁王经过一段萍飘，落脚于宁海以南、台州以东的健跳所所是明朝的军事防卫单位。黄宗羲赶去从亡。朱以海所以落脚健跳，首先是之前福建的存身地，已被清军占领，原先挟鲁王以自重的建国公郑彩，也"弃上而去"③；二是健跳所地处海防，敌退我驻，敌来我跑，可随时遁入大海。

这时鲁王身边的人，寥寥无几，《行朝录》连同太冲在内，只提到了八个人。虽曰朝廷，却小得不能再小了，而礼度仍然不废，"每日朝于水殿"④，上朝、退朝的形式，坚持不辍。所谓"水殿"，不过就是破船而已，亦即前引太冲所述"御舟稍大，名河船，其顶即为朝房，诸臣议事在焉"。甚至还象征性地举行过科举考试，"试其士之秀者入学，率之见上，襕衫巾绦，拜起秩秩。"⑤其情景，一方面让人感动，因为毕竟是在极艰难之中努力维持国家制度；另一方面，也很可感慨——中国之与科举一物不离不弃，真可谓无以复加，即此穷途末路、百事俱废，也丢不下它。

这八人中，太冲与礼部尚书吴钟峦最善，《思旧录》单独写到他。组织一帮士子搞科举考试的，就是吴钟峦。太冲出于对科举的一贯看法，显然并不欣赏，对吴表示"以为不急"，吴则回答说："此与昔人行

---

① 黄宗羲《叙陈言扬句股述》，《黄宗羲全集》第十册，浙江古籍出版社，2005，第38页。
② 同上。
③ 黄宗羲《行朝录》，《黄宗羲全集》第二册，浙江古籍出版社，2005，第137页。
④ 同上，第138页。
⑤ 同上。

冠礼一意耳。"意思是他做这件事,并不因为它有何实质意义,而是作为国家或民族精神的一种坚持和体现。从这个角度,太冲显然是理解了,从内心对吴感到尊敬,通篇对他以"先生"称。以抒情笔调写两人之间的情形:

> 觞余于鲸背之上,落日狂涛,凄然相对,但觉从古兴
> 亡,交集此时,何处容腐儒道得一句!

不久,太冲辞别行朝,"先生驾三板船送别三十里以外",太冲忆之曰"至今恻恻"。吴钟峦最后在舟山告破之际,壮烈殉国。"赴难,抱夫子栗主,自焚于庙。"怀抱孔子牌位,在孔庙自焚而死。①

健跳所的日子,实在无聊得很。"诸臣无所事事,则相征逐而为诗。……愁苦之极,景物相触,信笔成什",无非是"寄命舟楫波涛"。②这种无聊,实际是行朝氛围所致。乱世之中,草头王说了算,谁握兵符谁就是老大,监国亦无非其手中橡皮图章而已。之前居这角色的是郑彩,眼下是定西侯张名振。这些武人,把持行朝一切。《年谱》谓:

> 时国事尽归定西侯,即阁臣张公肯堂亦不得有所豫同"子"。③

全祖望谓:

> 时诸帅之悍,甚于方国安、王之仁,他们为最早的两个跋扈的
> 大帅。文臣稍异同其间,立致祸。④

① 黄宗羲《思旧录》,吴钟峦,《黄宗羲全集》第一册,浙江古籍出版社,2005,第387页。
② 黄宗羲《海外恸哭记》,《黄宗羲全集》,第二册,浙江古籍出版社,2005,第209页。
③ 黄炳垕《黄宗羲年谱》,中华书局,1993,第26页。
④ 全祖望《梨洲先生神道碑文》,黄炳垕《黄宗羲年谱》附录,中华书局,1993,第90页。

当时四明山有一支武装，领袖王翊，抗清甚是得力，战功卓著，屡致"浙东震动"。己丑六月，监国在健跳所"分使使山寨拜官"，即给地方上各抗清武装授予官衔。这些武装的首领，一般都自封将军都督，"未有三品以下者"，监国"嘉其慕义，亦因而命之"，一概予以承认并正式授衔，偏偏王翊，仅授御史，官级七品。太冲以为不妥，上疏说："诸营小或不及百人，大亦不过王翊一部，今品级悬殊，以之相临，恐为未便。"这意见，大学士刘沂春、礼部尚书吴钟峦都表同意。但张名振"持之不肯下"。为什么呢？"初，诸营迎表，皆因名振达。独王翊不关名振。"①太冲觉得极其不公，他在《行朝录》不同段落，一再提到此事《四明山寨》《海外恸哭记》。

于是，他很快离开了。他是六月到的健跳，离去时间未见明载，但据《年谱》笔意推之，大约在八月，前后在"行朝"总共不过两三个月。辞去的理由如下：

> 公之从亡也，太夫人尚居故里，而中朝诏下，以胜国遗臣不顺命者，录其家口以闻，公闻而叹曰："主上以忠臣之后仗我，我所以栖栖不忍去也，今方寸乱矣，吾不能为姜伯约矣。"乃陈情监国，得请，变姓名，间行归家。②

胜国，不是战胜国，相反，恰系亡国。姜伯约，即姜维，伯约是其表字，他在诸葛亮死后辅佐后主北复中原事业。陈情，指因奉孝之故提出辞职请求，晋武帝时李密写了千古传诵的《陈情表》，后遂以"陈情"指此类事。"录其家口以闻"是指，清廷为扑灭抵抗运动，下令对所有参与者的家属统计、登记、上报，其实就是以株连相威胁。太冲说，为

---

① 黄宗羲《行朝录》，《黄宗羲全集》第二册，浙江古籍出版社，2005，第187页。
② 全祖望《梨洲先生神道碑文》，黄炳垕《黄宗羲年谱》附录，中华书局，1993，第90—91页。

了母亲不受牵累,他要回家。

太冲辞去,直接理由是清廷这道政令,然而实际也只是一个理由罢了。其他从亡者,故里自然各有亲眷,所受威胁是相同的,却并未都就此辞去。当然,会有一些区别。像吴钟峦等年长者,高堂或已不在人世。士大夫讲"忠孝两全",既要尽忠也要尽孝。所以刘宗周谈他宜死的决定时,曾说:"叠山封疆之吏,非大臣比,然安仁之败而不死,终有遗憾。宋亡矣,犹然不死,尚有九十三岁老母在堂,恋恋不决耳。我又何恋乎?"①这是讲谢枋得号叠山故事,宋亡后,谢未当即殉国,而是活下来,直到蒙元逼其出仕,才绝食而死,原因即上有老母。刘宗周以谢枋得为比较,认为他有令人遗憾处,但可以理解,自己则无任何理由活在人间。眼下,太冲辞朝回家,也以孝道为由,这在古君子是可以成立的,李密《陈情表》流传千古,正因很好地表述了忠孝之间独特的矛盾。后来太冲逝世,门生为之拟以"文孝"私谥,这件事也是依据之一。

但是,我们却认为是他的一个借口,莫非暗示太冲当了反清运动的逃兵?并非那样。关键在"吾不能为姜伯约"一句。姜维这个历史人物的突出特点,是他于诸葛亮死后,在自身能力既不足,客观上又事不可为的情形下,仍毅行"丞相"北复中原的遗志。太冲以这典故,寄予了对追随鲁王抗清,已不觉还有希望的潜台词。前面我们已见到他对健跳的诸般描述,墨渖之间,充满乏竭空虚,可以说没有一点苗头。这两三个月的见闻,想必已使太冲认清"行朝"完全不可能有所作为。待在这里,徒自凄苦而已;他不愿做这么无谓的事,尤其是不想通过与鲁王不离不弃来表达什么。

这是太冲与张肯堂、吴钟峦、张煌言那样的大明忠臣不同处,甚至也不同于他的老师刘宗周。前面讲太冲起兵时,坚以布衣为请而不获允,当时我们只讲了他这做法的出处,于其深意则表示"俟后再谈",

① 黄宗羲《弘光实录钞》卷四,《黄宗羲全集》第二册,浙江古籍出版社,2005,第94—95页。

现在是时候了。

所谓"布衣"，也即无官之身。鲁王想授他官职，而太冲不要。这并非谦逊或清高。官职首先意味着"食君禄"，食人之禄，忠人之事；接受官职，道义上就有尽忠的义务。太冲希望以布衣起事，实际的意义是，自己出于"义"而抗清，非为对大明效忠而抗清。进而说得再清楚些，在太冲那里，"反清"与"复明"是需要区分开来的事，很多人反清即为复明，而太冲内心则绝非因为复明而反清。这几乎是理解太冲时最最关键的一点。当然，他自己从来没有作过这么明确的表示，严峻的客观现实不允许在这时发这种议论，但我们看他一生，参详他思想的全部轨迹和变化，完全可以肯定，太冲对于明王朝不抱任何好感。一是自己家庭的不幸，一是明朝从头到脚通体的劣坏，这个王朝的毁灭，太冲不要说为之痛心，只怕反而是"时日曷丧？吾与汝偕亡"的畅然，读一读《明夷待访录》"原君"篇，那对荼毒天下的独夫的愤慨之情，字字句句得之他对明朝历史和政治现实的切身感受。他在明清鼎革之际，觉得"天崩地解"，所指根本不是明室的崩溃，而是野蛮部族入主中国可能导致中华文明大黑暗的结局，他是从文明忧患角度、作为爱国者而起兵反清。

太冲这一番心腹，历来竟无人会意，连章太炎、陈寅恪那样的饱学之士，也不能理解，将太冲晚年对清朝的态度视为一种"转变"。实则应该说太冲早在十七世纪就已达到了以文明冲突衡定历史与是非的思想境界，他眼中天下兴亡根本无关乎"一人一姓"[1]，他决不要当朱姓家奴，只认更好、更文明、更合理的治政，后来康熙皇帝展现了这种气象，故而他欣然接受，不因其为异姓或"鞑虏"而排斥。

眼下，他看破"行朝"必将一事无成，决然地辞去了。

---

[1] 黄宗羲《明夷待访录·原君》，《黄宗羲全集》第一册，浙江古籍出版社，2005，第 3 页。

壹柒

乞师

但健跳之别还不是太冲"行朝"经历的终点，不数月，太冲又回到鲁王身边。此时，鲁王已移驾舟山。

回来，是因鲁王召他充副使，去日本长崎乞师。可见只要有事可做，且事情实实在在有益于抗清，他还是不辞驱策的。

关于出使日本，太冲《行朝录》卷八《日本乞师》有记，然未一语提及自己。全祖望说那是出于自我保护而"讳之"，他考证太冲《避地赋》句"历长崎与萨斯玛兮，方粉饰夫隆平"、"返余旆而西行兮，胡为乎泥中"，就是吟日本之行。① 因于《梨洲先生神道碑文》正式记载说："监国由健跳至翁洲即舟山，复召公副冯公京第乞师日本，抵长崎，不得请。"② 而黄炳垕《年谱》载："十月，监国由健跳至舟山，复召公偕冯侍郎跻仲京第、副澄波将军阮美，乞师日本。"③ 即正使乃阮美，冯京第

---

① 黄炳垕《黄宗羲年谱》，中华书局，1993，第227页。
② 全祖望《梨洲先生神道碑文》，黄炳垕《黄宗羲年谱》附录，中华书局，1993，第91页。
③ 黄炳垕《黄宗羲年谱》，中华书局，1993，第27页。

和太冲都是副使。

乞师，就是借兵，"诉中国丧乱，愿借一旅，以齐之存卫、秦之存楚故事望之。"请日本援华打清朝。当时日本"三十六岛，每岛各有王统之。其所谓东京者，则国主也。国主曰京主，拥虚位，而一国之权则大将军掌之"。

太冲说，最早是乙酉年1645秋，由隆武皇帝唐王朱聿键派一个名叫周鹤芝的日本通首先联络。据说"大将军慨然，约明年四月发兵三万，一切战舰、军资、器械，自取其国之余财，中以供大兵中华数年之用"，只待"中国使臣之至"，经正式外交途径确认。后来福建陷落，事未行。

浙江这边，则由冯京第与黄斌卿之弟黄孝卿于戊子年1648到过长崎，但正赶上西洋天主教徒扰日，日本对外戒严，冯等不得登岸，"于舟中朝服拜哭而已"，后遇日本某"如中国巡方御史"的官员，"京第因致其血书"，日王见后，"曰：'中国丧乱，我不遑恤，而使其使臣哭于我国，我国之耻也。'与大将军言之，议发各岛罪人"。拟以日本列岛狱中犯人组成军队，盖以此令其立功赎罪也。冯京第得到答复后先回，留黄孝卿留日作为联络人。日本打算援华，似非虚言，因为冯京第回国时，日方赠款"洪武钱数十万"令其携回，当时，日本还不掌握铸钱技术，故"但用中国古钱"，洪武年间所铸之钱，中国都已少见了，"舟山之用洪武钱，由此也"。应该说援华行动已经开始。但留日代表黄孝卿却毁掉中国形象：

> 长崎多官妓，皆居大宅，无壁落，以绫幔分为私室。每月夜，每悬琉璃灯，诸妓各赛琵琶，中国之所未有。孝卿乐之，忘其为乞师而来者，见轻于其国，其国出师意亦荒矣。

丧国之人，处声色而乐之，被人瞧不起，出兵事因而搁浅。

但中国对于日本援兵的想望，很难割弃。又过一年，己丑年1649

复提起，遂于是年冬，再遣使节赴日，这就是有太冲参与的一次，算来已是中国第三次乞师。

太冲记述：

> 十一月朔，出普陀，十日，至五岛山，与长崎相距一望。是夜大风，黑浪兼天，两红鱼乘空上下，船不知所往。十二日，舵工惊曰："此高丽界也！"转帆而南。又明日，乃进长崎。

朔，即每月初一日。己丑年十一月初一1649年12月4日使团从普陀出发，十三日12月16日抵长崎。然而这次使团却因错用一人，未获日人信任。那是一位江西和尚，法名湛微；此人多年往还日华，是个日本通，使团可能用他为通译。没想到，这和尚在日本有前科，大将军一听说他的名字，立刻下令驱逐。"日本不杀大唐僧，有犯法者止于逐，再往则戮及同舟。湛微欲以此举自结于日本，阮美于是始知为其所卖也，遂载经而返。"

但乞师流产也不全是湛微的缘故。据太冲观察：

> 日本自宽永享国三十余年，母后承之，其子复辟，改元义明，承平久矣，其人多好诗书、法帖、名书、古奇器、二十一史、十三经，异日价千金者，捆载既多，不过一二百金。故老不见兵革之事，本国且忘武备，岂能渡海为人复仇乎？[1]

说日本生活太好，耽于安逸，不涉兵革之事，恐不会为外国派兵打仗。这一有关十七世纪中叶日本情况的讲述，因是亲历，颇为真切。

乞师不成，回国后，太冲仍返故里，从此没有再入"行朝"。

---

[1]　黄宗羲《行朝录》，《黄宗羲全集》第二册，浙江古籍出版社，2005，第180—183页。

壹捌

窃伏

之后，太冲转入地下，继续抗清，只是不再作为"左副都御史"追随鲁王驾旁而已。

现在他是一名"自由战士"，独立的民间抵抗者，就像"二战"老电影里那些游击队员，靠"消灭法西斯，自由属于人民"之类暗号，从事秘密活动。他为义师传递情报、营救抗清志士、替抗清武装筹措经费、策反清军将领……这段时间，大约持续十年，即到太冲五十岁那年告终，以所作《山居杂咏诗》为标志。

其间的经历，《梨洲先生神道碑文》有总括：

> 公既自桑海中来，杜门匿景通"影"，东迁西徙，靡有宁居。而是时大帅治浙东，凡得名籍与海上有连者，即行翦除。公于海上，位在列卿，江湖侠客多来投止，而冯侍郎京第等结寨社峇，即公旧部，风波震撼，踦跂日至。当事以冯、王二侍郎与公名并悬象魏，又有上变于大帅者，以公为首，而公犹挟帛书，欲招婺中镇将以南援。时方搜剿沿海诸

寨之窃伏，与海上相首尾者。山寨诸公相继死……辛卯夏秋之交，公遣间使入海告警，令为之备而不克。甲午，定西侯间使至，被执于天台，又连捕公。丙申，慈水寨主沈尔绪祸作，亦以公为首。其得以不死者，皆有天幸，而公不为之慑也。熊公汝霖夫人将逮入燕，公为调护而脱之。[1]

这段文字，不细解恐怕难懂，我们逐一注说。

"桑海""海上"，指浙闽反清武装，他们常躲于海中，故云。

"杜门匿景"，转入地下或潜伏；太冲这一段的情状，实在有如现代所谓"敌特分子"。

"江湖侠客"，并非武林中人，是民间自发的反清志士们的代称。

"结寨""山寨"，是抗清武装所盘踞之处，类乎现代"革命根据地"。

"呑"，乃山中曲折隐秘处，或水中小岛，总之这里代指秘密团体。

"龃龉"，原意是侧齿撕咬，引申为毁伤；语出《史记·田儋列传》："且秦复得志于天下，则龃龉用事者坟墓矣。"它在这里有专门的意思，具体详后。

"冯、王二侍郎"指冯京第和王正中，他们都是太冲的战友、同志。

"象魏"为古代宫阙建筑一部分，是悬示教令的地方；这里是说太冲已被清廷列为反清要犯。

"婺中镇将"指清朝金华古称婺州总兵马进宝，太冲和钱谦益策反他，详情亦稍后。

"又有上变于大帅者"，指有人向清军检举揭发叛乱。

"窃伏"，即潜伏者。

"辛卯"即一六五一年，在清朝乃顺治八年；"告警"，传递情报、通风报信也。

---

[1] 全祖望《梨洲先生神道碑文》，黄炳垕《黄宗羲年谱》附录，中华书局，1993，第91页。

"间使"，地下交通员。

"甲午"是一六五四年，顺治十一年；"定西侯"即张名振。

"丙申"一六五六年，顺治十三年。

具体涉及八件事或八个方面：一、太冲处似乎成为地下反清活动一个据点，"江湖侠客多来投止"。二、冯京第那支游击队，主要来源即太冲"世忠营"旧部，而太冲多半也与旧部暗中保持联络，以故"风波震撼，鲼𩽾日至"。三、太冲不仅过去因从亡而名列朝廷要犯，眼下又有人举报他是一桩正在酝酿的谋反之首。四、太冲积极开展清军将领工作，以促成反正。五、辛卯夏秋间，太冲得到情报，清军要对"海上"采取行动，他派人将情报递到"海上"，挫败了清军计划。六、甲午年，张名振派交通员来和太冲接头，中途被捉，太冲再次被追捕。七、丙申年，破获一个秘密反清组织，背后主使者又是太冲。八、太冲朋友和同门师兄熊汝霖遗孀被清廷抓捕，即将解往北京，太冲奋力营救，使她脱身。

再单讲一讲"鲼𩽾"。前略言其出《史记·田儋列传》，这个田儋是秦末时人，齐国田氏之后。他自己是豪强之士，还有两个堂兄弟田荣、田横，也和他一样。而说到田横，大家也许知道"田横五百门客"的故事。秦乱之终，刘邦一统天下，独田横不臣服，"与其徒属五百余人入海，居岛中"，逼至无路，田横自杀，其五百门客亦俱自杀。后世乃以田横五百人为舍生取义、守义不辱象征，司马迁赞之："田横之高节，宾客慕义而从横死，岂非至贤！"[①] 明清鼎革之际，田横故事又有了新的含意。太冲曾于《四明山寨》评论抗清英烈王翊：

> 史臣曰：四明山寨本非进退之地，其始之欲寨焉者，亦如田横与其徒属五百余人入海居岛中之意。不意后遂踵其陈迹，割裂洞天。虽然，王翊之死，于田横何逊！[②]

---

① 司马迁《史记》卷九十四田儋列传第三十四，上海古籍出版社，1997，第2020—2021页。

② 黄宗羲《行朝录》，《黄宗羲全集》第二册，浙江古籍出版社，2005，第189页。

用田横精神弘扬王翊。然岂止王翊，所有义不顺从清政权的抵抗者，皆可谓明末之田横！全祖望之以"风波震撼，齮齕日至"述太冲地下抗清的危境，背后文章正在于太冲曾以田横故事视抗清，在心中暗以田横自命。

这当中，比较重大的行动，当属策反马进宝。事在庚寅 1650，也即太冲日本乞师回来不久。《年谱》记：

> 三月，公至常熟，馆钱氏绛云楼，因得尽翻其书籍。①

似乎闲雅，只是去绛云楼阅书。阅书倒也不假，但太冲此来实际是与钱谦益商议一桩大事。金鹤冲《钱牧斋先生年谱》载：

> 黄太冲欲招婺中镇将南援。前年十月，太冲副冯京第乞师日本，未得。是年三月，来见先生，欲因先生招婺中镇将。有事则遣使入海告警，令为之备。②

之所以求牧斋出马，想是因他在前朝资历老、人望高。此"婺中镇将"，即金华总兵马进宝。

马进宝，也就是马逢知；顺治十四年 1657，"诏改名逢知"③，御赐名讳，可见恩宠。他是山西隰州人，前明时任安庆副将、都督同知。清军南下，他遣使至九江迎降。此人为人非常狡狯，一边为清廷作战，积功升为苏松常镇提督；一边又暗中和抵抗运动交往，让人对他抱有幻想。除了与钱牧斋来往，我们还知他在松江时，曾将柳敬亭养在帐中："马

---

① 黄炳垕《黄宗羲年谱》，中华书局，1993，第 27 页。
② 金鹤冲《钱牧斋先生年谱》，钱仲联标校《钱牧斋全集》第八册，上海古籍出版社，2003 年，第 942 页。
③ 《清史列传》卷八十逆臣传马逢知，中华书局，1987，第 6700 页。

帅镇松时，敬亭亦出入其门下，然不过以倡优遇之。"①

顺治六年 1649，"命加都督佥事，授金华总兵"②。也就是说，太冲来找牧斋策划时，马进宝刚当上金华总兵不久。当时，牧斋给了他一个美称，称"伏波将军"。史上"伏波将军"本是东汉大将马援，马进宝同姓，牧斋因以此称，算是恭维，同时，想亦出于保密，避免提及本名。《有学集》卷三《庚寅夏五集》的序这样写：

> 岁庚寅之五月，访伏波将军于婺州。以初一日渡罗刹江钱塘
> 江别称，自睦浙江淳安县古称之婺，憩于杭，往返将匝月。③

太冲三月来访，牧斋五月初一即动身去金华，来回奔波了将近一整月。作为清初"江左三大家"的名诗人，牧斋此去，一路写诗，共写了三十七首诗。因是秘密使命，诗篇大多看上去吟行而已，但字里行间还是透出相当的反清情绪。如："三年灼艾有秦灰"④ 秦灰指始皇焚书，古士夫以秦为燔毁文明者，此处喻清室，"千里江山殊故国，一抔天地在西台"⑤ 故国指朱明，西台指南宋谢翱悼文天祥名篇《西台恸哭记》，"鹦鹉改言从靺鞨，猕猴换舞学高丽"⑥ 靺鞨、高丽皆暗指清人，"腥风杀气入偏多"⑦ 当时对异族常以"腥膻"相称，"嘶风朔马中流饮"⑧ 朔马犹胡马，古蛮族多来自北方……无疑，作者是鼓满了反清斗志而往。而结果似乎不佳，末首《书夏五集后示河东君》：

① 《柳敬亭传》，《黄宗羲全集》第十册，浙江古籍出版社，2005，第 588 页。
② 同上。
③ 钱谦益《庚寅夏五集》，《有学集》卷三，上海古籍出版社，1996，第 83 页。
④ 同上，第 84 页。
⑤ 同上，第 85 页。
⑥ 同上，第 97 页。
⑦ 同上，第 98 页。
⑧ 同上。

帽檐欹侧漉囊新，乞食吹箫笑此身。南国今年仍甲子，西台昔日亦庚寅。皋羽西台恸哭，亦庚寅岁也。闻鸡伴侣知谁是？画虎英雄恐未真。诗卷丛残芒角在，绿窗剪烛与君论。[1]

河东君即柳如是。牧斋回来，将一路的诗草整理出来给她看。他比此行的自己，是由楚入吴借兵报仇的伍子胥，并说从头至尾心里都想着谢翱皋羽是其表字《西台恸哭记》；"闻鸡伴侣"乃东晋北伐名将祖逖故事，此处借指争取马进宝反正；"画虎英雄恐未真"，表示他怀疑事情多半不成，画虎不成反类犬，马进宝恐怕不是真英雄。

牧斋预感是对的。马进宝是个滑头，就在牧斋来见他的第二年，清军以他为首攻陷舟山，给鲁王阵营毁灭性一击。《清史列传》马逢知传："九月，总台、温水陆官兵，攻鲁王部将阮进、张名振于舟山，大败之。"[2] 当郑成功大举反攻长江时，马进宝慑于郑军势头，又取观望姿态，一面对清军坐视未救，一面与郑互通消息，自以为进退有据。然就是因脚踩两只船，终吞苦果。顺治十六年1659，也即郑氏功败垂成当年，即遭弹劾"通海情形昭著"[3]。翌年六月下狱，案审结论是"托言招抚，而阴相比附，不诛贼党，而交通书信，兼以潜谋往来，已为确据"。[4] 被杀，列入《清史列传》逆臣传。

① 《柳敬亭传》，《黄宗羲全集》第十册，浙江古籍出版社，2005，第111页。
② 《清史列传》卷八十逆臣传马逢知，中华书局，1987，第6700页。
③ 同上，第6701页。
④ 同上。

壹
玖

绝望

舟山陷落，标志着浙东抗清的失败。

辛卯年 1651，清顺治八年八月，清廷调集重兵，从崇明、金华、定海三路进击舟山。战斗于十六日打响，经过半个月苦战，"九月初二日城陷"，守军"义勇数千，背城力战，杀伤虏千余人"。[1] 清军事后叹道："吾兵南下以来，所不易拔者，江阴、泾县合舟山而三耳。"[2] 过去我们知道，扬州、嘉定抵抗惨烈，看来舟山犹有过之。

从前年起，舟山便是监国行朝所在地。是役，除张名振保护朱以海逃脱，整个行朝皆没，自张肯堂、吴钟峦以下，全部就义。太冲特于《海外恸哭记》中，将他们的名字与结局，一一列出。

张肯堂，弘光间为福建巡抚，后"出私财募兵"[3] 抗清，鲁王到舟山后，拜其为东阁大学士。"城陷，肯堂蟒衣南面，视其妾周氏、方氏、

---

① 黄宗羲《海外恸哭记》，《黄宗羲全集》第二册，浙江古籍出版社，2005，第 237 页。
② 同上，第 240 页。
③ 翁洲老民《海东逸史》卷十列传七张肯堂，第 58 页。台湾文献史料丛刊第六辑，《鲁春秋》《浙东纪略》《海东逸史》《海外恸哭记》合订本，台湾大通书局，1987。

姜氏、璧姐、子妇沈氏、女孙茂漪皆缢死，然后题诗襟上云：'虚名廿载著人间，晚节空劳学圃闲；漫赋《归来》惭靖节，聊存《正气》学文山。君恩未报徒忧瘁，臣道无亏在克艰；传与千秋青史笔，衣冠二字莫轻删。'乃自缢。"①绝命诗回顾了自己的经历，主要是叹憾未为国家做成多少事，曾想学陶渊明不染污秽、独善其身，最终还是觉得应效文天祥，以身死为青史存正气。他的举止感动了卫士和仆人，连他们都跟随张肯堂一起自尽。

清兵进军前，吴钟峦本居别处，"舟山告急，钟峦曰：'吾从亡之臣，当死行在。'乃渡海入城。"城陷前，他特地拜访张肯堂，郑重道别，"归而自缢，年七十有六"。②

余如兵部尚书李向中，城陷被捉，"虏执向中欲降之，不可"，披麻戴孝立于敌前，"虏杀之"。③吏部侍郎朱永祐，也被捉，"虏执永祐，欲剃发活之。永祐曰：'吾发可剃，可俟今日？'"清兵将他拦腰砍死。④兵部职方司郎中朱养时、户部主事林瑛、礼部主事董玄、兵部主事朱万年、诸生林世英，都是自缢死。其中，林瑛与妻陈氏，"分梁缢"。⑤左都督张名扬张名振之弟、工部所工戴正明及宫中侍卫七人，赴火死。其中，张名扬和母亲范氏及满门数十人，一起自焚。锦衣卫指挥王朝相和太监刘朝，"奉上妃陈氏、贵嫔张氏、义阳王妃杜氏等入井，以巨石覆之"，"当宫眷未入井时，阖门放火，虏将灭火，而有校尉七人者，登屋极，注矢向虏，虏不敢动。朝相盖井即毕，七人挟弓矢投火中"。⑥王、刘二人则于宫眷入井后当即自刎井侧。

舟山惨剧，给太冲很深刺激。虽然他的抗清还持续了几年，当时郑成功军力颇盛，计划反攻长江，太冲与牧斋憧憬之中欲为内应，但

①　黄宗羲《海外恸哭记》，《黄宗羲全集》第二册，浙江古籍出版社，2005，第237页。
②　同上，第238页。
③　同上。
④　同上，第239页。
⑤　同上，第239—241页。
⑥　同上，第240页。

一六五九年郑成功攻打南京而功亏一篑，令太冲终觉无望。又五年，老友和同志钱谦益病故，他益形孤单。

他渐渐放弃努力，变得离群索居、沉默寡言。对此，他写《怪说》一文，述其"坐雪交亭中"之状：

> 不知日之蚤晚，倦则出门行塍亩间，已复就坐，如是而日、而月、而岁，其所凭之几，双肘隐然。[1]

除偶尔散步田间，天天整日枯坐，以致双肘支于几案上，隐隐磨出印痕。那必是痛苦的思索，并在内心与一种情感和生命惜别。

雪交亭，张肯堂舟山宅内之亭，在其院左。《海东逸史》："雪交亭者，满院梨花，肯堂平日请书处也。"[2]太冲则云："雪交亭者，肯堂读书之所，有梅一梨一，故称之雪交云。"[3] 当时，张肯堂及其门客苏兆人，都是缢死于亭下。太冲自己家中并无此亭，想是借以名之书斋，足见舟山之痛，令他刻骨铭心。

他在文中自称"老人"，起句便是："梨洲老人坐雪交亭中……"我们不知《怪说》一文的具体写作年月，郑成功长江之役失败在一六五九年，钱谦益死于一六六四年，即太冲五十岁至五十五岁之间。从"如是而日、而月、而岁"来看，《怪说》所述非一时状态，而是一段时间以来经年累月的情形。在这里，他自称"老人"，似乎也是最早启用了"梨洲"之号。凡此，都令人感到，他从心态到身体正在发生又一次深刻的变化。

他追索、反省着一生，尤其是思考着死亡：

> 李斯将腰斩，顾谓其中子曰："吾欲与若复牵黄犬，俱出

---

① 黄宗羲《怪说》，《黄宗羲全集》，第十一册，浙江古籍出版社，2005，第70页。
② 翁洲老民《海东逸史》卷十列传七张肯堂，第58页。台湾文献史料丛刊第六辑，《鲁春秋》《浙东纪略》《海东逸史》《海外恸哭记》合订本，台湾大通书局，1987。
③ 黄宗羲《海外恸哭记》，《黄宗羲全集》第二册，浙江古籍出版社，2005，第240页。

上蔡东门逐狡兔，岂可得乎？"陆机临死，叹曰："华亭鹤唳，岂可复闻乎？"吾死而不死，则今日者，是复得牵黄犬出上蔡东门、闻华亭鹤唳之日也。以李斯、陆机所不能得之日，吾得之，亦已幸矣！不自爱惜，而费之于庆吊吉凶之间，九原九原犹九泉、黄泉，元好问有句："九原如可作，吾欲起韩欧。"可作，李斯、陆机其不以吾为怪乎！然则公之默默而坐，施施徐行貌而行，吾方傲李斯、陆机以所不如，而又何怪哉！又何怪哉！[①]

他以李斯、陆机的不幸自扪，检讨自己"不自爱惜"。"费之于庆吊吉凶之间"，显然指几年来抗清事业频遭悲痛，太冲难以走出，不能自拔。他问自己，永远这般"默默而坐，施施而行"，无所作为，如果李斯、陆机起于地下，岂不怪我吗？

某种意义上，对于推翻清统治，太冲可以说是绝望了。这种情感，在己亥年1659，清顺治十六年即郑成功兵败长江之时，达到顶峰。其有《山居杂咏》为证，作于是年的这六首诗，《年谱》称太冲自己读来都觉"横身苦楚，淋漓满纸"[②]。

"山居"，是因郑成功反攻过程中，清廷又严防密缉支持者，太冲躲避抓捕而潜入深山。此即《年谱》曲笔所述："海上乱，防海之师望门而食，故居苦于蹂躏，乃移居剡中即化安山。"[③]故反攻失败的消息，太冲应是山中闻知，这当即让他痛郁满怀，百感交集中连赋六诗，透过诗句，我们可一一解读到此时他各种心情。其一之句：

锋镝牢囚取次过，依然不废我弦歌。死犹未肯输心去，贫亦其能奈我何！[④]

① 黄宗羲《怪说》，《黄宗羲全集》第十一册，浙江古籍出版社，2005，第70—71页。
② 黄炳垕《黄宗羲年谱》，中华书局，1993，第30页。
③ 同上。
④ 黄宗羲《山居杂咏》，《黄宗羲全集》第十一册，浙江古籍出版社，2005，第234页。

是愤懑、不屈、心未甘、不悔不改的表示。其二之句：

> 斜月萧条千白发，乱坟围绕一青灯。不知身世今何夕，
> 生死缘来无两层。①

是对为国牺牲与献身者的哀恸。其三：

> 五十年中逐覆车，适来渐喜似山家。风天去拾松柎火，
> 霜后来寻野菊茶。一两皮鞋穿石路，三间矮屋盖芦花。谁云
> 勉强差排得，随分风光吾欲夸。②

暗示今后决计以"遗民"终世，"山家""松柎火""野菊茶""石路""芦
花"等，皆隐者意象，至于"风天""霜后"，自是借严冬形容抗清式微
之后清朝稳坐江山的现实。其四之句：

> 残年留得事耕耘，不遣声光使外闻。兴废化安唐代寺，
> 风流德应宋时坟。③

将"遗民"之志表达得更明确，说自己打算就在化安山待下去，与唐宋
中华遗迹相依存"德应宋时坟"指山中一座宋代陈姓侍郎墓。其五之句：

> 而我不容今世路，此情惭愧又何辞！④

---

① 黄宗羲《山居杂咏》,《黄宗羲全集》第十一册，浙江古籍出版社,2005，第235页。
② 同上。
③ 同上。
④ 同上。

谓自己与"今世"互不相容，但在所不辞。其六之句：

> 数间茅屋尽从容，一半书斋一半农。左手犁锄三四件，
> 右方翰墨百千通。[1]

仍述"遗民"之志，但设想得更具体，即往后当半读半农为活，自耕以养，而以读书和研究为生命止归。

作这六首诗时，太冲年五十整。假定《怪说》写在五十五岁，则这样一个调整、转变期，在他有五年之久。或如他自己所形容的，那种"独坐雪交亭"的状态，长达五年，以致"所凭之几，双肘隐然"，可见从心中"雪交亭"走出来，何等不易。《怪说》中云："一女嫁城中，终年不与往来。一女三年在越，涕泣求归宁，闻之不答。"[2] 说明痛苦、孤独，至少笼罩了他三年。

但写完《怪说》，我们可以认为，他终于走出来了。根据就是他以李斯、陆机为设想，深入反思了既然还有幸活着，则何谓"自爱惜"这个问题。换言之，他决心振作了。怎么振作？稍后我们可一一明之。这里先概括起来明确两点：第一，太冲不能不意识到，历史的一页，业已翻了过去。第二，他为自己启用新的别号"梨洲"，这象征着他人生又一新的阶段已经开始。

---

① 黄宗羲《山居杂咏》，《黄宗羲全集》第十一册，浙江古籍出版社，2005，第 235 页。
② 黄宗羲《怪说》，《黄宗羲全集》第十一册，浙江古籍出版社，2005，第 70 页。

贰
拾

多
难

去往下阶段前，补叙一下之前太冲个人遭际的一些变故。那非用"多灾多难"形容不可。

他自己不必说，一直都厄急连连。甲辰年 1664，为朋友陆周明作墓志铭，忆及这段光阴，说："十年前，亦尝从事于此，心枯力竭，不胜利害之纠缠，逃之深山以避相寻之急。"这里的"此"，指"乃有儒者抱咫尺之义，其所行不得不出游侠之途"，即抗清。这位陆周明，是他的同志，也是万泰六子万斯大岳父，与太冲可谓通家之好太冲孙女嫁与万斯大长兄斯年之子承勋。陆周明似乎也组建过自己的秘密抗清团队，"其时周明与其客以十数见过，皆四方知名之士"，并掩护过太冲：

> 余间至其城西田舍，复壁柳车，杂宾死友，咄嗟食办。①

---

① 黄宗羲《陆周明墓志铭》，《黄宗羲全集》第十册，浙江古籍出版社，2005，第304页。

复壁就是夹墙，古人造屋常预置夹墙，作为自家人才知道的隐秘之所，备不时之需。可以藏物；最著名的故事莫过于伏生藏书。伏生是济南人，秦始皇时任博士。"秦时焚书，伏生壁藏之。"及嬴政下令焚书，他手下这个知识分子官员，却因痛惜文明，阳奉阴违，将一批先秦典籍私藏于家中复壁。"其后大兵起，流亡。汉定，伏生求其书，亡数十篇，独得二十九篇，即以教于齐、鲁之间，学者由此颇能言《尚书》。"① 所以复壁曾经为保存中华文明立过大功。亦可以藏人；唐司马贞索隐《史记·张耳陈余列传》"置厕"一词："置人于复壁中，谓之置厕，厕者隐侧之处，因以为言也。"② 而柳车，就是丧车，装死人的车子，王维《为杨郎中祭李员外文》："悲《薤歌》之首路，哀柳车之就辙。"③ 太冲"复壁柳车，杂宾死友"说的是，当时被陆周明掩护时，他曾和别人一道藏身于陆府夹壁中，甚至混迹丧车与死尸为友。可见是无所不至，而这仅为与陆周明交往中的一段经历。

不光自己厄急连连，亲友也频遭不幸。

仅二弟宗炎表字晦木即两度陷于囹圄。庚寅年 1650，清顺治七年，"二叔父以连染被执，将罹大辟"④，大辟即死刑，晦木已经被判了死刑。太冲"赤足行冰雪中，十指皆血"⑤，四处奔走救弟。最后一幕相当惊险：

> 及行刑之日，旁傍晚始出，潜载死囚随之。既至法场，忽灭火，暗中有突出负先生指晦木去者，不知何许人也。及火至，以囚代之。冥行十里，始息肩。忽入一室，则万户部履安白云庄也，负之者即户部子斯程万泰次子也。鄞之诸遗民毕

---

① 班固《汉书》卷八十八儒林传伏生传，中华书局，2002，第 3603 页。
② 司马迁《史记》，上海古籍出版社，1997，第 1975 页。
③ 王维《为杨郎中祭李员外文》，《王维集校注》，中华书局，1997，第 1197 页。
④ 黄百家《先遗献文孝公梨洲府君行略》，黄炳垕《黄宗羲年谱》附录，中华书局，1993，第 77 页。
⑤ 同上。

至，为先生解缚，置酒慰惊魂。[①]

使的是调包之计。从全祖望叙述得知，这是浙东地下抗清组织一次大的营救行动，发动了很多人。当万斯程将晦木背负至宁波家中白云庄时，当地重要遗民早已等候在那里。而之前设计、出资及斡旋者，有万泰、高旦中、冯道济等。据黄百家述，调包计所以得逞，是地下组织买通清官员的结果，"得胡珠百颗，献之大帅，而叔父得释"[②]。"忽灭火"、"及火至，以因代之"，都是事先讲好的障眼法。

六年后，反清团体"慈湖寨主"沈尔绪案发，晦木二次被捕：

> 未几，侍郎冯京第故部复合先生，复与其事，慈湖寨主沈尔绪又寄帑焉。伯太冲叔黄宗会泽望二子交阻之不得。丙申，再遭名捕。伯子叹曰："死矣！"故人朱湛侯、诸雅六救之而免。

又有多位亲人先后病故。

最早是四弟宗辕，亦即太冲设法为之补了弟子员的司舆，死于一六四八年，时才二十七岁。一六六三年，三弟宗会泽望去世。一六六九年，最小的弟弟宗彝孝先亦卒。也就是说，到太冲六十岁为止，五兄弟已去其三，只剩下太冲和晦木了。

太冲子孙当中，亦接连有亡故者。一六五五年，幼子阿寿夭折。翌年四月，次子正谊之媳孙氏卒；五月，夭折一孙。一六六六年，女孙阿迎死于天花。丙申年 1656 五月所作《子妇客死一孙又以痘殇》云：

> 揭来四月叠三丧，咄咄书空怪欲狂。八口旅人将去半，十年乱世尚无央。不知负行缘何事，如此忧心得不伤！白日

① 全祖望《鹧鸪先生神道表》，《鲒埼亭集》卷十三，姚江借树山房藏板，嘉庆九年刻。
② 黄百家《先遗献文孝公梨洲府君行略》，黄炳垕《黄宗羲年谱》附录，中华书局，1993，第 77 页。

独行城郭内，莽然墟墓觉凄凉。①

接二连三失去亲人，显然是"乱世"飘零所致。

这当中，最令太冲伤怀的，数幼子阿寿和女孙阿迎之夭。

阿寿生于一六五一年清顺治八年，是年，太冲年四十二。或因得之中年，太冲"最钟爱"②。然而，此子甫五岁病亡。病因未确，太冲述起初为"病吐"，几天后突然"厥逆"，似为伤寒病症。太冲说他极聪明，"三岁时，见图书，余语之曰：'圆者《河图》之数，方者《洛书》之文。'是后杂试之，即无差者。"每天缠着哥哥，给他讲《夷坚志》，"一过之后，即能知其首尾"。故而事后有人说"儿之所以夭者，用早慧者"，因为太聪明，活不长。在他短短五年生命中，太冲"食与儿同盘，寝与儿连床，出与儿携手"，须臾不离。而又宅心仁善，原来喜欢捉小虫子玩，太冲让他别捉，说：好比儿在外游玩，被人劫走，我想儿不想？"儿闻言虽不能割，有顷舍之，未有戕其生者。"③阿寿死后，太冲思之极苦，屡有梦见，除圹志外，作诗多首，计有《至化安山送寿儿葬》《梦寿儿》《梦寿儿持两杯盘置烛台上》《闰五月十六日梦寿儿》《初度梦寿儿》《上寿儿墓》《思寿儿》《寒食哭寿儿墓》《圆通寺梦寿儿》等，痛苦思绪持续五年以上。诗句如："看书皆寿字，入梦契中阴。"《梦寿儿》"久不梦儿今夜梦，醒来忆是汝生辰。"《梦寿儿持两杯盘置烛台上》"儿亡已是半年期，排豁悽怆未有时。"《闰五月十六日梦寿儿》"阿寿亡来三百日，更无一日不凄然。"《上寿儿墓》"去年记得娇儿在，一日相呼有百回。"《思寿儿》"小坟两度逢寒食，始得纸钱挂树傍。"《寒食哭寿儿墓》"五年生魂十

① 黄宗羲《子妇客死一孙又以痘殇》，《黄宗羲全集》第十一册，浙江古籍出版社，2005，第229页。
② 黄炳垕《黄宗羲年谱》，中华书局，1993，第29页。
③ 黄宗羲《亡儿阿寿圹志》，《黄宗羲全集》第十册，浙江古籍出版社，2005，第523—524页。

岁骸，梦中依旧在亲怀。"《圆通寺梦寿儿》①……睹之令人泪不能禁。

女孙阿迎，为次子正谊所生，母虞氏。前曾讲正谊之妻孙氏丙申年1656病故，虞氏应是续弦。续弦之后，阿迎遂于庚子年1660十二月诞生。出生后，阿迎一直住母亲上虞娘家，壬寅年1662两岁多来到太冲身边。太冲时有诗：

> 莺舌初调学话新，牵衣索抱唤频频。七年阿寿无踪迹，见汝眉头又一伸。②

阿寿夭折之痛，因阿迎到来，终得纾解和转移。亦可见对阿迎之爱，多少寓存或延续着对阿寿的思念。太冲甚至认为："阿迎为寿儿之重来无疑也。"觉得阿迎就是寿儿的转世。他回忆阿迎出生那年，其方游庐山，在圆通寺梦见阿寿，"归家而阿迎生矣"；更奇的是，阿迎一生下来，太冲"自此遂不复梦见寿儿"。

太冲说："余甚爱之。"爷孙感情甚笃。当时太冲在语溪教书，"二三年来，余糊口吴中，朝夕念儿，儿亦朝夕念余"，每次太冲归来，阿迎都攀坐膝上，"挽须劳苦，曲折家中碎事以告"，以致家中有什么事不想让太冲知道的，首先就得对阿迎保密，"恐其漏于吾也"。阿迎说她想爷爷，让爷爷待在家里，别出门；太冲说爷爷不出去挣钱，阿迎没糖果吃了，"儿曰：'爷在，儿亦不愿果饵也。'"太冲说："其在左右，洒然不知愁之去体也。"只要阿迎在，一切忧愁都烟消云散。

然而阿迎偏偏又命薄。丙午年1666绍兴一带天花流行。当年十二月初七，也即阿迎七岁生日那天，晚上突然发病，"至二十日而殇"。死后三天埋葬，太冲写道："寒风岁尽，冰雪满山，与葬寿儿时日风景秋毫无异也。"阿寿也死在十二月乙未年除夕，两个孩子之间太多相似，确

① 黄宗羲《南雷诗历》卷一，《黄宗羲全集》第十一册，浙江古籍出版社，2005，第227—239页。
② 黄宗羲《书贻孙女迎》，《黄宗羲全集》第十一册，浙江古籍出版社，2005，第245页。

有不可解处。难怪太冲长叹："呜呼！以余之愚，何烦造化之巧弄如此哉！"他写诗道：

老来触事尽无聊，儿女温存破寂寥。阿寿五年迎七载，如何也算福难消？

十二年中已再世，重翻旧恨作新愁。两行清泪无多重，流到前痕竟不流。

阿寿享年五岁，阿迎七岁，加起来十二年。十二年，太冲不单是接连失去儿孙，分明还有随着自己老去而益感珍惜慰藉的童心稚气。有人劝他勿过悲伤："区区女孙，无庸过戚。"毕竟只是一个孙女，又非男孩。太冲答曰："余赋性柔慈，朋友一言嘘沫，梦寐历然，儿之亲吾如是，虽欲忘情，其可得乎？"[①]

这年太冲五十七岁。后来他对阿迎的思念，历二十年未减。丁卯年1687他为纪阿迎墓上"生石楠一株高丈余"而写诗句："掌珠一夕堕黄泉，荏苒于今二十年。"[②]

兄弟子孙外，失去的还有几位好友。刘应期瑞当,1648年卒；万泰履安,1657年卒；沈士柱昆铜, 1659 年卒；钱谦益牧斋, 1664 年卒，都于这段时间谢世。

其他磨难尚有:丙申年，太冲弟兄四人此时宗辕已殁一齐遭"山兵"[③]绑架，扣在石井这个地方，后侥幸脱身。壬寅年，其化安山居处龙虎山堂二月火灾，五月，黄竹浦老宅又失火。二月祝融，太冲还曾庆幸:

---

① 黄宗羲《女孙阿迎墓砖》,《黄宗羲全集》第十册，浙江古籍出版社，2005，第525—526 页。

② 黄宗羲《女孙迎儿墓上生石楠一株高丈余远望如此》,《黄宗羲全集》第十一册，浙江古籍出版社，2005，第 311 页。

③ 黄宗羲《花前朝宿石井》,《黄宗羲全集》第十一册，浙江古籍出版社，2005，第231 页。

"故书出焰中，叶叶如荷田。惜此复幸此，不废食与眠。"[1]书虽然灼烤变形，好在还能用。及五月再遇一火，他也不禁诧于自己何运蹇如是：

> 局促返旧居，鸡犬共一轩。缩头床下雨，眯眼灶中燔。
> 南风怪事发，正当子夜前。排墙得生命，再拜告九圆。臣年
> 已五十，否极不终还。发言多冒人，举足辄违天……[2]

旧居即黄竹浦，着实破旧得可以，下雨得躲到床下，做饭要眯着眼睛吹火。火起正当半夜，不知如何而发。太冲不由怨怪老天，说自己已半百，却否极而不泰来，说句话就得罪、举手投足都有闪失……

也许他该用孟夫子的话激励自己："故天将降大任于斯人也，必先苦其心志，劳其筋骨，饿其体肤，空乏其身，行拂乱其所为，所以动心忍性，曾益其所不能。"这是老天在磨炼人，"然后知生于忧患而死于安乐也"。[3]

---

① 黄宗羲《壬寅二月中遇火次陶韵》，《黄宗羲全集》第十一册，浙江古籍出版社，2005，第246页。
② 黄宗羲《五月复遇火》，同上。
③ 朱熹《四书章句集注》孟子集注卷十二告子章句下，中华书局，1983，第348页。

贰
壹

梨
洲

　　前文道："他为自己启用新的别号'梨洲'，这象征着他人生又一新的阶段已经开始。"

　　怎样的新阶段呢？他曾把少年时代之后、踏入社会以来的整个人生，分作三段，即：党人、游侠、儒林。党人是自伏阙颂冤起，到为马、阮陷害而从南京侥幸脱身为止；游侠则指国亡后以布衣起事、加入和投身抗清活动。这两个阶段我们都已讲过，现在均告终了。眼下起，直至辞别人世，都属于最后阶段，他自己的概括或描述是"儒林"，用今天话讲，便是以一位学者面世。

　　随着踏入新人生，转换新角色，我们对他也要换个称呼。在书中，从童年到少年，他是"麟儿"，成年后我们以其表字"太冲"相称，往后改称"梨洲"。

　　这首先因为他对自己一生亲自作了划分，我们应予体现，况且几个阶段不论内容与角色确实泾渭分明；其次，梨洲的别号对他也有特殊意义。旧时读书出身的人，有名有字以外，几乎都有号，名和字由长辈起，号则自拟，算是每个人给自己的一种标记。然而这以前，我们却不知道他给自己取过号，有之，即从"梨洲"始。说到这一点，有个问题我不太明白，恐怕是个错误，在此一提——亦即普遍有黄宗羲"号南雷"之说，比如浙江古籍出版社《黄宗羲全集》的沈善洪序说："黄宗羲，字太冲，号南雷，学者世称梨洲先生"①，中华书局王政尧点校的《黄宗羲年谱》之前言亦云："黄宗羲，字太冲，号南雷，学者称梨洲先生。"②这两种书，讲起来都够权威，依了它们，则黄宗羲至少还有一号即"南雷"。可是我们历来从未见有称"黄南雷"的，若以字称都称"黄太冲"，若以号称都称"黄梨洲"。猛然提到"黄南雷"，我们只怕一时半会儿醒不过神儿，不知指谁。为此，我考了一下离梨洲较近者所述，如他的儿子、弟子或后学，均只见"梨洲"之号，不见"南雷"。黄百家《先遗献文孝公梨洲府君行略》："府君讳宗羲，字太冲，号梨洲，行第一。"③万斯大《梨洲先生世谱》："梨洲先生名宗羲，字太冲，号梨洲，忠端公之长子也。"④邵廷采《遗献黄文孝先生传》："先生讳宗羲，字太冲，号梨洲，忠端公尊素长子也。"⑤显然，无论其在世或去世不久的当时，号"南雷"之说还是根本无有的事。何时有的呢？以我有限所阅，最早自黄炳垕那本梨洲年谱始。它写道："公讳宗羲，字太冲，号南雷，忠端公之长子……大江以南之士多从之，世称梨洲先生。"⑥很容易辨出，今人共奉的"号南雷"说，出处便在这里，且连"世称梨洲先生"句亦一并抄于此。黄炳垕是梨洲七世孙，相距百余年，所编年谱对弘扬乃祖事迹，有很大功绩，但也屡出错。如他记康熙二十七年 1688 五月梨洲在苏州晤汤斌⑦，实则汤斌于前一年十月已卒，故肯定有误。但是，以

---

① 沈善洪《黄宗羲全集序》，《黄宗羲全集》第一册，浙江古籍出版社，2005，第1页。
② 王政尧《前言》，黄炳垕《黄宗羲年谱》，中华书局，1993，第1页。
③ 黄百家《先遗献文孝公梨洲府君行略》，黄炳垕《黄宗羲年谱》，中华书局，1993，第63页。
④ 万斯大《梨洲先生世谱》，黄炳垕《黄宗羲年谱》，中华书局，1993，第61页。
⑤ 邵廷采《遗献黄文孝先生传》，黄炳垕《黄宗羲年谱》，中华书局，1993，第79页。
⑥ 黄炳垕《黄宗羲年谱》，中华书局，1993，第9页。
⑦ 黄炳垕《黄宗羲年谱》，中华书局，1993，第45页。

"南雷"为黄宗羲号如果也是错误，又是怎么发生的呢？我们知道，黄不少文集确以"南雷"为名，如《南雷诗文集》《南雷诗历》《南雷文钞》《南雷杂著稿》《南雷余集》等，本身容易使人误解"南雷"是作者的号，大概这就是错误的来源。而实际呢？我终于在梨洲嫡传的门人万斯大那里找到答案："南雷里，唐谢遗尘之故居在焉，距竹桥数里而近，先生因名集。"[1]南雷是地名，离黄竹浦很近，仅数里，唐代出过一个有名的隐士谢遗尘谢灵运后人，梨洲于是将这地名置于他很多文集名称中，包含称引先贤、托述己志的意义。所以我们颇可断言："南雷"不是号，黄宗羲唯一之号即"梨洲"。尝读谢国桢先生《黄梨洲学谱》，特意留心他怎么写，果然明确述为："宗羲，字太冲，号梨洲，浙江余姚人，忠端公尊素之长子也。"[2]谢先生对明代史实了若指掌，那样的错误他是不会犯的。总之自今往后，沿袭已久的"号南雷"说，宜剔摈之。

前面，我们以《怪说》为梨洲之号启用的标志。可惜此文确切写作时间无考，当然另一面，对此文内容而言，确切的写作时间，意义并不大，因为它所述的，是颇长一段时间中作者的心路历程，所谓"如是而日、而月、而岁，其所凭之几，双肘隐然"，而由文章首句"梨洲老人坐雪交亭中"可断，其写于一六五一年舟山陷落之后无疑。

舟山的陷落，是太冲人生一大转折点，是"太冲"渐渐去往"梨洲"的开始。虽然无法指出梨洲之号取于何年何月，但就已知的言，可以确定它最早现于《留书》自序，而时间也很具体，文末曰：

> 癸巳九月梨洲老人书于药院。[3]

癸巳即一六五三年，距舟山陷落仅二载。此明确可证，梨洲之号当系从舟山陷落而来。全祖望曾据《明夷待访录》"题辞"属"梨洲老人"，说：

①　万斯大《梨洲先生世谱》，黄炳垕《黄宗羲年谱》，中华书局，1993，第61页。
②　谢国桢《黄梨洲学谱》（修订本），商务印书馆，1956，第23页。
③　黄宗羲《留书》自序，《黄宗羲全集》第十一册，浙江古籍出版社，2005，第1页。

"壬寅 1662 前，鲁阳之望未绝。天南指郑成功讣至，始有潮息烟沉之叹，饰巾待尽，是书于是乎出。盖老人之称，所自来已。"[1]认为"梨洲老人"之号因得知郑成功逝世、写《明夷待访录》而起，显然不准确。我们虽不知《怪说》与《留书》自序的写作时间哪个更早，推测起来它们应大致同时；而《留书》自序明确可证，"梨洲"之号的启用要比全祖望所说早十年，亦即以舟山陷落为标志、在一六五一至一六五三年之间。这时为自己新取一号，大概有三重意味：既是对一个刻骨铭心时刻的标记，也是对往昔的告别；同时也向自己宣布，从此去往前所未有的人生。

这当中有生与死的界限，涉及怎样生、如何死的思考。梨洲曾为两位浙江遗民余若水、周唯一写墓志铭。余是绍兴人，周是宁波人。前者以二十余年不与世接、务农课村童，得全发而终；后者"尽去其发而为发冢"，自称"无发居士"。他们用不同的方式抗拒了当局，而同时活下来。梨洲在铭文末句写道："不有死者，无以见道之界。不有生者，无以见道之大。贤生贤死，返之心而无害。"[2]死，可以明原则；不死，却亦能彰验道的广博；无论生死，只要是好与善的，都将返心而无愧。他为自己取号"梨洲"，应当寓意打算活下去、通过不一样的"活着"来验明"道之大"，就像余若水、周唯一等千百遗民那样。谢国桢先生在引述这篇墓志铭后，说："此后即梨洲教授之时也。"[3]也就是说，"梨洲"象征着一种继续坚持心中道义而又采取了全新方式的生存。

全新方式的生存，很具体，都是他过往四五十年所不曾或极少做的事。

前引《山居杂咏》有所描述："数间茅屋尽从容，一半书斋一半农。左手犁锄三四件，右方翰墨百千通。"数间茅屋是指乡间的隐居，即不入世路。对于从前读书人所谓隐居，今人时常理解有误，以为隐居等于

① 全祖望《书〈明夷待访录〉后》，《鲒埼亭集外编》卷三十一，乾隆四十一年刻本，第 20 页。

② 黄宗羲《余若水周唯一两先生墓志铭》，《黄宗羲全集》第十册，浙江古籍出版社，2005，第 287 页。

③ 谢国桢《黄梨洲学谱》(修订本)，商务印书馆，1956，第 130 页。

从人间蒸发，连个人影儿也找不见。并不是那样。隐居的意思，着重在自食其力，不出来做事、求功名、拿俸禄，也就是独立做人、不仰人鼻息。比如陶渊明，是当时著名隐士，人还在现实生活中而并非与世隔绝，但一切自奉自给，来保证他不替当局服务的立场，如此而已。然而即便如此，要迈过这道坎，对于读书人也极不易。"学而优则仕"，"学得文武艺，售于帝王家"，读书人古称士子，士即卿臣之称，读书总为了做官，苦学勤读的意义就在于有朝一日摆脱农夫地位、被朝廷录用成为领俸禄的官员，主动放弃这样的目标，对读书人来说，实不亚于普通人斩断世缘、出家当和尚。它实行起来很难。古代条件下，不做官而活下去，一般只有当农民自己种地，所以半耕半读是最普遍的方式。"一半书斋一半农"，便是据此来设想以后生活。不过，正如当年孔子本人受到的嘲笑那样，读书人"四体不勤，五谷不分"，真要去务农种地，根本没那本事。所以，历来以"隐"为归的读书人，真正躬耕自养的，没有几个。陶渊明的难得正在于此，他连喝的酒，也是靠自种的高粱酿造的。从所知情况看，梨洲恐怕并没有做到陶渊明那样，他养家糊口另有办法，对此稍后再叙。

再一个很大变化，过去的太冲是行动力很强的人，从京城颂冤到加入复社、留都防乱公揭、举兵抗清、乞师日本，四处奔波、萍踪无定，可以说很好动、有点坐不下来，确如他自己所说，身上明显有一股"侠"的气质。这是他性格一面，而多多少少由此，他的读书、学业受到了影响。然而眼下，当他从太冲的阶段跨入梨洲的阶段，相较先前那种五湖四海面貌，却几乎有一百八十度的大转弯。尽管还不至徐枋、巢明盛闭门不出、束身土室的状态，交游却大大减少，足迹所到处更不能和过去比。这有种种原因，现实不允许以及亡国心情等都起作用，但更主要一点，是他沉潜下来，开始钻研学问、反思历史，作为思想者和学问家存世。当时他给自己刻一方藏书印，边款刻以：

　　忠端是始，梨洲是续。贫不忘买，乱不忘携，老不忘读。子子孙孙，鉴我心曲。①

很直接地显示，"梨洲"之号与读书、治学有关，或为标志这种生涯而起。因此，从太冲到梨洲的跨越，就是一种人生状态转身。若非转向梨洲，历史上只怕无从谈起一个著作等身的儒林宗师的黄宗羲。

———

① 黄宗羲《藏书印文》，《黄宗羲全集》第十一册，浙江古籍出版社，2005，第82页。

贰贰

西席

我们知道，明清儒林有浙东学派，梨洲则是浙东学派承前启后的大师，而他之有此地位，又因长年致力传学，桃李众多，门下出了一批经史栋梁。梨洲晚年，就是两个身份：学者和教师。关于后者，人们津津乐道证人书院"多光明俊伟之士"①，其实梨洲教书生涯并非一上来就传学高徒，而是从"西席"也即私塾先生做起。

这是养家糊口的需要。"一半书斋一半农"的设想，我们不知他尝试过没有，考之于诗文，好像没有踪影。那条路，于他其实不合适。路子，还得从自己能力中找，教书是个显而易见的办法。

从孔子时代起，教书便有收入，"子曰：自行束脩以上，吾未尝无诲焉"②。脩为干肉，十条为一束。凡能拿十条干肉为学费，不论平民与贵族，孔子都肯收为学生。他的理想是有教无类，然而教师也得吃饭养家，故而一定学费总应该有的。

之前"游侠"时代，梨洲的生计靠朋友义士接济，高斗魁表字旦中

---

① 谢国桢《黄梨洲学谱》（修订本），商务印书馆，1956，第130页。
② 朱熹《四书章句集注》，论语集注卷四述而第七，中华书局，1983，第94页。

对他帮助最大。一六四九年清顺治六年，他们由万履安介绍认识："己丑，余遇之履安座上。明年遂偕履安而来。"① 当时浙江有个名医叫陆讲山，"谒病者如市"，但自从高旦中出道，"讲山之门骤衰"，而旦中"所至之处，蜗争蚁附，千里挐舟，逾月而不能得其一诊"，② 名望如此之高，其行医收益可想而知。旦中家中富有，本不必行医，他"提囊行市"，完全是为了筹集资金来资助抗清事业和人士。好友吕留良号晚村称赞他：

> 嗜声节义，尝毁家以救友之死，有所求，不惜脑髓以徇。精于医，以家世贵不行。至是，为友提囊行市，所得辄以相济，名震吴越。③

这当中，黄家太冲、晦木兄弟受惠尤多；依晚村之说："若旦中之医，则固太冲兄弟欲借其资力以存活"④，简直是靠高旦中的行医而存活。

独坐"雪交亭"数年，眼看抗清火种一个一个被扑灭，梨洲经过痛苦反思，决定结束"游侠"生涯，回归日常的生存状态，而又决意自摈于当世之外。这样，往后的日子，不便总仰仗他人资助，得找到适合自己的自食其力之计，用今天话讲，为自己找份工作——盘算下来，较可行的只有做教书先生。

从工作或职业的角度，到目前为止，梨洲的履历还可以说一片空白，亦即不曾真正踏入"职场"。弘光前不必说，主要在交游中度过；弘光后追随鲁王，说来官至"左副都御史"，然仅为空衔，并无领俸之实。如今回归常态，他也终于要像通常人们一样，落到实际的生计中。我们不知道他打算以教书糊口的主意何时生成，亦不知这过程经过了几年，总之，连

---

① 黄宗羲《高旦中墓志铭》,《黄宗羲全集》第十册，浙江古籍出版社,2005，第323页。
② 同上，第324页。
③ 吕留良《高斗魁旦中》,《吕晚村先生文集》续集卷三，续修四库全书一四一一集部别集类，上海古籍出版社，2001，第235页。
④ 吕留良《与魏方公书》,《吕晚村先生文集》卷二，续修四库全书一四一一集部别集类，上海古籍出版社，2001，第92页。

这份工作也非一蹴而就很容易找到。如以一六五六年牵沈尔绪案而最后一次遭通缉为东躲西藏生涯的终点，则到他首次应邀执教，时间就过去了七年。当中他闲得很，以致庚子 1660 之年用小半年工夫游了一趟庐山。

一六六〇年，游庐山归来途经杭州时，梨洲与吕留良相识。吕小他九岁，他们一见如故，很谈得来。不久，吕延请梨洲赴语溪吕氏梅花阁任教。语溪，即今浙江桐乡市崇福镇，当时属石门县，为其县治。梅花阁，乃吕氏宗族子弟求学读书处。辛丑年 1661 吕留良谢绝外务，在梅花阁专教子侄等读书。其子吕公忠《跋梅花阁斋规》云：

> 辛丑岁，先君子始谢去社集及选事，携子侄门人，读书城西家园之梅花阁中。[1]

他实际有"教育改革"动机，打算借族中塾学做一点实验，即教育不以学生应试、考取清朝官职为目的，而仅在于学问和首先的培养。

请到梨洲做塾师，吕氏梅花阁自然受益不浅，但在梨洲而言，恐怕更多有其不得已。前引丙午年 1666 为孙女阿迎所写墓砖句："二三年来，余糊口吴中"，就是指这个经历。语溪地处古吴越边际处，故梨洲视之"吴中"，也含"地远"之意，而"糊口"用词，无疑露出他于此事并不甘馅。文中又说，在语溪"朝夕"思念阿迎，每次归来，阿迎都央求爷爷别再出门，梨洲则答以"爷勿出门，则儿无果饵矣"。被生计所迫况味跃然纸上。而阿迎死后为思念她而作的诗，也一再表达了不得不出门在外的遗憾："为因望我太频频，嘱我明年莫出门"，"出外长将梨枣赍，博儿一笑解双眉"，心情是凄酸的。[2]

主要为了想必并不丰厚的报酬，梨洲连续四年离家在外，赶去异乡教一群小孩子。这应该是他一段比较艰辛的时光。

---

① 包赍《清吕晚村先生留良年谱》，台湾商务印书馆，1978，第 55 页。
② 黄宗羲《女孙阿迎墓砖》，《黄宗羲全集》第十册，浙江古籍出版社，2005，第 525—526 页。

贰叁

聚徒

梨洲语溪任教记录，到丙午年 1666，康熙五年终止。为何呢？涉及几个原因，暂说其中之一。

丁酉 1657，清顺治十四年，梨洲老友万泰亡故。当年，黄太冲、陆文虎、万履安三位，是有名的莫逆之交，文虎死后，履安与太冲相扶相助，同志互砥，共面患难，太冲兄弟几次化险为夷，履安都出过大力。他们的友谊，不止于两人之间，而达于通家之好。履安死后，梨洲一面应万家长子斯年之请，写了《万悔庵先生墓志铭》，一面修书招履安诸子前来受业。这一因黄、万情逾手足，履安逝后梨洲于其诸子颇有亚父自任的情怀，二因履安生前确曾命诸子向梨洲求学。履安共有八子，斯年以下，依次为斯程、斯祯、斯昌、斯选、斯大、斯备、斯同，个个优秀，梁启超先生云"履安有八子，都以学问著名"[①]，而长子斯年表字祖绳、五子斯选表字公择、六子斯大表字充宗、八子斯同表字季野尤成大器，其中"季野称史学大师，而充宗以经学显"[②]，俱系清初一流学者。

---

① 梁启超《中国近三百年学术史》，东方出版社，1996，第 88 页。
② 同上。

接梨洲书信，万斯同于己亥年 1659 来化安山拜梨洲，对此黄百家在为万斯同所写碑文中记："犹忆顺治己亥先生初谒先遗献于化安山……"①既称"初谒"，想必就是万家兄弟中的头一个。一年多后，辛丑年 1661初，"元夕，甬上门士万允诚斯祯、季野斯同、贞一言访公山中"②。元夕即正月十五当晚。这次来的除万斯同，还有万家老二斯祯及长子斯年之子万言。翌年壬寅 1662 元夕，万言又来一趟，这次只有他独自一人。③

隔年方一至，我们或许也感觉到履安子孙来得艰难。确实，梨洲因种种原因卜居化安山中，此地至今交通犹不便，更遑言当时。据万言说，从宁波来访，须"徒步百二十里"。④这种情况下，追随梨洲求学并不现实，偶尔来一趟仅具形式上意义，以循父命以及对梨洲稍执弟子之礼。不过，万氏子孙的几次访问，终究起了一个头，为后来梨洲聚徒讲学种下根由。

一六六五年，情况发生较大变化。是年，"建续钞堂于南雷"⑤。梨洲走出深山，回故里盖了新房，说明他不必播迁和藏匿，可以公开地定居。我们猜想，那方边款为"忠端是始，梨洲是续。贫不忘买，乱不忘携，老不忘读……"的藏书印，便刻于新居建成之时，因为"续钞堂"的意思，与边款是一致的。之后，梨洲将所编定的一系列著述，都以"南雷"字样嵌入书名，好像也是在纪念生活上的这一转折。

随着一切变为正常，他的学术活动得以全面开展：

> 子刘子讲学于证人书院，梦奠之后，虚其席者将三十年。丁未九月，余与姜定庵为讲会，而余不能久住越城，念奠夫从先生游最久，因请之共主教事。奠夫距城二十里而

---

① 黄百家《万季野先生斯同墓志铭》，钱仪吉《碑集传》卷一百三十一，江苏书局，光绪十九年刻本，国家图书馆藏。
② 黄炳垕《黄宗羲年谱》，中华书局，1993，第 31 页。
③ 同上。
④ 万言《赵汉章诗序》，《管村先生文钞内编》卷一，清抄本，国家图书馆缩微品。
⑤ 黄炳垕《黄宗羲年谱》，中华书局，1993，第 33 页。

家，每至讲期，必率先入坐书院，以俟诸学人之至，未尝以风雨寒暑衰老一日辞也，于今盖五年矣。[①]

子刘子是对老师刘宗周尊称，梦奠为去世之意；姜定庵即姜希辙，绍兴人，官清廷工科给事中，时考满内升，回籍待缺；张奠夫即张应鳌，刘门弟子。这段说，老师生前在绍兴的讲学处证人书院，自他死后已中断近三十年，丁未年1667梨洲与姜希辙商议，请他帮助恢复；恢复后，梨洲因绍兴非其常住地，便托同门张应鳌主持平时书院"教事"。

这件事透露了好几个信息。首先，梨洲的社会处境有重大改善，当局不再追究他反政府的过去，清朝官员不但与之来往，还公开助他做事。第二，他作为蕺山重要弟子的地位似乎受到大家承认，俨然有一点翘楚的意味。第三，证人书院恢复，使他得到一个平台，去做学子们的导师，而不仅仅只是某个家族的私塾先生。

总之，绍兴证人书院重建，对梨洲人望的提升与汇聚，自然发挥了极大作用。不过，在绍兴他毕竟还不是"老大"，或独自挑班的角色，而只是一个参与者。邵廷采记另一刘门弟子董玚之事曰：

> 自蕺山完节后，证人之会不举者二十年。先生谓"道不可一日不明。后生生今日，不幸失先民余教，出处轻而议论薄，由学会之废也"。善继述蕺山志事者，亟举学会，复请蕺山高第弟子张奠夫、徐泽蕴、赵禹功诸前辈集古小学，敷扬程、朱、王、刘家法。于是余姚黄梨洲、晦木，华亭蒋大鸿，萧山毛西河皆挈其弟子，自远而至。值督学使者按越下县，会者近千人，越中士习复蒸蒸起矣。[②]

---

① 黄宗羲《寿张奠夫八十序》，《黄宗羲全集》第十册，浙江古籍出版社，2005，第673—674页。

② 邵廷采《东池董无休先生传》，《思复堂文集》卷三，浙江古籍出版社，1987，第178页。

由此看，绍兴证人书院恢复，赖多人之功、有多人参与，且似未必由梨洲董其事。而这并不重要，重要的是，这几年中梨洲恢复了正常、公开的存在，具备了作为学者开展学术活动的条件，使其接受追随、创立门派、渐成宗师拥有可能。

之外的事情，主要由万氏兄弟促成。万家在宁波的名望影响，以及万氏兄弟自己的学养，使他们在当地青年学子中颇有号召力。几年来，尽管路途遥远，他们来向梨洲问学的次数并不多，平时却始终不忘向周围朋友宣扬梨洲其人其学。这中间，有一位后成为梨洲弟子的范光阳，便回忆说：

> 岁甲辰，与万斯同兄弟游，每论古今事，辄曰吾师姚江黄夫子言如此。光阳诧曰："此非袖长锥锥许显纯者乎？"因相与极论先生之学，并及讼冤时事……光阳又肃然起敬曰："有是哉，先生之遇也！以忠端为之父，以子刘子为之师，以晦木、泽望两先生为之弟，而以夫人为之配……"[1]

不但称颂梨洲之学，并及传奇般家世与师承。这样的宣传，自然令听者很是动容。范光阳说，万氏兄弟开始对朋友们作这宣传，在甲辰年，也即一六六四年；参前可知，那正是万氏兄弟遵父命几次进山去谒梨洲之后。如此鼓动了二三年，宁波一群青年士子终于决定采取行动：

> 盖自丙午冬夜，予与夔献、国雯、吴仲，宿张子心友家，有刻烛论心之约。次年正月，万氏兄弟导之，以往姚江。[2]

① 范光阳《黄师母叶夫人六十寿序》，《双云堂文稿》卷三，康熙四十六年郑风刻本，国家图书馆藏。
② 陈锡嘏《陈母谢太君六十寿序》，郑梁选、陈汝咸辑《兼山堂集》卷四，康熙刻本，国家图书馆藏。

文中"予"即陈锡嘏，丙午乃一六六六年清康熙五年。是冬某夜，一班朋友齐聚张士埙表字心友家，议定拜梨洲为师；次年亦即丁未年1667正月间，在万氏兄弟引领下，共二十六名宁波青年学子来到黄竹浦，投梨洲门下。此事黄炳垕记为"乙巳春"，误。不但陈锡嘏讲得清楚：丙午冬夜议定、丁未正月见师；参以邵廷采所述丁未绍兴证人书院之恢复，"于是余姚黄梨洲、晦木，华亭蒋大鸿，萧山毛西河皆挈其弟子，自远而至"，亦正好相吻——这时，梨洲麾下刚刚聚起来他自己的徒众。

而梨洲不赴吕氏梅花阁之馆，正在此年。黄、吕反目之事，涉及好几个头绪，详情我们以后再陈。

撇开黄、吕私人间恩怨不论，在梨洲自己而言，丁未年是他从"太冲"向"梨洲"转身过程中的重要一年，他再也不是四年前"爷勿出门，则儿无果饵矣"那样一种需要出外当私塾先生糊口的处境。吕晚村不知道，二月，他苦候梨洲不至之前，刚刚有二十多位甬上青年学子赶赴黄竹浦，认梨洲为宗师。也是同一年，绍兴证人书院恢复活动，梨洲是主讲者之一，不时前往开课，仅年谱此项记载即跨越五年，从丁未年直到辛亥年1671："至郡城，仍与同门会讲于证人书院"，"春，至郡城，仍寓证人书院"，"秋，之郡城，寓证人书院"，"之郡城，寓古小学"等。[①]还是丁未年，由姜希辙出资、梨洲担纲裁定主编，编刻《刘宗周遗书》。仍是丁未年，五月间梨洲第一次去甬上为门徒讲授，因故未能随万氏兄弟、陈锡嘏等同去黄竹浦的郑梁表字禹梅，这次终于拜见老师，"公授以《子刘子学言》《圣学宗要》诸书，禹梅闻公之论，自焚其稿，不留一字，而名是年后之稿曰《见黄稿》。"[②]郑梁以后也是梨洲重要弟子，所建"二老阁"藏书甚富，对出版、保存梨洲著作贡献尤著。而丁未甬上之行还不能算正式，经过一年筹备，翌年戊申1668三月，"甬上诸门士，

---

① 黄炳垕《黄宗羲年谱》，中华书局，1993，第34—38页。
② 同上，第34页。

请主鄞城即宁波讲席。三月，公之鄞，与诸子大会于广济桥，又会于延庆寺，亦以证人名之"①。梨洲的"个人学校"在宁波创立，也叫"证人书院"……总之，无论有无黄、吕恩怨，客观上自丁未年起梨洲已成大忙人，很难再跑到语溪为吕家做西席。

我们说，"海氛渐灭，公无复望"②以来，梨洲不得不开始人生转型，这种转型除开思想层面和社会身份、角色层面，也有一个很实际的生计层面，即总得有收入，能够活命和养家。他既不种田，又不务工、经商，生活何以为继？从所知的看，只有教书堪为长久的稻粱之谋。最早馆于语溪，经他本人之口，我们确定不光有收入，乃至某种意义上是为养家而接受这一工作的。语溪之后，"公讲学遍于大江以南"③，此事尽管梨洲自己及其弟子提起来都只字未及于获酬，但不难推知除与学术有关，也是作为一项职业来开展，不可能是无偿的义务工作。实际上，古时如果文人不做官，教书则为可能取得收入的主要途径。今人依现在情形想象的以著述挣钱，这方式在古代大体不存在，绝大多数著作出版，非但无报酬，相反还要自掏腰包或靠人资助。能够换钱的写作，仅限个别文体，比如墓表志序之类，《黄宗羲全集》第十一卷有几十篇这种文章，其中一部分会给他带来收入。《思旧录》钱谦益条就提到，甲辰年1664某官以"润笔千金"求钱文三篇，"一《顾云华封翁墓志》，一《云华诗序》，一《庄子注序》"④，钱氏病中不能执笔，恰逢梨洲来访，就把他反锁屋内代笔完成，而那"润笔千金"则不知可否分馈梨洲若干，但据此可知，梨洲自己署名的几十篇类似东西，其中一部分，后面定有润笔存在。然而仅此显然不足以过活，一来梨洲此类作品不少从内容来断出于友谊恩义，应与钱无关；二来毕竟不是固定、常态化收入，不能认

---

① 黄炳垕《黄宗羲年谱》，中华书局，1993，第35页。
② 全祖望《梨洲先生神道碑文》，黄炳垕《黄宗羲年谱》附录，中华书局，1993，第91页。
③ 黄炳垕《黄宗羲年谱》，中华书局，1993，第35页。
④ 黄宗羲《思旧录》，钱谦益，《黄宗羲全集》第一册，浙江古籍出版社，2005，第378页。

真地指靠。所以我们觉得，他生活的维持，主要是靠讲学授徒。丁未年前后，其讲学天地大拓，于他实际生活处境必定发生显著的改善作用。这一层，于他回归常态后是颇为切实的方面，而过去传记似不如何在意，为此我们便做了一点分析。

贰
肆

反思

但梨洲那样的知识者，对于工作无法只以挣钱为目的。假如有这样两件事供他选择，一件让他觉着主要只是养家糊口，一件则在有所收入的同时更有益于开展个人的思想、知识与学术的探索，他无疑会中意后者的。我们猜想，在语溪吕家私塾教书与在绍兴证人书院作高层次讲学之间，便是如此；而围绕自己形成一个专门的个人讲台的甬上证人书院，去指导二十几个高级人才，更不言而喻，这区别就好像从教小学生变成带研究生，他思想的施展、学问的投放和精神空间的扩展，与之前都不可同日而语。

他这批学生，质地优异。前面讲万氏子弟有几个后是经史大家，余如陈锡嘏、仇兆鳌、郑梁、陈夔献、范光阳等，都非等闲。他们投在梨洲门下前，读书已有相当深度，起点很高。他们向梨洲求的以及梨洲传授给他们的，自然是高一等或更专门的学问。像郑梁那样，拜见梨洲后，尽弃所学，将日后所作统称《见黄稿》，就反映出师生间教与学处在一个怎样的层次。

具体讲，梨洲带这批"研究生"，以什么为教学内容？主要是乃师刘宗周的思想体系。学生们认他为师，集体追随他，也是冲这个而来。宁波讲学地沿用"证人书院"名称，亦寓继承、发扬刘子之学，将它从越中推广到甬上的宗旨。对此，范光阳的表述可谓清晰：

> 蕺山刘忠正公之学，自吾师姚江黄梨洲先生始传于甬上。其时郡中同志之士十余人，皆起而宗之，以为学不讲不明，于是有证人之会。①

不妨说，甬上证人书院其实便是一个由梨洲掌教鞭的刘宗周之学高级研修班。

而这恰是梨洲满心希望做的事情。

自父亲就逮时将自己托给刘宗周，一直到老师殉国为止，梨洲在外虽有"蕺山三大弟子"的名头，但他知道其实不配，老老实实承认"聊备蕺山门人之一数耳"②。他很好读，读过的书算是不少，然而一则偏在史籍方面，二则缺乏系统性。刘子之学，主要成就在哲学及伦理方面，注重知识本源，精于理路审辨。这一直是梨洲学问的弱处。崇祯七年1634，他陪刘宗周去嘉禾，途中老师正读高攀龙所著《高子遗书》为馈，"每至禅门路径，指以示弟"，一遇哪些说法、概念非儒家固有，而由佛学混入，就指给梨洲看，而"弟是时茫然"。③这须以对儒、释两家经典烂熟于心为前提，而梨洲当时还不具备这样的知识储备。由于这样，他很难真正进入老师思想体系，领其堂奥。

对他造成妨碍的，一是应举，二是交游，三是年龄。梨洲青年时代不少好光阴，耗于应举。同时，在杭州、南京、吴中以及皖南，遍结名士，"无日不相征逐"，难以静心敛志于学。这也是明代士林的基本风

① 范光阳《张有斯五十寿序》，《双云堂文稿》卷三，康熙四十六年郑风刻本，国家图书馆藏。
② 黄宗羲《悼仲昇文集序》，《黄宗羲全集》，第十册，浙江古籍出版社，2005，第4页。
③ 黄宗羲《与顾梁汾书》，《黄宗羲全集》第十册，浙江古籍出版社，2005，第212页。

气。梁启超曾说："明朝人不喜读书，已成习惯。"[1]这一是八股所害，二因慕尚清谈道德空言。"明朝以八股取士，一般士子，除了永乐皇帝钦定的《性理大全》外，几乎一书不读。学术界本身，本来就像贫血症的人，衰弱得可怜。"[2]这种不读少学的固陋，梨洲就曾亲见不少，在文章中举过例子。而慕好空言的典型情形，大抵如明亡后批判者所形容的那样："无事袖手谈心性，临危一死报君王。"实则梨洲自己原也未能逃脱于此风气之外，一面为应举虚掷不少光阴，一面被交际征逐弄得浮在表面，虽然我们说秦淮河畔风流有着精神解放的意味，但学问上的轻浅也是其中不必讳言的弊端。及南京失陷，梨洲又投身抗清事业，仍是东奔西走。总之，前后加起来得有三十年，梨洲实在既无时间也没有心思专心于学问。抛开客观原因，从梨洲自身找找主观原因，我们觉得年龄大概是个决定性因素。年龄之所以每每影响或左右了人的胸襟、识见和器局，是因为它代表阅历和人生经验，许多年轻时见不到、理解不了的东西，经过一定岁月的洗濯，却慢慢地接近了。生活实践确实是一部大书，或一位无言而又极为善诱的老师，它会把沉郁的道理不动声色启发给你，对于有领悟力或善于反思的人来说，尤其如此。梨洲无疑就是这样一个人。他天性相当通透、自由，这意味着他不会循规蹈矩、为读书而读书，相反，一度或对某种读书比如"死读书"还有所排斥或抵触，童年时把学业丢在一边，偷读演义，反映着他这种性格。但他其实又是真正的读书种子，一旦读书的意义与热望从内心点燃，成为思考的需要与自觉，他的创造力就喷薄而出，远远超过许多似乎从来都是埋头苦读的人。

对梨洲来说，抗清失败不仅是一生思想转折点，也是学问上的转折点。全祖望说："海氛澌灭，公无复望，乃奉太夫人返里门，于是始毕力于著述。"[3]邵廷采则说："遂奉太夫人避居山中，大启蔵山书，深研默

---

[1]　梁启超《中国近三百年学术史》，东方出版社，1996，第 11 页。
[2]　同上，第 3 页。
[3]　全祖望《梨洲先生神道碑文》，黄炳垕《黄宗羲年谱》附录，中华书局，1993，第91 页。

究。"①尘埃渐落,梨洲于痛苦和迷惘中,有生以来真正感觉到了研读的渴望,过去从未认真碰过的老师的书,都被找出来,从头学起。为何如此?他自己有个总结:

> 受业蕺山时,颇喜为气节斩斩一流,又不免牵缠科举之习,所得尚浅。患难之余,始多深造,于是胸中窒碍为之尽释,而追恨为过时之学。②

"患难之余,始多深造",这句是关键。他还有一段话:"天移地转,僵饿深山,尽发藏书而读之,近二十年,胸中窒碍解剥,始知曩日之孤负为不可赎也。"③过去,为了举业,为求出身和功名,他被动地读,但全无感觉,更不必说开窍,乃至隐隐为之生厌、有意待以"孤负"的态度。如今,经过了颠沛流离、苦海浮槎,读书一下子闪现全新的意义,焕发夺目的光泽,是如此充盈、丰满、厚实。

归根到底,在于丧乱之后的读,终于发现了自己、走向了自己。他这种人,注定不能在名缰利锁的驱赶之下读书和为学,不少读书人属于此类,但真正的思想者都不是。对梨洲,那反而是一种毁坏,一旦与人展开试卷优劣较量,他会一无是处,会把他自身种种优长——独立的思考与发现、深刻的忧患、巨大的心灵、求知解惑的饥渴与能力等等,全都丢在一边,没有用武之地。所以从头看过,"初锢之为党人,继指之为游侠,终厕之于儒林",初、继、终,这三部曲在梨洲竟是环环相扣、缺一不可。他非得有那样的初,那样的继,才有那样的终。有的人,无须什么初和继,三脚两步,一下就厕于儒林;更有"连中三元"的极品,

① 邵廷采《遗献黄文孝先生传》,黄炳垕《黄宗羲年谱》附录,中华书局,1993,第80页。
② 全祖望《梨洲先生神道碑文》,黄炳垕《黄宗羲年谱》附录,中华书局,1993,第91—92页。
③ 黄宗羲《恽仲昇文集序》,《黄宗羲全集》第十册,浙江古籍出版社,2005,第4—5页。

接连解元、会元、状元，一马平川、略无停顿。这是另一种"儒林"，梨洲所能"厕"的，不是这一种。所以他得等到四十岁后，历了许多磨难、看了许多沧桑，才开窍，才找到读书和为学的感觉。就此言，那个"天崩地解""天移地转"的时代，于他既为不幸，又是一大幸运。如非这现实的激发、刺痛和历练，他也许还觉悟不过来，也许还握不住自己的本质。现在，他无疑牢牢抓在手里，而所有的苦难、愀然和悲闷，都化为一笔巨资，助他一跃登上时代思想之巅。

邵廷采说，梨洲"大启蕺山书，深研默究"后，得一结论：

> 世知蕺山忠清节义而已，未知其学也，其学则集有宋以后诸儒大成，圣人复起，莫之易也。①

一般只把老师作为道德楷模，连同他思想也被道德化了，然而那是表皮；老师的书是对人生和世界的研究，表述并提供了深刻认识和思想的方法，是宋以来儒家哲学的总结。正因意识到刘宗周学说有丰富的思想价值，梨洲幡然醒悟，像发现了闪闪发光的金子。这种发现，不仅来自刘子学说本身，更有时代现实际遇的作用。梨洲未经"患难"，并不能察，而现在怀着苦闷、苍茫、痛怅、没有出路的心情，却才读到和读懂。在这"天崩地解"的时刻，老师之学好像一剂解药，可救世上精神苦无支撑之人。他自己已经从中找到了支点，而觉着必有更多与己同感的人也能受益。这是他忘忧钻研蕺山思想体系，想要传播它、向人们讲授它的原因。

应该说，梨洲的认识是痛定思痛的结果。明之未亡，他同一班青年才俊寄希望政治的改革，并致力于此；明既亡，他在不甘中，效螳臂之奋，去尽最后一点抵抗的余力；明终于亡定，他曾万般苦痛却终不沉沦于此，"独坐雪交亭"穷思冥想，要为亡国从历史及精神上找出说法、

---

① 邵廷采《遗献黄文孝先生传》，黄炳垕《黄宗羲年谱》附录，中华书局，1993，第80页。

提取教训，待望民族的复生。他的这番精神轨迹，也非常投合当时一切有责任、有担当、有批判的爱国知识分子的心路，这就是为什么他能在自己的时代脱颖而出，成为思想宗师。

甬上青年学子苦闷中听到万氏兄弟对梨洲思想的宣扬，便有找到出路之感，联袂投在他的门下。邵廷采曾将他对刘宗周思想的烛照，归纳为四个方面，"要其指归之精微者有四"①。这四个方面，牵涉宋明理学许多专门内容，不易普通读者了解。从通俗的角度，我们推荐全祖望下面的概括：

> 公谓："明人讲学，袭语录之糟粕，不以六经为根柢，束书而从事于游谈。"故受业者必先穷经，经术所以经世，方不为迂儒之学，故兼令读史。又谓："读书不多，无以证斯理之变化，多而不求于心，则为俗学。"故凡受公之教者，不堕讲学之流弊。②

力倡为学求知、思想恪守三义：一、戒空谈；二、多读书；三、证于心。明代亡国，有说亡于空谈，单这么讲或有些以偏赅全，但士大夫满口道德虚言、遇事无真才实学，确为长久的痼疾，国家虽非直接亡于此，可高谈阔论怎样一点点把国家拖垮，从趋势来讲一目了然。而刨根问底，空谈成风或标语口号、豪言壮语大行其道，根源实在于不读书，国家以空头文章八股取士，彻底毁掉了士林，无知者无畏，不读书者少学无知，少学无知故敢夸夸其谈且不以为耻，前面我们也曾讲过梨洲亲眼见过的几个这类极品，所以他痛陈必须重视读书。多读书、肯读书，不单单是多几本、少几本的问题，而在于培育一种"尊重知识"的态度。如

---

① 邵廷采《遗献黄文孝先生传》，黄炳垕《黄宗羲年谱》附录，中华书局，1993，第80页。

② 全祖望《梨洲先生神道碑文》，黄炳垕《黄宗羲年谱》附录，中华书局，1993，第92页。本段原出处句逗未佳，兹从梁启超《中国近三百年学术史》第53页引文。

能尊重知识，进而则能尊重事实，养成知轻重明深浅、谨言慎行、言必有据、言必讲理的理性客观风气。最后，多读之外，还要有"证于心"的觉悟和意识；"证于心"，"知"才不是死学问，才能够从"知"变为"识"。"证于心"的实质，是一个"诚"字；所谓心，并非随心所欲之心，而是不矫不伪、清澈澄明、与物无违之心，刘子目为主客观统一体："心无体，以意为体；意无体，以知为体；知无体，以物为体。"① 心能如此，可致"诚意"，"诚意"并非人格层面上的真诚、守信，是客观与主观、主观与客观双向圆融通畅，让认识真正透明，扫除矫、伪和各种窒碍，如事物本来那样认识事物。

虽然梨洲的批判和总结，得之明代，并针对当时现实，但我们身在其他时代，却同样可以深有同感。那时距今，中间隔有三百多年，然而很多情形让人颇为眼熟。笔者出生于上世纪六十年代，自幼记忆之中，中国便空谈成风，标语口号、豪言壮语大行其道。尤其也不要人读书，至言"知识越多越反动"，办任何事都摈排理性、不重客观，讲"人定胜天"，讲"大无畏革命气概"等。经过"文革"惨痛教训，公然的"读书无用论"虽不再弹，知识权威及信仰却仍难以恢复，表面上教育背景或学历重新变得重要，实际上对于读书普遍只抱实用、功利态度，不为健全头脑而学，视为考试、职称、进身的敲门砖。据近年《中国青年报》："联合国教科文组织进行的一项调查显示，全世界每年阅读书籍数量排名第一的是犹太人，平均每人一年读书六十四本。而中国十三亿人口，扣除教科书，平均每人一年读书一本都不到。""在全国有限的人均购书中，八成都是课本教材。在各大书店的销售统计中，教材参考、考试辅导类书籍也占了很大比重。"② 亦即本已可怜的阅读量中，绝大多数出于功利需要，而非求知目的。新形势下，当年"读书无用论"，如今翻成"读书有用论"：

---

① 邵廷采《遗献黄文孝先生传》，黄炳垕《黄宗羲年谱》附录，中华书局，1993，第80页。

② 《我国民图书阅读率较 1999 年下降 5.5 个百分点》，《中国青年报》，2013 年 5 月 2 日。

时下，一种新的"读书有用论"正悄然流行，非"有用"
的书不读，而"有用"的定义变得非常狭窄。①

无用、有用，内里皆因视知识若无物。前引梁启超批评明代人不读书，
"一般士子，除了永乐皇帝钦定的《性理大全》外，几乎一书不读"，
也谈到吕留良立志教育改革等，拿当代情形对比一下，大家是否觉得非
常相似？而不读书则是表象，根子在对真知、真学、真相漠不关心，伪
知、伪学、伪相却吃得开、行得通。这势必陷整个社会的精神于病态，
人们都不求思想与客观或真确事实一致，也不求内心的澄明清澈，只在
猪油蒙心状态中混世兼自欺。所以，当明朝真正亡国以后，梨洲和顾炎
武等一批杰出人士，对亡国教训的反思，不再仅满足于社会现实批判或
历史的周期性兴衰等老生常谈，而将层次提高到思想结构及方法的良莠
正误，直指明朝的崩溃根植于精神文化的失败，令人茅塞顿开。甬上青
年学子对梨洲趋之若鹜，确因他拨亮了大家心中原本幽暗的灯草，突然
亮堂起来。继看以后，我们说清代学术和思想风气，较明代有一百八十
度大转弯，从慕好空谈虚言一下子转到重客观、重实学和实证的样貌，
对此过去较多看到异族统治的压制和禁锢作用，实则更有一代人基于明
朝亡国，痛定思痛，在思维方式上主动求变的因素。

---

① 《我国民图书阅读率较 1999 年下降 5.5 个百分点》,《中国青年报》,2013 年 5 月 2 日。

贰
伍

留
书

编辑老师遗著，弘扬老师思想，以证人书院名其宁波讲学处，我们于梨洲有忠勉传承刘宗周衣钵的印象。

那的确是他"厕身儒林"后所积极做的一件事，但既非全部，也非重心。某种意义上，梨洲大力弘扬乃师，注重的是思想方法，引为认识工具，借深入阐释"诚意""慎独"真谛，"灵生觉，觉有主，是曰意……少间见闻，情识纷起，杂而非独，慎之无及矣"[1]，来拗正儒林学风，使时代的思想可以正确、有效地进入历史和现实问题，最终收获真知灼见。换言之，梨洲对刘子的推崇，非出于门户，报谢师恩或挟以自重，这虽是师生间常有之情形，但梨洲不是。他的目的，在士子思维方式的改良，提供好的思想武器，去开展历史、文化乃至哲学的批判。这一指向，不单在梨洲弟子及后学那里发生了确凿的影响，首先从他自己的思想成果反映出来。

这就是我们要强调的，梨洲绝不仅仅是被动的讲学者，更是明清之

---

[1] 邵廷采《遗献黄文孝先生传》，黄炳垕《黄宗羲年谱》附录，中华书局，1993，第81页。

际一个主要的问题提出者和思考者。他对当时现实的批判与总结，乃至对中国历史和文化的批判与总结，都在整个士林脱颖而出，而居领先的地位，其中若干核心观点和议论，甚而能够穿越时空，在二百年后以致更远的未来放其硕彩。他因此称得上中国近世最伟大思想者之一，就此而言他超过了老师刘宗周。这些具体贡献，后面我们慢慢道来，此处先从最早一部著作谈起。

癸巳年即一六五三年，距舟山陷落仅隔一年，他开始一项写作。地点在余姚县城内的药院，从当时处境看，应是为人掩护，悄悄潜居于此。这项写作，规模不大，共八篇文章，总名《留书》。"留书"之意，如他自序所释：

> 古之君子著书，不惟其言之，惟其行之也。仆生尘冥之中，治乱之故观，之也熟；农琐余隙，条其大者，为书八篇。仰瞻宇宙，抱策焉往？则亦留之空言而已。自有宇宙以来，著书者何限，或以私意搀入其间，其留亦为无用。吾之言非一人之私言也，后之人苟有因吾言而行之者，又何异乎吾之自行其言乎？是故其书不可不留也。①

"君子"以天下为使命并严肃探求其道理者著书，本非为说而说，是为所言能够付诸实践、为世所用；现在，自己正在写的东西明显无望施诸现实，似乎要作为"空言"留下来了——这是以"留"字名称本书的一种感想，表示了遗憾。不过他又说，写这些文字，不是为个人写，不是自我表现、出名求显，是为天下写；从这意义上，暂时留为空言，将来未必"亦为无用"，他自信有一天可为社会和历史采纳，而这跟自己亲自加以实行，没有什么分别。可见，"留"字暗含两个判断，一是暂时可能无用，二是将来一定有用。

---

① 黄宗羲《留书》自序，《黄宗羲全集》第十一册，浙江古籍出版社，2005，第1页。

显然，梨洲对此书是非常看重的。

《留书》对于梨洲的意义在于，这是他历史反思的开端，甚至是告别"太冲"、走向"梨洲"的标志。就已知而言，梨洲之号启用，形诸文字最早便是这部《留书》。虽然"太冲"转为"梨洲"的过程，还将经历好几年，内心角色的重新定位更有待一个较长时间去彻底完成，但我们仍惊讶于舟山陷落后短短一年多，他就已经意识和捕捉到了今后生命的新的去向、意义和价值。如果熟悉明清鼎革之际遗民事迹，应能体会到这里梨洲非同一般的睿智。很多明遗民，他们人格与精神足令我们敬仰，但思想觉悟的跃升，很少能和梨洲相比。对于亡国，他们可佩地延续着爱国和不屈情怀，然而不能往前更进一步，将忠肝义胆转化为理性的历史反思。距舟山陷落不足二载即已成书的《留书》，清楚表明梨洲内心没有潴留沉埋在亡国悲恸之中，而是向血泊投去了追索、辨察的目光，探寻亡国的所以然。在这样的大幻灭面前，他第一时间想到的是教训，进而从教训中把握历史方向，为未来变革提取符合历史方向的认识。

这是他的初步思考，此后起码十年，这思考不曾中断，直至最后定型于惊世骇俗的《明夷待访录》。没错，《留书》正是《明夷待访录》的母稿或旧篇：

> 癸巳秋，为书一卷，留之箧中。后十年，续有《明夷待访录》之作，则其大者多采入焉，而其余弃之。[①]

一六七三年癸丑，关于《留书》梨洲有此追记。现在所见《留书》，仅存五篇，即《文质》《封建》《卫所》《朋党》《史》。已阙的三篇《田赋》《制科》《将》，"钞者谓已入《明夷待访录》，故不录"[②]，比照《明夷待访录》，"已入"应即分别化为《田制》《取士》《方镇》《兵制》诸篇。《留

---

① 黄宗羲《留书》留书题辞，同上，第13页。
② 黄宗羲《留书》自序，编者附注，同上，第1页。

书》五篇，所以未入《明夷待访录》，梨洲态度很明确，称"弃之"，亦即此后放弃了当时的相关思考和观点。但对我们来说，它们一则反映着《明夷待访录》早期和雏形情况，从中可知梨洲思想发展脉络；二来这五篇文章本身内容，无论从明末还是中国思想史角度，至今看仍有单独而重要的价值。

其最放光彩的，笔者以为是《文质》《封建》两篇。前者欲以"文明"与"野蛮"为鹄的，考察历史；后者则从攘"夷狄"即"野蛮"出发，对秦以来帝制政体给以质疑。

"文"与"质"，乃中国古代价值论特有语汇，当其指涉文化和历史时，实际上约略等于今之"文明"与"野蛮"。《文质》开头引了苏洵一段话："……人之喜文而恶质与忠也，犹水之不肯避下而就高也。"[①]苏洵肯定人类文化、历史，以趋"文明"、去"野蛮"为总的方向。然而，梨洲在引述之后却出人意料地表示："余以为不然。"乍一看，似不赞同苏洵的主张，而不免让人困惑。

他与苏洵的分歧，当然不是不赞同历史以"文明"为去向，而在于"文明"方向从何而来。

重点在下面一句："夫自忠而之于文者，圣王救世之事也；喜质而恶文者，凡人之情也。"理解此句的关键，是"圣王"。今人易将"圣王"理解为"君主"，但在儒家思想体系里，"圣王"指的是德才超群而能引领天下之治的人。在上古时期，这样的人每与贤君相重合，而随着天下为公时代结束，后世之"君"质变严重，贤君稀见，"圣王"、君主两个角色逐渐分离，倒是从生活中涌现了一些不世出的真正在精神上大德大智的伟人或强者，他们取代古之贤君，成为指引文明的"圣王"。比如孔子就是其中一位，他起自民间，从头到尾除了鲁国一小段也基本是一位民间思想者，但他对文明的贡献以及领导性，却超乎当世任何君主之上，因为这样的历史意义，孔子也被尊为"素王"。广义来说，儒家所

[①] 黄宗羲《留书》文质，同上，第2—4页。下凡引文质篇语，均出此页码，不赘。

谓"圣王",就是饱学而思想深刻、更早颖悟和把握住历史方向的先觉者。故而"圣王说"的实质,确为智识至上、智识崇拜,将这种力量和这一类人认作社会与历史的大脑。鲁迅曾经批评:"中国的学者们,多以为各种智识,一定出于圣贤,或者至少是学者之口;连火和草药的发明应用,也和民众无缘,全由古圣王一手包办:燧人氏、神农氏。"①认为"圣王说"抹煞民智。毛泽东也说卑贱者最聪明、高贵者最愚蠢。这两种历史观孰对孰错,既可以争鸣,又似乎谁都无法把对方驳倒。对"圣王说"有利者,不单中国存在春秋战国诸子百家之例,欧洲近世进化也提供了有力验证,培根、孟德斯鸠、卢梭等等灿若群星的大贤,确可称为现代文明基石。培根所谓"知识就是力量",也不妨看成欧洲人的"圣王说"。

明乎此,才可以谈梨洲欲纠正苏洵什么。简而言之,苏洵称历史正道在于"喜文恶质",这个观点并不错,但他讲"人之喜文而恶质与忠也,犹水之不肯避下而就高也",似乎认为喜文恶质乃是人的天性,这却让梨洲不以为然了。梨洲觉得,与其说是人生而喜文恶质,毋如说相反,"喜质而恶文者,凡人之情也",亦即普遍有喜质恶文的惰性。这一点上他们的分歧,有点像人性本善、本恶之争。人天性当中,是积极、健康的东西多一些呢,还是消极、暗昧的东西多一些?梨洲显然倾向于后者。他不曾具体解释自己何以持此看法,我们根据其思路,试着替他解释:如果不是这样,人类历史本应一直顺利地朝光明方向发展,然而实际情况相反,美善事物的生长总是备极艰辛,陋劣与野蛮却每每胜出。"夫自忠而之于文者,圣王救世之事"一语,透露了他的历史观是一种英雄史观,即他认为,自古以来文明的成就都来之不易,任何历史的进步都有赖于伟大智识者对美善的发现、维持和倡导,有赖于他们对各种鄙野丑恶的批判,以及他们对顽劣人性孜孜不倦的拗救与教化。总之,历史必须靠代有"圣王"之出,经过他们的"救世",才保持其正确方向。

这种观点,若依今天主流意识形态,是不值一驳的,十之八九我们

---

① 鲁迅《知了世界》,《花边文学》,《鲁迅全集》第五卷,人民文学出版社,2005,第539页。

都会想到"封建文人偏见"而轻松地把它发落。但实际却没那么简单。德国现代思想家尼采应该和"中国封建传统"风马牛不相及,但他对"庸众"的批判、对"超人"的翘望,相较于梨洲的圣王救世说,不能不说神韵暗投。二十世纪初,中国从所谓的"封建社会"开始向"现代"转型,也是从"开启民智""新一国之民"的国民改造亦即启蒙运动启程。这背后,问题的实质都是,"文明"是否需要教化并从教化而来。对此,梨洲的答案是肯定的。

他举周代为例。说周代文明如此茂美,而它四周"要荒之人",却"其文画革旁行,未尝有《诗》《书》《易》《春秋》也;其法斗杀,未尝有礼、乐、刑、政也;其民射猎禽兽为生业,未尝有士、农、工、贾也;其居随畜牧转移,未尝有宫室也;其形科头露纷,未尝有冕服也;其食汙尊抔饮,未尝有俎豆也;其居处若鸟兽,未尝有长幼男女之别也"。同一时代,地理也并不远隔,而反差如此之大,明见喜文恶质确非人的自觉,关键是有无精神强者出世,对社会和历史加以引导。他说:"中国而无后圣之作,虽周之盛时,亦未必不如要荒;要荒之人而后圣有作,亦未必不如鲁、卫之士也。"历史如果失去觉识者,即便曾经文明也可以重新变回野蛮;而有觉识者兴起,从前的野蛮也可以走向文明。

当然,以今天眼光,他的思维不免稚拙,论证也不免疏漏,但我们不苛求。要知道,在十七世纪那个时候,西方启蒙者在提出和表述一些进步思想时,所论同样不很精密。对梨洲,我们看重的是他指出历史不应有悖于文明进化方向,而文明进化要靠持之以恒的积累及与鄙野丑恶作不懈斗争这样一番道理。

他思想光照千秋处,就在于旗帜鲜明地批判野蛮、愚昧,与任何反文明行径势不两立。例如:

> 昔者由余之语秦缪公曰:"尧有天下,饭于土簋,饮于土铏,其地南至交趾,北至幽郡,东西至日月之所出入者,莫不宾服。虞舜作为食器,国之不服者十三。禹作为酒器,缦

帛为茵，蒋席颇缘，觞酌布采，而樽俎有饰，国之不服者三十三。殷人作为大辂而建九旒，食器雕琢，觞酌刻镂，四壁垩墀，茵席雕文，国之不服者五十三。君子皆知文章矣，而欲服者弥少。臣故曰俭其道也。"呜呼！由余之所谓道，戎狄之道也，而缪公以为圣人。

由余本是晋人，后来去了西戎，秦缪公认为他是人才，设法搞到秦国，拜为上卿。他是助秦"强大"的第一人，早于商鞅。这里，由余以实利游说秦缪公亦即穆公，诱后者为着"强国"选择一条反文明的道路。他论道，当年，在尧的时代，文化极低陋，然而尧所拥有的土地却南到交趾今越南北部、北到幽州今北京、辽东一带，东西可至日出月落之地，如此广大的区域，都是尧的天下；及虞舜时代，文化进步了，国土却缩小到尧时的十分之三；禹的时代，文化进一步精细，疆域也萎至仅为尧时的十分之一；殷商时期，文化极为繁复，国家已经小得可怜，还不及尧时五十分之三。于是，由余告诉秦缪公一个什么结论呢？他称："君子皆知文章矣，而欲服者弥少。"人们一旦很有文化了，服从统治的人就减少。这不啻是说，文明程度愈高，愈难统治，不顺服、不臣服的意志愈强烈，因而若要保持强大统治，必须抑制文明发展，不让它茂美。这就是他所谓的"俭其道"；俭者，贫也，薄也，又有限制、节制之意。对此，梨洲深恶痛绝，径斥道："由余之所谓道，戎狄之道也。"这是野蛮人的价值观，或公然主张人类野蛮的理论。因为由余从西戎入秦，梨洲认为他带来的也是落后的历史观，关键是，这种落后的历史观居然打动了秦缪公，"而缪公以为圣人"一语，充分表露了梨洲对自私自利、满脑子家天下的君主们的不屑，也更凸显在他心中"救世"或曰历史进步，绝不能靠"皇帝"，必有待"圣王"之作这样的信念。

关于由余，我们有一点说明。他的事迹，《史记》有载。在他与缪公对谈时，有如下一段："缪公怪之，问曰：'中国以诗书礼乐法度为政，然尚时乱，今戎夷无此，何以为治，不亦难乎？'由余笑曰：'此乃中国所以乱也。夫自上圣黄帝作为礼乐法度，身以先之，仅以小治……'"①意思与梨洲文中相类，不过，究竟并非那样明白地主张历史从文明退向野蛮，而梨洲所引出于何处，笔者浅陋不能指。为免冤枉古人，兹特据《史记》，白其或未必是由余的原话。

但另一面，那种鼓吹为巩固统治应该抑制文明的观点，出乎由余也罢，出乎旁人也罢，都并不重要；重要的是，它确实存在着，我们从历代暴政中不难发现其踪影，即使刻下生活中有些人，在"国强"或"强国"与文明两者之间，也时时公然谈论为前者可弃后者，认为国家强大可以位居人民挨饿、贫穷、被剥夺之上。就此而言，梨洲所指斥者实非由余，而是历来的将政权私利置于人类文明原则之上的邪说。三百多年前，他有此历史观，不单正确，无疑还有相当的领先性，亦证明试图将某些价值观限定为"西方"，指与中国人无缘，全非事实。

《文质》篇后，继以《封建》，二者所论有前后相承的关系。

古汉语中的"封建"，与后世唯物史观范畴的"封建"，并非一物。后者是马克思主义史学模型里第三社会形态，位于奴隶制后、资本主义前；对它的褒贬，亦依这一顺序而定，单讲马克思主义史学在中国历史批判的具体运用，则完全是一贬义词。这正是笔者所欲强调的：当我们读梨洲或任何中国古书，若遇此词，务必记得与唯物史观的定义、用法区分开来，否则便南辕北辙。就古汉语来说，"封建"的主要词义，是与大一统中央集权对立或相反的国家及政权形态。更细致地说，它是周代的制度，由秦朝结束；公元前二世纪，嬴政自称"始皇帝"，改封建制为郡县制，是为帝制之始，亦为大一统中央集权政体的开端。

中国古史话语里，"封建"是个争议的焦点，但不具贬义。而之所以争议，恰恰是因后世思想者与史家，对秦代易制在史上所起作用及损得，分歧严重。有代表性的，如汉之贾谊、唐之柳宗元。贾有《过秦论》，柳有《封建论》，从迥然不同的立场，评价周秦易制的得失。《过

---

① 司马迁《史记》卷五秦本纪第五，上海古籍出版社，1997，第131页。

秦论》云："周王序得其道，千余载不绝；秦本末并失，故不能长。由是观之，安危之统相去远矣。"① 从国祚短长这个很直观的角度，品鉴周、秦两种制度的优劣。《封建论》却依据权力形态差别，给以截然不同的褒贬："汤、武之所不得已也。夫不得已，非公之大者也，私其力于己也，私其卫于子孙也。秦之所以革之者，其为制，公之大者也；其情，私也，私其一己之威也，私其尽臣畜于我也。然而公天下之端自秦始。"② 意谓，封建制治政，归于血亲子胤，郡县制治政则摆脱血亲子胤，比刑循法，建立吏治；所以柳宗元的结论是，郡县制比封建制更多体现公权概念，而启"公天下之端"。

古人大概并无能力去解决这样的争论。贾谊以国祚短长论英雄，失诸表浅，尤其是没有拿出逻辑上的说服力。柳宗元观点中，逻辑性出现了，所执权力"公""私"概念，确可作为清晰的评判依据。可是他的疏忽也实在是致命的。他只看到封建制在子孙间分茅列土，将权力建立在血亲世袭基础上，是一种"私天下"，却看不到嬴政始创的帝制（大一统中央集权的君主制），表面上将封国化为郡县，通过国家任免官员实行吏治、破除血亲和世袭，似乎是"公天下"，而实际上在这权力终端，不仅仍是一姓一氏私有之天下，且较诸封建制的并不集中、相对松散乃至象征意义可能高过实际意义的王权，帝权非但没有去往"公天下"，甚而比"私天下"更进一步，沦为"家天下"。

柳宗元为帝制表象所迷惑，以为它打破了世袭而使权力"公"的性质增加、"私"的性质减少，我们并不因此嘲笑他。在他那时，帝制尚不能说羽翼丰满，"家天下"的丑陋本质暴露得还不特别充分。然而梨洲不同，他所处的明朝，可谓帝制极权的顶峰，或这事物穷形尽相的晚期，其狰狞面目已一览无余。我们看见，到明代末年，还不要说与柳宗元在唐代的名望地位相垺，凡有点头脑的智识者，没有一个肯为秦代制

---

① 贾谊《新书》卷一过秦下，清抱经堂校定本，北京直隶书局影印，民国十二年（1923）。

② 柳宗元《封建论》，《柳宗元集》卷三，中华书局，1979，第74页。

度说好话，相反，反思历史的时候，几乎都把嬴政和秦代视为文明戕害之始，而像梨洲与吕晚村这样的彻底批判者，更是不掩以"皇帝"为万恶之源的态度。

梨洲这一篇，特从抵御外族侵略角度来议中国这两种历史制度的短长，而开宗明义地说：

> 自三代以后，乱天下者无如夷狄矣……然以余观之，则是废封建之罪也。①

接着回顾："秦未有天下，夷狄之为患于中国也，不过侵盗而已……自秦至今一千八百七十四年，中国为夷狄所割者四百二十八年，为所据者二百二十六年……乃自尧以至于秦二千一百三十七年，独无所事，此何也？"这番道理，讲得有点勉强。秦以后的历史条件，之前不能比；早期文明，许多地方都处部落状态，连国家也没有，故而周边"夷狄"较少或几无为害中国，是很正常的。其实，所谓"尧以至于秦"这段历史，中国自身情况如何，其相当一部分也不清楚。至今，我们对周代可称有完整确切的了解；商代粗知其概，但不能非常具体；夏代则仅有一点遗址或器物的考古发现，还是碎片状，缺乏连续性，亦即连"粗知其概"也谈不上。所以，"自尧以至于秦二千一百三十七年，独无所事"这样的论断，恐怕下得太早。古人的知识存在较大缺陷，许多学问比如考古学当时就不曾发展起来，他们对历史的认知常常并无证据，多来自本身靠不住的"古说"，故其立论难免牵强，这是需要指出的。

不过，当他们立足已知事实说话，却又不一样。如梨洲云：

> 及秦灭六国，然后竭天下之力以筑长城，徙谪戍以充之……今以天下之大，使虏一入盗边，则征发之不暇，赋敛之无

---

① 黄宗羲《留书》封建，《黄宗羲全集》第十一册，第4—6页。下凡引封建篇语，均出此页码，不赘。

> 度。战国之时，三国边于匈奴，秦之志在灭六国，燕、赵之志在
> 拒秦，而以其余力支匈奴。当是时，未闻秦调兵食于外，燕加赋
> 于境内，赵乞师于与国也。则一国之足以自支一国亦明矣。

这段话基本意思是"大有大的难处"。中央集权大一统，造就超大型国家，强盛恢宏，但事情总有两面，超大型国家其治理和管理难度也大，而且还不止是难度大小，问题、效率、成本都截然不同。经过两千多年大一统，现在中国人已很习惯超大型国家形态，多数有大国情结，觉得国家越大越了不起。然而古时候并不这样，老子的理想就是"小国寡民"，国家越小越好，人口越少越好。何故？一个主要理由就是"简单"。"简单"的国家与社会易于治理，事情较好处理。总之，"小国寡民"幸福指数高于"大国广民"，这种可能性是存在的，眼下欧洲诸多小国，似乎就生动说明了这一点。当然，国家并非但凡小型化就必发展得好，现在世界上就明明还有不少小国既弱且贫；我们只能说，在一定或适当条件下，小国较之大国易于治理。

梨洲也是从"易于治理"角度，比较封建制和大一统。秦灭六国，尽吞天下，在中国缔造了史无前例的中央集权国家，而为了给这超大型国家御边，它不得不动用浩大人力物力，去修一道后来所谓"世界奇迹"的万里长城。这座奇特的建筑是个从信息到含义都非常丰富的形象，可惜过去人们从中注意到的方面很有限。首先，它在中国北部延绵数千公里，这个长度本身，就直观地提示了对于一个巨大国家来说，防御问题具有何等夸张的难度。其次，这还不只是个军事难题，为造这道"国墙"，财政必发生极重负担，面对它后世游客只须发出赞叹，在当时而言，它每延一尺、每增一丈，都折合为赋税，而一铢一两、一畚一箕，均出民赀民力，这便是制度成本。复次，万里长城终究只是"大有大的难处"的一个象征，实际为了维持超大型国家的安全，成本支出岂止一道长城？梨洲说"今以天下之大，使虏一入盗边，则征发之不暇，赋敛之无度"，当中除了朝廷及官吏借机搜刮、侵贪，的确也是国家太大、

边界太长，无事则已，一旦有事，每寸疆域都要顾到，都得耗钱，这时尽管拼尽举国之力，吸干民脂民膏，也捉襟见肘。

自秦汉起，夷狄为患益重，这是事实。内中，夷狄今非昔比，本身越来越强，这也是事实。但有一现象很奇怪，无论从文明程度、国力、人口、军事科学哪方面说，夷狄都应远非中国对手，而战争结果大多相反，中国胜少负多，胜多集中在汉武帝和初唐两个时期；不特如此，先是晋代亡了半个国家，北宋又亡了半个国家，南宋举国皆亡，明末又再次举国皆亡，一直的趋势便是中国日益不支。而梨洲觉得这是废封建改大一统带来的劣势，他说："向使列国棋置，一国衰弱，一国富强，有暇者，又有坚者，虏能以其法取彼，未必能以其法取此，岂有一战而得志于天下如此而易易乎？"这当中包含两个道理，从防卫的角度，体积过大、战线太长，暴露面多，到处都是攻击点，而自己则动作迟缓、笨拙，顾此失彼，对攻击者来说总是攻击空间越大越好，那样更易找到弱点、撕开突破口子。这种情形借球类比赛攻防也可直观地看到，足球和篮球的守方，必定缩小防守面，密集收缩禁区或篮下，防守面大，最是守方大忌。另一个道理叫作"差异"，差异越多越存变化，对意欲得手者来说事情越复杂、难度越高，庞然大物，大体量事物，很容易崩溃。化整为零却反而拖不垮、打不死，原因就是后者差异多、变化多，在一处攻击得手，还有别的地方继续挺立，就像水中葫芦摁下一个又浮起另一个。顾此失彼的窘迫现在轮到攻击者来品尝。从历史看，"列国棋置"时代，夷狄确做不到长驱直入，大一统以来，"乘其内忧，不过一战，而天下之郡县皆望风降附矣"的情形却反复上演，甚至只要拿下京师或俘获一个皇帝，便举国崩溃。虽然我们不把问题简单化，上述现象至少值得思索。

其实梨洲作这篇《封建》，真正指向并不在边防和军事，夷狄危机只是他用以考量、批评大一统帝制政体的切入点。这一点，我们在文末就看得更清楚些："呜呼！古之有天下者，日用其精神于礼乐刑政，故能致治隆平。后之有天下者，其精神日用之疆场，故其为治出于苟且。"

这时，他不再谈夷狄，而谈"日用其精神于礼乐刑政"和"其精神日用
之疆场"。二者什么区别？用今天话讲，一个踏实致力于经济建设、人
民幸福，另一个则日夜患其安危而不枕。他的矛头，与杜牧类似："嗟
乎！一人之心，千万人之心也。"① 觉得祸害皆起自独夫之心。独夫统治
欲太强，贪得无厌，一心要天下人尽入我彀中，誓必广有四海，而得手
后，唯知与天下为敌，哪里顾得上仁爱施政？梨洲想说的是，夷狄之能
为害中国益甚，是秦代开创的有利于独裁的政体为它提供了方便，而这
种制度能够产生和代代延续，则因为君者骨子里都是一路货色，以自
私、荼毒天下为念，把世界视为一姓一氏的私产亦即"家天下"。下面
是《封建》的结尾：

> 然则废封建之害至于如此，而或者犹以谓诸侯之盛强，
> 使天子徒建空名于上。夫即不幸而失天下于诸侯，是犹以中
> 国之人治中国之地，亦何至率禽兽而食人，为夷狄所寝覆
> 乎！吾以谓恶伤其类者然且不为，况乎其不至于是乎！后之
> 圣人复起，必将怵然于斯言。

自嬴政废封建，以后再也没能恢复，确如毛泽东所说"百代都行秦法
政"②，但不是没有恢复的想法，汉、晋、明都曾提出来，或作不同程度
尝试，而都失败了，历史坚定地走在大一统帝权的方向。什么缘故呢？
"文革"间评法批儒对这个问题曾高度重视，力言封建制代表落后方
向，主张恢复它是开历史倒车，秦始皇和他的制度，则是中国历史的进
步。我们普遍熟悉的，都是这种"进步"和"落后"角度的论述。梨洲
却有他自己的分析，上面这段话的意思，至少颇出我们当代人意料。他
隐约指出，"封建"之废或一去不复返，真正隐秘是独裁者不欲权力被

① 杜牧《阿房宫赋》，吴楚材、吴调侯编《古文观止》，文学占籍刊行社，1956，第
317页。
② 毛泽东《七律·读〈封建论〉呈郭老》，《建国以来毛泽东文稿》第十三册，中央
文献出版社，1998，第361页。

分享，亦即"失天下于诸侯"。大一统中央集权，开创了权力高度集中模式，凡登"皇帝"宝座的人，品尝到权力无边、独大独坐的滋味，自然没有一个肯放弃割舍，容忍卧侧他人鼾息。而且，又不但是已登"皇帝"宝座之人，即尚未登上、身为"诸侯"者，为这种权力所诱惑，同样不能安分守己而得陇望蜀，一心想把"皇帝"位子挪到自己屁股下。总之，有"朕即国家"、至高至上帝权的垂范，封建制当然被弃若敝屣，何人不恋"始皇"位，岂能甘心"返文王"。

这里，梨洲主要从勿令中华亡于夷狄角度，反思帝权帝制之弊，批判还有些外围，或矛头尚未完全对准其内在本质，然而他却已稍稍察觉和捕捉到了帝权帝制的某些要害、命门。此后数年，他沿此方向继续思索，到《明夷待访录》的《原君》篇，终于锁定帝权帝制本身，直捣龙门。而即如此，《留书》所闪现的思想，较前人已足称石破天惊。笔者特别建议，对梨洲所论"封建"不妨置换为新词，比如"自治"，于其义旨或者理解更加准确。作为现代人，我们对古人在思想上筚路蓝缕、开启山林时缺少新词可用的情况，要有充分的意识。他们常常不得不从古往话语中寻找资源，作为自己思考的载体，而我们作为后来者，则应善于辨识、发微古人思想被表述或用词所限、所掩映的确切意蕴。倘若梨洲于十七世纪重新鼓吹"封建"，实质在于唾弃"大一统"，而包含权力分享、社会自治等思想萌芽，这对我们历史来说，意义就太不寻常了。

贰陆

撰史

这时，梨洲仍未走出亡国之痛，故《留书》仍以"攘夷"为主线，篇篇所论不逾此，连殿后的那篇《史》，亦标表夷夏之防，奉反夷狄为史学之纲。他说：

> 宋之亡于蒙古，千古之痛也。今使史成其手，本朝因而不改。德祐君中国二年，降，书瀛国公，端宗、帝昺不列《本纪》，其崩也，皆书曰"殂"；虏兵入寇则曰"大元"，呜呼！此岂有宋一代之辱乎？而天下恬然不知为怪也。①

批评明朝将蒙古人赶回大漠、恢复中华之后，坐视蒙元所修《宋史》中诸多污辱"中国"的记载与字眼，而不改。他借此为例，申述修史的重要，其实那正是他当时立志自己要去做的一项工作。

舟山陷落后，梨洲在理论、史撰与学术三个方面，投入精力最多

---

① 黄宗羲《留书》史，《黄宗羲全集》第十一册，浙江古籍出版社，2005，第 11 页。

的，主要是史撰。这一来是他自幼对于史学最为倾心、关注，自视"故学于旧史者也"[1]；二来更是现实情愫所系，对亡国痛史难以释怀，既不忍其淹灭，又亟欲探其教训，所以注意力几乎全部集中于对"当代史"的描述，经见证人的身份将之形诸史册。

这些作品，主要有《弘光实录钞》四卷、《行朝录》十二卷、《海外恸哭记》一卷。《弘光实录钞》专记甲申国变后朱由崧在南京由监国到登基为弘光皇帝，直至南京陷落后头两个月东南各地的情形。《行朝录》则是关于隆武、绍武、鲁王、永历几个明朝流亡政权的记载"行朝"之意，即今所谓"流亡政府"，兼记一些重要的局地情况和事件，如"赣州失事"万元吉事、"舟山兴废"舟山根据地情况、"日本乞师"赴日求援、"四明山寨"四明山根据地情况、"沙氏乱滇"沙定洲事、"赐姓始末"郑成功事、"江右纪变"金声桓事，各篇也经常单独地被史家征引。《海外恸哭记》从个人亲历视角，讲述从亡鲁王于海上，及这一支抗清武装前后发生的变故。

有确切写作年代的，仅《弘光实录钞》。其《序》云："古藏室史臣黄宗羲识，时戊戌冬十月甲子朔"[2]，戊戌即一六五八年清顺治十五年，十月甲子朔即十月初一日，而《序》中又云："十日得书四卷，名之曰《弘光实录钞》"[3]，因知全书写作过程十天，即九月廿一日动笔，十月初一写完，时间相当具体。次而并未标写作时间但可推知者，为《行朝录》。其《序》云："向在海外，得交诸君子，颇欲有所论著，旋念始末未备，以俟他日搜寻零落，为辑其成。荏苒三十载……"[4] 则《行朝录》写成，距当时已约三十年，若以一六四五年浙东起义为始，姑推书成约在一六七五年清康熙十四年左右，而梨洲年六十六上下。写作年代完全未详者，为《海外恸哭记》，但我们却认为，梨洲数种史著当以它为最早，比《弘光实录钞》还早。后者作于舟山陷落的一六五一年后七年，《海

① 黄宗羲《海外恸哭记》序，《黄宗羲全集》第二册，浙江古籍出版社，2005，第209页。
② 黄宗羲《弘光实录钞》序，《黄宗羲全集》第二册，浙江古籍出版社，2005，第2页。
③ 同上，第1页。
④ 黄宗羲《行朝录》序，《黄宗羲全集》第二册，浙江古籍出版社，2005，第111页。

外恸哭记》却极可能写在舟山陷落当时。盖有几点为证：第一，梨洲写时只敢用化名，自称"粟"，表明当时他正处秘密或潜逃的状态；第二，所记内容，自一六四五年浙江兵溃、鲁王入海流亡起，正好到舟山陷落截止，显然是特地为自己这段经历而写；第三，其《序》口吻，显示写作是受舟山悲剧直接刺激，为之记以备忘，同时心犹未死、对未来尚抱幻想："因次一时流离愁苦之事，为《海外恸哭记》，以待上指鲁王之收京返国，即创业起居注之因也。舟山以后，粟所未详，行朝之臣必有同志者。"① 显示写作时鲁王犹未去监国之号。第四，《海外恸哭记》书名取自谢皋羽《西台恸哭记》，两者写作应出相同心态与感情。梨洲曾于崇祯十一年 1638 读《西台恸哭记》，见"中多忌讳隐语"而为之作注，作注过程中，显然对何为亡国之痛有了一番深深体会，他后来说："岂知是后七年，而所遇之境地一如皋羽乎！"② 没有想到自己也亲身经历了一样处境，而这种感受真正现实化，即当以舟山陷落为标志，舟山陷落意味着"海外"从亡的终结，因而为之作"恸哭记"。

梨洲这些著作，与一般史著不同处在于，全都是"当代史"，并非从一般的学问、研究角度着眼和入手，而有极强的现实性和战斗性。首先，他有一种责任感，要以见证人姿态将自己亲历的现实、史实第一时间形诸文字；其次，又有紧迫感，似乎预感在历史沧桑之后，真相有可能被抹煞、篡改。这便是写《弘光实录钞》时所谈到的："旧闻日落"，"后死之责，谁任之乎"，"为说者曰：'实录，国史也。今子无所受命，冒然称之，不已僭乎？'臣曰：'国史既亡，则野史即国史也……'"③ 在国家沦亡现实下，幸存者自然地获得为国家保存历史真相的职责与授权，来防范、抵御他人任意涂抹。这种意识，早在舟山陷落之初，就从《海外恸哭记》写作动机中迅速浮现，确因梨洲历来极重史学，目之为

① 黄宗羲《海外恸哭记》序，《黄宗羲全集》第二册，浙江古籍出版社，2005，第 209 页。
② 黄宗羲《西台恸哭记注》，《黄宗羲全集》第二册，浙江古籍出版社，2005，第 243 页。
③ 黄宗羲《弘光实录钞》序，《黄宗羲全集》第二册，浙江古籍出版社，2005，第 1 页。

国家和民族精神基石。

各书写作，形态有别。《海外恸哭记》出个人经历，类乎"口述实录体"；《行朝录》是时隔多年，凭记忆写成，这些记忆有"见"有"闻"，即有的是亲历，有的得之听闻；《弘光实录钞》相对"正式"，据梨洲自云完全依据官方材料编纂而成："寒夜鼠啮架上，发烛照之，则弘光时邸报，臣畜之以为史料者也。"① 所以，梨洲敢以"实录"名之。"实录"是明朝即时治政记录，从太祖朱元璋到熹宗朱由校，都有完整"实录"，崇祯朝因乱残缺，弘光朝则根本没有；梨洲作此，意欲填其空白。

应该说，鼎革后，与梨洲有相同认识的人不在少数，故由明入清形成史书私撰高潮，是历来野史最为盛产的代际，数量无虑数百种。梨洲所著，一是对浙东抗清史实的保存贡献卓著，二是出于思想家特质及本人个性，批判性较别家鲜明、强烈；他从不掩其爱憎，对所述之事都有明确立场，故而史论结合，史之所至，论亦随之。

更要看到，梨洲的"当代史"建树，国史层面仅为一个部分，此外还有大量"个人史"写作，为许多当代人物立传，将历史笔触深入到鲜活的个体生命世界，他在这个方面的付出当时恐怕无人可比，不但可贵而且极具特色。

---

① 黄宗羲《弘光实录钞》序，《黄宗羲全集》第二册，浙江古籍出版社，2005，第1页。

贰
柒

故
人

时光似箭。转眼，距崇弘间已有二三十年。昔日青壮，已近花甲；血气太冲，亦化为老儒梨洲。

二三十年，容得下各种变化，大至国家存亡，小如个人死生。当年秦淮河畔意气风发的一代，有的人已不在，有的不知所终，犹存世间者则纷纷老去；友朋间音耗日稀，偶有传来，也都是让人伤怀的讯息。

思友之情及沧桑感，愈来愈多涌向梨洲心头，成为他的一大情绪或存在体验。丁酉年 1657 他写了一首诗《三月十四夜梦万履安及亡友陆文虎冯跻仲》，为这情怀拉开了序幕：

> 月落枫林飞鬼车，音容忽见是非耶？簟溪有骨随流水，
> 环堵无人泣稗花。刚得寒松留岁暮，又驱饥火逐天涯。存亡
> 此夜来相聚，病榻萧然两鬓华。①

---

① 黄宗羲《三月十四夜梦万履安及亡友陆文虎冯跻仲》，《黄宗羲全集》第十一册，浙江古籍出版社，2005，第 232 页。

跻仲，即冯京第，号簟溪。他曾与梨洲共署"防乱公揭"，更在鲁王驾下共事，任兵部侍郎，日本乞师，梨洲即副跻仲前往。三年前，冯京第在舟山被清军俘而杀之，梨洲听说"尸抛江上"，故有"簟溪有骨随流水"之句。这三位好友，两位死去，万泰则远在岭南不久也死去。梨洲梦中与他们相会，甚感孤单。"存亡此夜来相会，病榻萧然两鬓华"，既写生死两茫茫，又吐露了梨洲对于韶光远去和自己正在衰老的悲抑。

己亥年 1659，作《哭沈昆铜》三首。明亡后，沈士柱以遗民隐芜湖，秘密从事反清。一六五七年清顺治十四年事牵被捕，汉服衣冠，两年后遇害于南京。消息很快传到梨洲耳中，对他刺激极大，而为之连赋三诗，以"亡国魂"[1]相颂，恸曰："高天厚地一遽庐，君亦其间何所需！此曰党人宜正法，彼云华士又加诛。"[2]谓昆铜已然隐居，于这世界所需不过一间茅屋，却也不被容；昔日中国的当权者以"党人"罪名相迫害，现在占领者又以其为中国爱国者予以杀戮。第一首尤其沉痛，诗行似不足抚载胸臆，梨洲又夹以多处自注：

> 传死传生经二载，果然烈火燎黄琮。胸中毕竟难安帖，此世终于不可容。千里寒江负一纸甲午，昆铜有书招予，因循未赴，百年陇上想孤松其身首未知得收否。旧时日月湖边路昆铜家有阁，在湖上，诗酒于焉不再逢。[3]

首联写梨洲对昆铜被捕两年来事态一直很关注，并赞他最后果然死得壮烈。颔联写昆铜人格刚正，与浊世不容。颈联满含悔意，为错过与老友再见上一面而痛怅，又以"其身首未知得收否"斥当局的残暴与野蛮。尾联是浓浓的怀旧，思绪永久驻留风华正茂的年代。

---

① 黄宗羲《哭沈昆铜》之三，《黄宗羲全集》第十一册，浙江古籍出版社，2005，第236页。
② 同上，之二。
③ 同上，之三，第235—236页。

翌年即庚子年1660，梨洲往游庐山，途经芜湖，想起昆铜，又有一诗：

> 寻常有约在芜湖，再上高楼一醉呼。及到芜湖君已死，
> 伸头舱底望浮图。[①]

还是不能忘怀负昆铜之约，悲嗟生命的脆弱。浮图即浮屠，佛家语，指佛教、佛、佛塔等，梨洲乃正宗儒者，故这里应是指岸上某塔，睹物思人而已，别无深意。

在庐山，他巧遇阎尔梅号古古，这徐州汉子，虽是崇祯举人，却一身豪客气。两人是复社同人，且明亡后各有反清经历，邂逅庐山，在五老峰聊到深夜三更，犹不尽兴，而限韵答赠。梨洲诗云：

> 身濒十死不言危，天下名山尚好奇。相遇青莲飞瀑地，
> 正当黄叶寄风时。闲云野鹤常无定，箭镞刀痕尚在肌。同是
> 天涯流落客，不须重与说分离。[②]

可能是受对方性格感染，梨洲此诗虽也是回首往事，但苍凉意少而豪迈意重，"身濒十死"是对自己的描述，"箭镞刀痕"想必是阎尔梅向梨洲的展示梨洲自己并无负伤的记录，但尾句"不须重与说分离"，还是微露了友朋零落的怅意。

此意在甲辰年1664所作《过冯俨公恸江道暗浩墓下》中，表达就格外强烈了：

---

① 黄宗羲《过芜湖忆沈昆铜》，《黄宗羲全集》第十一册，浙江古籍出版社，2005，第241页。
② 黄宗羲《五老峰顶万松坪同阎古古夜话限韵》，《黄宗羲全集》第十一册，浙江古籍出版社，2005，第238页。

> 廿年灵隐山中土，我向此间尚泪倾。闻道野僧烧纸烛，
> 更无片石志生平。三番东渡交情在俨公三至敝庐，一哄西湖秋月
> 明道暗与余辩论湖上。历历难忘当日事，白头愧我尚零丁！①

二十年来，朋辈纷纷成鬼，自己头发亦白，身影则愈益孤单。同一年，他在《十二月二十日梦汪魏美》里，也有句："湖海故人将尽矣"。所有这些感触中，沈眉生的死大概最令他铭心刻骨。

黄、沈之交，前多提及。沈寿民人极好，梨洲失父辍学，冤狱平反后，始恢复参加科举，而懵懵懂懂、一脸茫然，眉生在南京手把手辅导梨洲，两人情逾手足，梨洲与之交情乃至"爱屋及乌"——一六三八年，梨洲去宣城宿于沈家，留下美好温暖记忆，以至于"余逢急难，必梦投眉生之家，痛哭而醒"②，每逢危难躲避，夜里总是梦见自己前去投靠沈家，那是他觉得最可靠、最放心的地方。

弘光时阮大铖罗织党狱，沈眉生"变姓名"逃至金华，就此与梨洲失去联系。直到戊戌年1658，才首次从一位朋友那里得到眉生消息，当即赋诗二首。其一：

> 二十四年相隔绝，风霜吹老别时身。君从樵猎埋名姓，
> 吾夺头颅向剑唇。落月梦中曾痛哭，山岚类处自逡巡。骤闻
> 消息反垂泪，两地犹然未死人。③

"二十四年"恐系梨洲笔误或者抄刻者所误，当为"一十四年"；盖自一六四四到一六五八，刚好十四年。"君从樵猎"指从朋友处获悉，这

① 黄宗羲《过冯俨公惊江道暗浩墓下》，《黄宗羲全集》第十一册，浙江古籍出版社，2005，第252页。
② 黄宗羲《思旧录》，沈寿民，《黄宗羲全集》第一册，浙江古籍出版社，2005，第352页。
③ 黄宗羲《喜邹文江至得沈眉生消息》，《黄宗羲全集》第十一册，浙江古籍出版社，2005，第234页。

么多年眉生是隐逸而活；"吾夺头颅"则是指自己从事抗清武装斗争。"骤闻消息反垂泪，两地犹然未死人"，说明梨洲本来有眉生已不在人世的思想准备。其二：

> 君今已向家山住，婚嫁俱完自在身。书到老来方可著，交从乱后不多人。红林曾记斜阳路，秋水遥怜书屋贫。珍重文江烦寄语，明年可得话艰辛？①

言闻眉生现已回到故乡宣城，而转托他们共同的朋友捎话，期待明年可以相会。"书到老来方可著，交从乱后不多人"一联，可谓梨洲诗中一等的好句，沉潜厚重，力透纸背，非饱经忧患不能得，亦因对眉生这样的刎颈之交，方从肺腑发出。

然而，翌年重逢的期待并未实现，何故未明。又过六年，梨洲在苏州见到邹文江，也即先前替他和眉生传递消息的那位朋友，"约其访眉生，而文江失约，予亦怅然而止"②。据梨洲在别处云：沈眉生返乡后，"寄食诸门人"，没有一定的住址，"惟邹文江知之"，③ 邹既爽约，他自无法找到眉生前去看他。又六年庚戌1670，忽然收到眉生书信，原信今已不得见，据梨洲《得眉生书》句"春尽来书岁暮收"④，则此信发于当年春末，梨洲直到年底才收到，艰难如此。另，以"明年有约浮黄海，绝顶相看恸哭余"来看，他们好像又约了来年见面，同游黄海、泰山"绝顶"若取自杜甫"会当凌绝顶"句，应指泰山，但我们知道并没有这一相

---

① 黄宗羲《喜邹文江至得沈眉生消息》，《黄宗羲全集》第十一册，浙江古籍出版社，2005，第234页。
② 黄宗羲《思旧录》，沈寿民，《黄宗羲全集》第一册，浙江古籍出版社，2005，第352页。
③ 黄宗羲《读苏子美哭师鲁诗次其韵哭沈眉生》，《黄宗羲全集》第十一册，浙江古籍出版社，2005，第264页。
④ 黄宗羲《得沈眉生书》，《黄宗羲全集》第十一册，浙江古籍出版社，2005，第264页。

会发生。

五年后，亦即乙卯年 1675，有自长洲属苏州来的客人，捎了沈眉生一信。这封信，《思旧录》有录摘：

> 知己之难久矣，梨洲先生之于弟，与弟之于梨洲先生，今世才一见耳。世路羊肠，跼天蹐地，不敢逾咫尺，先生悉此情哉！初意道驾西来，不腆敬亭，愿撰杖履，自此陟黄鹤、渡浙江、下严濑，买舟而东，拜吾太夫人堂下。日复一日，好音不续，此志渐颓。眼中之人老矣，而弟尤甚，奈之何哉！道旨愧未亲承，然于诸时贤传诵，颇窥什一。"古今生知惟尧，学知惟舜，大禹口口说艰说难，殆困知也。"旨哉言乎，佩服佩服！①

信中回顾了两人友情，尤其提到与梨洲曾经约好来宣城重逢之时，即"初意道驾西来"以下诸句，"不腆"乃不丰厚、浅薄之意，这里是谦辞，"敬亭"即宣城北水阳江畔的敬亭山；眉生说，原希望梨洲先来宣城，然后两人一起买舟东下，共同拜见黄太夫人于堂下，然而"日复一日，好音不续"，如今自己也老了，走不动了。先前，梨洲诗表明很盼与眉生聚首，眉生此信心情同样殷切，这么多年却始终不果，确实是怪事一桩。除了友情，眉生也谈到梨洲的学问——可以注意的是，他称其"梨洲先生"而非"太冲"，说明已了解和认识到二十年来老友学问精进和所取得的成就，而那多得之"时贤传诵"，亦即梨洲学者之名如今有口皆碑。他引了一句别人所"传诵"的梨洲论断。大意是从古到今，生而知之的只有尧一个人，学而知之者只有舜，到了大禹，已经口口声声谈"艰""难"二字，那是因为"知"这件事越来越不容易了。对这番论述，沈眉生说他很佩服。

---

① 黄宗羲《思旧录》，沈寿民，《黄宗羲全集》第一册，浙江古籍出版社，2005，第352—353 页。

引完信，梨洲写道：

> 书简上书：四月廿日濑江寄。而眉生之卒，在五月三日，相去仅十有二日，则此书是绝笔也！以数千里之遥，顾诀别不爽时刻，岂非冥契乎！①

装信的书简犹今之信封写着"四月廿日濑江寄"。濑江在江苏溧阳，信为何发自那里，不明。此距沈眉生逝世，仅有两周，梨洲分析说这应是他一生所写的最后文字，而就写给了梨洲，梨洲为此深受感动。

除在《思旧录》追述此事，梨洲当时还专有一首八十四句长诗，开头是这样的：

> 昔年昆铜死，余哭万山头。今闻眉生死，有客自长洲。探怀书一卷，墨湿尚未收。四月廿日寄，濑声如转喉。为言我两人，齐契同苏欧……②

梨洲为此诗所拟题为《读苏子美哭师鲁诗次其韵哭沈眉生》，亦即是读了苏轼悼尹师鲁的诗并比其韵来写。结合诗中"齐契同苏欧"看，梨洲把自己与眉生的交情比为苏轼与欧阳修，而以己居苏轼，其中含着敬眉生如老师的意思，因为我们知道欧苏之间亦师亦友。全诗逐一重温订交相契的往事："君方有盛名，我始脱戈矛。南都多朋友，导我相劝酬。予时未知书，钤键待君抽。掩关茅曲下，王途凿通邮。癸酉急友难，过海相援调。叩门黄竹浦，不遇空注眸……"自然又长叹音讯复通后，几次相约未践，致两人天各一方，没有见上最后一面。全诗以"孤我天壤

---

① 黄宗羲《思旧录》，沈寿民，《黄宗羲全集》第一册，浙江古籍出版社，2005，第353页。
② 黄宗羲《读苏子美哭师鲁诗次其韵哭沈眉生》，《黄宗羲全集》第十一册，浙江古籍出版社，2005，第273—274页。

间，不辨劣与优"收煞。

至此，梨洲同省两位最好朋友陆文虎、万履安，外省两位最好朋友沈昆铜、沈眉生，全部作古。在梨洲看来，他们都是更好、更优秀的人，他活着，朋友们却死去，故曰"孤我天壤间，不辨劣与优"。

但有件事很奇怪。以梨洲、眉生的契切，我们觉得眉生死后的铭传，作者非梨洲莫属，沈家却央了别人。徐枋《与姜奉世书》：

> 宣城沈公湛兄不远千里，徒步至吴者再，以畔岩沈眉生号
> 先生一传见属，仆深愧其意。去春临岐临别，至于洒泣，仆
> 尤深感之，握别谆订初冬为期。①

这是徐枋一六七六年给友人的书信，回忆了去年一些情形。从"去春"二字看，眉生甫逝，沈家人就赶到苏州，请徐枋作传。明亡后，徐枋与沈眉生、巢明盛三人，并称"海内三高士"，他们姿态事迹相仿，都坚持遗世隐居、自食其力，不与现实清朝当局发生一丁点儿关系。徐枋因为贫困，健康很差，害了几场大病，未能即刻将沈传写出，但第二年完成此事，那就是《居易堂集》中的《沈徵君传》。

沈眉生之死，象征着从一段历史来讲，梨洲的生命一页完全翻过去。这段历史，也即他所常称的"桑海以前"；桑海者，沧海桑田也，明为清亡也。那段历史中，有他的老师，有他的同难兄弟，有他的复社同志，有他的读书伙伴，有他的抵抗战友……从刘宗周到魏学濂、刘瑞当、吴钟峦、钱谦益，纷纷谢世，旧稔故交存者十不一二。也许，对于个人来说，这是历史远去的最真实的表征，作为后死者，则无时无刻不在体会着空寥寂寞，并随时间延续，感受益深。一六七五年沈眉生死时，梨洲六十六岁，而我们发现寿达八十六高龄的梨洲，其生命某一基本体验，实际就是品尝孤独。证据就是他在死前两年，花时间专门去写

---

① 徐枋《与姜奉世书》，《居易堂集》，华东师范大学出版社，2009，第67页。

一本《思旧录》。书尾最后一句写道：

> 余少逢患难，故出而交游最早，其一段交情，不可磨灭
> 者，追忆而志之。开卷如在，于其人之爵位行事，无暇详也。
> 然皆桑海以前之人，后此亦有知己感恩者，当为别录。①

"然皆桑海以前之人"，萦绕之久之苦，于兹见之。康熙三十二年 1693，
时八十四岁的梨洲，致信郑禹梅，告知自己正写《思旧录》：

> 枕上想生平交友，一段真情不可埋没，因作《思旧录》，皆
> 鼎革以前人物，一百有余。呻吟中读之，不异山阳笛声也。②

此时梨洲体衰老废，卧床不能下地，《思旧录》诸篇多就之于枕上。但
他因为觉得是一生"真情"，坚持写下来；且病痛中读着写出的篇章，
好像得到了生命最后的安慰。"山阳笛声"，是竹林七贤向秀和嵇康的典
故。嵇康死后，向秀一次途经山阳旧居，有笛声传来，而油然想起嵇康
嵇康本音乐家也，因作《思旧赋》。《思旧录》书名，即本乎此。

---

① 黄宗羲《思旧录》，《黄宗羲全集》第一册，浙江古籍出版社，2005，第 398 页。
② 吴光《附录：黄宗羲遗著考（一）》，《黄宗羲全集》第一册，浙江古籍出版社，
2005，第 441 页。

贰
捌

汰存

梨洲著述，有三种以"录"名，即《思旧录》《汰存录》和《明夷待访录》，有人因而共称它们"三录"[1]。

这里单谈一谈《汰存录》。所以有此必要，是因为以上我们刚刚叙说了梨洲对平生故人的殷殷思念之情，但其实也并非一律如此。他一生的师友，固然有不少始终情笃，然而意态相左、渐行渐远，以至反目成仇的，也有几个突出的例子。在亡故者中，夏允彝是代表。

《汰存录》就是为驳夏允彝而作。乙酉 1645 八月，清军下江南后，夏允彝于无望中赋《绝命词》，自投深渊以死。死前，他正在写一本总结明朝亡国教训的书，便即《幸存录》。"幸存"之谓，当系相对殉国的先帝崇祯而言。这本书没有写完，夏就自尽了，后来由其子夏完淳补续了《续幸存录》。

夏家一门忠烈，门风品格极受尊仰，《幸存录》《续幸存录》又是夏氏父子以鲜血写成，大家更抱珍啬心态，无人曾加喙责。夏允彝提出

---

[1] 杨复吉《思旧录跋》，《黄宗羲全集》第一册，浙江古籍出版社，2005，第 440 页。

一个观点，党争与门户乃造成明朝亡国的一大原因。党争、门户从嘉靖末年起其头绪，万历时大炽，而具体从崇祯、弘光来讲，便是东林—复社与奄党之争。夏允彝的观点，《汰存录》引了几句，例如："两党之最可恨者，专喜逢迎附会，若有进和平之说者，即疑其异己，必操戈攻之。"[1] "两党之于国事，皆不可无罪。"[2] 态度是各打五十大板。

从梨洲笔下，未见他与夏氏父子有直接交往记录，但他跟夏的不少至交亲友或相厚或认识，同时两人皆复社名士，夏允彝是松江复社之长，政治上思想上，本应算同一战壕。与以往猛烈抨击奄党人物不同，这一次，梨洲的矛头是指向自己"营垒"内部的。《汰存录》题辞专门指出，之所以要批判夏允彝，正因他本来是同志，且是一位颇具影响的同志：

> 余见近人议论，多有是非倒置者。推原其故，大略本于夏彝仲允彝《幸存录》。彝仲死难，人亦遂从而信之。[3]

夏允彝名节峻伟，愈如此，他观点的"流毒"愈不可小觑，"晚进不知本末，迷于向背"[4]，不知真相的后来者，甚易相信一个有着这样身份的人的说法。

在夏允彝，是凭据亡国之痛，持自我反思与批判的态度，写这《幸存录》，故能超拔于党派立场之上。当时人们对此书所重，亦在于此。比如为人正派，但在朝中无党无派的李清，读到《幸存录》，不禁激赏："独夏彝仲《幸存录》出，乃得是非正"，盛赞之"存公又存平"，引以为同调，觉得和自己写《三垣笔记》是抱有同一种态度："苟彝仲见此，无乃首颔是记指《三垣笔记》亦如予首颔是录指《幸存录》，而又以存我心

[1]　黄宗羲《汰存录》，《黄宗羲全集》第一册，浙江古籍出版社，2005，第330—331页。
[2]　同上，第331页。
[3]　同上，第330页。
[4]　同上。

之同然为幸也。"①

梨洲则不然。他的党派立场不但极鲜明，且终生不稍移易。因此他不觉得夏允彝是经痛定思痛，以"存公又存平"的心境，在悔叹中写出《幸存录》。《汰存录》一开始，这样挖掘夏允彝何以至此的原因：

> 岂知其师齐人张延登？延登者，攻东林者也。②

夏允彝生平，诸多传记都不详全。他何时师事张延登，遍查侯玄涵、王鸿绪、张岱、朱溶、沈眉史、高承埏、查继佐、盛敬、温睿临、徐鼒及诸郡县志所作传，均未及。但梨洲云此，应有所据。张延登，山东邹平人，万历二十年 1592 进士，他曾于崇祯初任浙江巡抚，《明季北略》卷五有"张延登请申海禁"一条述其事③，夏允彝若曾以他为师，应在此时。又，《幸存录》自云"余馆于山东"，这经历或亦与张延登有关。对张延登，梨洲专门点了他两点：第一"齐人"，第二"攻东林"。后来人们知道的党争，只限东林党与奄党，这在天启及崇、弘间确如此，但万历的时候却非止这两党，而是有好几个门户，东林之外，还有浙党、楚党、齐党等等，齐党即山东籍的官员集团，张延登被认为在其内。他的"攻东林"，《万历邸钞》有其万历二十八年 1660 一道奏疏：

> 吏科张延登感时触事，恭陈无党之论，以定国是、以伸国法等事。言：今之纷然攻击，形于章疏揭牒者，不曰苏脉、浙脉，则曰秦党、淮党，种种名色，难以尽述。而目前最水火者，则疑东林与护东林两言耳。疑者摘其一事之失、一人之非，或至混诋林泉讲学之人，则人心不服。护者因人摘其一事之失、一人之非，或至概訾论者伪学之禁，则

①　李清《自序》，《三垣笔记》，中华书局，1997，第3—4页。
②　黄宗羲《汰存录》，《黄宗羲全集》第一册，浙江古籍出版社，2005，第330页。
③　计六奇《明季北略》，中华书局，1984，第102—104页。

人心亦不服。①

梨洲觉着，从这里可证夏允彝"倒戈"并不是什么持公持平，而是继承他老师的衣钵。我自己曾说："读《汰存录》，笔者油然想到约三百年后的鲁迅。这两位浙江老乡之间，真有太多的相似之处。黄宗羲如此苛对夏允彝，某种意义上我颇感不忍。"②很多事情因"是非"二字闹成僵局，但有时其中却未必真有"是非"，与其说是是非，不如说是性格和心理起了主要的作用。梨洲性格有嫉恶如仇和极倔强的一面，他见夏允彝反过来批评东林—复社，感情上不能接受，可以理解。但他强行否认夏出于历史反思，硬说夏"以延登之是非为是非"，则太过主观、情绪化。他不妨与《幸存录》见解不同，然不应为了是己所是，称"独怪彝仲人品将存千秋，并存此《录》，则其为玷也大矣"。③

不过，《汰存录》也有它闪光处。梨洲认为："君子小人无两立之理"④，"夫天下之议论不可专一，而天下之流品不可不专一也。故民同之在流品议论，两者相似而实远。如宋之洛、蜀，议论之异也，非流口之异也；汉之党人、宦官，其异在流品，不在议论。在议论者，和平之说未可尽废；在流品者，此治彼乱，间不容发，如之何其和平也？"⑤他精细地指出，这当中有些是思想意见不同，有些却关乎历史正义。他的看法其实不失理性，"议论不可专一"，言论和思想可有自由讨论的余地，但"流品不可不专一"，凡涉及历史善恶，都不能和稀泥，必须有明确的立场选择。他对夏允彝的不以为然，实际在此，认为其党争之论混淆了两种历史力量。梨洲说，他不否认东林里面也有坏人，"'东林中多败类'，夫岂不然！然不特东林也，程门之刑恕，龟山之陆棠，何独异于是。故以败类罪东林，犹以短丧窃屦毁孔孟也。"世间哪有纯而又

① 《万历邸钞》，万历二十八年庚子卷，江苏广陵古籍刻印社，1991，第1103页。
② 李洁非《黑洞：弘光纪事》，人民文学出版社，2013年，第121页。
③ 黄宗羲《汰存录》，《黄宗羲全集》第一册，浙江古籍出版社，2005，第330页。
④ 同上，第331页。
⑤ 同上，第331—332页。

纯的事情呢？重要的是方向和立场。历史中有两种力量，这个事实总是抹煞不了的。有人推动历史朝好的方向发展，有人却做相反的事。梨洲认为从这角度说，党或党争，无可避免；"今必欲无党，是禁古今不为君子而后可也。"从古至今，一直便有引历史去往"治""乱"不同方向的两"党"，"凡一议之正，一人之不随流俗者"，都可称之东林，"劾刘瑾、王振者，亦可曰东林也"，"东林岂真有名目哉"，凡为历史正义而努力的，都是东林。[①]

他和夏允彝谈的，好像不是同一个"东林"。在梨洲那儿，东林已抽象成历史进步力量的"共名"，夏允彝所论却很具体，是崇、弘之间在一系列朝政问题上作何表现、起何作用的政坛势力。梨洲讲的是历史之是非，夏允彝讲的是一事之是非。夏着眼于得失之检讨，梨洲立足于清浊不可混。他们之间恐怕并无矛盾，如果夏能在清浊前提下检讨得失，抑或梨洲能既讲清浊也讲得失，就会发现彼此的对立并非想象的那么严重。

但梨洲之所以少讲得失，以至还有点抗拒检讨东林的不足，我认为另有其深层原因。夏允彝还是一位正统抑或传统的"爱国者"，他对国家终于搞到亡国地步痛心疾首，愿意把自己也放进去，加以反思、承担某种责任。梨洲和他很大不同在于，内心早就不是那种"爱国者"——如果这里的"国"指大明王朝。作为党祸奇冤蒙受者，梨洲从父亲的血泊中已看透这种权力所立之"国"有一种骨子里或本质上的丑恶，它的亡，不单咎由自取，简直也势所必然。《汰存录》有这样一段：

> 庄烈帝亦非不知东林之为君子，而以其倚附者之不纯为君子也，故疑之。亦非不知攻东林者之为小人也，而以其可以制乎东林，故参用之。卒之君子尽去，而小人独存，是庄烈帝之所以亡国者。[②]

---

① 黄宗羲《汰存录》,《黄宗羲全集》第一册，浙江古籍出版社，2005，第 332 页。
② 同上，第 331 页。

家天下的本质，使崇祯皇帝注定不会在政治上全心全意依靠进步力量，相反，有意识地用"小人"制东林，以维护帝权自身利益。这终于显出梨洲与夏允彝一类传统"爱国者"的真正区别。梨洲不是"只反贪官、不反皇帝"，而是将贪官皇帝放到一处反，甚至认为贪官之根在皇帝。此处谈到崇祯皇帝，梨洲还算客气，因为单独作为个人，朱由检不算邪恶，梨洲对他并无恨意，甲申国变后作《三月十九日闻杜鹃》，还叹道："昔人云是古帝魂，再拜不敢忘旧主。前年三月十九日，山岳崩颓哀下土。"^① 但梨洲觉得，即便是朱由检，政治也必走到"君子尽去，而小人独存"的局面，那为帝制自身本质所决定，它有追求"君子尽去，而小人独存"局面的天然冲动，而这才是"亡国"的终极原因，其余皆属其次。

梨洲已将帝制彻底看扁的态度，后面结合《明夷待访录》再更多展开，这里且借对夏允彝的批评，窥一窥他的激烈情怀。他有锱铢必较的性格，凡欲坚持的便咬定不放。纵然是夏允彝那么有口皆碑、品质纯粹之人，他若心存不可，口中也不留情。这是他鲜明的为人风格，我们应该了解。

---

① 黄宗羲《三月十九日闻杜鹃》，《黄宗羲全集》第十一册，浙江古籍出版社，2005，第 214 页。

贰
玖

偏
见

　　无论梨洲与夏允彝对明末党争持怎样不一致的见解，以我看来，他尽可以原原本本陈说己见，而不必用严厉态度指责对方。毕竟，尊重不同观点，和辩论不以取消别人发言权为目的，是我们对健康理性对话关系的理解与追求。《汰存录》恐怕没有这种意识，尤其对夏允彝那悲伤的"幸存录"字眼，居然说"谓之'不幸存录'可也"①，更显得多余的尖刻。

　　不过，《汰存录》的狭仄犹属情有可原，事关梨洲个人记忆和生命体验，创巨痛深，不免情不自抑。另外还有两件事，从过去到现在，我始终觉着只是表示了他的偏见。

　　一是关于柳敬亭。柳敬亭本名曹逢春，原是泰州一个无良少年，"犷悍无赖"，能臣李三才抚淮期间，"缉地方恶人，有司以逢春应，乃走"。②逃往他乡。但这人却是演艺的天才，流浪间混迹书场，"耳剽

---

① 黄宗羲《汰存录》，《黄宗羲全集》第一册，浙江古籍出版社，2005，第330页。
② 《道光泰州志》，泰州市文史资料第8辑《评话宗师柳敬亭》，江苏省政协文史资料委员会出版，1995，第28页。

久"①，仅靠耳濡目染，就无师自通，学会了说书，并将自己性情充分融合、释放其中，眉飞色舞、声情并茂、淋漓尽致，达到普通艺人所不能至的一种自由状态。不久声名大噪，尤其是成了范景文、何如宠这两位当朝大佬座上客后，南京文人雅士莫不争与结交。阮大铖、张岱那样的大行家都很赞赏他的技艺。他起初跟阮大铖走得颇近，后来知道了知识分子中的思想对立情形，与阮疏远，只与东林、复社人物交好，做了他们的宠儿，《桃花扇》曾写到这过程。他的朋友从钱谦益到吴梅村、冒襄等，几乎囊括当时顶尖名士，吴梅村为他写的传记，十分有名。崇祯后期，他又去左良玉帐下做客，留下一段传奇。明亡入清，在北京扮演文坛领袖的龚鼎孳，是他新的超级粉丝。康熙元年 1662，龚将年近八旬的柳敬亭请到北京，大会骚人墨客，听他说书、为他题赠诗文。

但也有对柳敬亭很不以为然的。我知道其中的两个，一个是王士禛，一个便是梨洲。王士禛算是晚辈，柳敬亭真正活跃的时代他没赶上，然而其人名声如雷贯耳，王向往久之，后来终于有机会亲聆，"试其技，与市井之辈无异"②，并无出类拔萃之处，大感失望。他是这么分析的：

> 左良玉自武昌称兵东下，破九江、安庆诸属邑，杀掠甚于流贼。东林诸公快其以讨马阮为名，而并讳其为贼。左幕下有柳敬亭、苏昆生者，一善说评话，一善度曲。良玉死，二人流寓江南。一二名卿遗老袒良玉者，赋诗张之，且为作传……爱及屋上之乌，憎及储胥，噫，亦愚矣！③

"屋"，左良玉。认为柳敬亭的名声，都因左良玉而起。左良玉在崇、弘间诸大将里，被认为政治上明显偏向东林，柳敬亭则因为左良玉所喜

---

① 吴伟业《柳敬亭传》，《吴梅村全集》，上海古籍出版社，1990，第 1055 页。
② 王士禛《柳敬亭》，《分甘余话》，中华书局，1989，第 52 页。
③ 同上。

欢，见爱于东林；明亡之后，也是因左良玉的关系，有前朝之思的一班遗老，借柳敬亭这杯酒，浇他们怀旧的块垒。

王士禛的不以为然，是批评一种政治心态，尚非特别针对着柳敬亭本人。梨洲不然。他并不认识柳敬亭，虽然他很有那样的机会；他的忘年好友钱谦益，就是柳敬亭的主要鼓吹者。梨洲可以结交柳敬亭却绝无来往，其原因，读了他的《柳敬亭传》，便一目了然。

素昧平生，怎会想起来给人作传，又如何作传？这本身就有些奇怪。的确，从交往说，梨洲并无条件写柳敬亭传，他这篇传，内容均不出诸己，尽采于吴梅村的柳敬亭传。而他所以想起来写此传，也纯因读了吴传，感到不满，特意在它基础上改写，以对柳敬亭这类人与事别树立意及表达。

比较一下吴、黄两篇柳传，便清楚地发现，梨洲真正出于自己的笔墨，只有以下三段。一是开头：

> 余读《东京梦华录》《武林旧事》，记当时演史小说者数十人。自此以来，其姓名不可得闻，乃近年共称柳敬亭之说书。[1]

以及结尾的两段：

> 马帅镇松时，敬亭亦出入其门，然不过以倡优遇之。钱牧斋尝谓人曰："柳敬亭何所优长？"人曰："说书。"牧斋曰："非也，其长在尺牍耳。"盖敬亭极喜写书调文，别字满纸，故牧斋以此谐之。嗟乎！宁南身为大将，而以倡优为腹心，其所授摄官，皆市井若己者，不亡何待乎！
>
> 偶见梅村集中张南垣、柳敬亭二传，张言其艺而合于

---

[1] 黄宗羲《柳敬亭传》，《黄宗羲全集》，第十册，浙江古籍出版社，2005，第587页。

道，柳言其参宁南军事，比之鲁仲连之排难解纷，此等处皆失轻重，亦如弇州志刻工章文，与伯虎、征明比拟不伦，皆是倒却文章架子，余因改二传。其人本琐琐不足道，使后生知文章体式耳。①

但这三段，现在中学教材收为课文时，却都删去。为什么？因为全是对柳敬亭"不以为然"的意思。

不以为然的根源，可参《明夷待访录》"兵制三"：

豪猪健狗之徒，不识礼义，轻去就，缓则受吾节制，指顾簿书之间，急则拥兵自重，节制之人自然随之上下。②

"豪猪健狗"，谓一般武夫徒有野蛮之体魄，而无文明之理性。从"宁南身为大将，而以倡优为腹心，其所授摄官，皆市井若己者，不亡何待乎"的评论，可知他对左良玉的看法，也是"豪猪健狗"。左出身赤贫，目不识丁。而柳敬亭正好与他一样，也粗陋无文。柳情况稍好，相当于经过了初级扫盲，能写书信，又因多与文士交往，还有点喜欢"转文"，闹了不少笑话，所以梨洲专门点到他"别字满纸"。

概括起来，梨洲认为左、柳惺惺相惜，是精神文化层次相当，物以类聚。梨洲是文明至上论者，以文明高低为估衡一切事物的准绳，看不起任何不知书之人。他批评吴梅村柳传"倒却文章架子"，并非有人理解的是在谈论"'文章体式'也就是结构"③，实际上，"文章架子"指的是文章写作的价值观，"倒却"即价值观上本末倒置、"皆失轻重"，这从他同时批评王世贞某文将一位雕刻艺人与唐伯虎、文征明相提并论，

---

① 黄宗羲《柳敬亭传》，《黄宗羲全集》，第十册，浙江古籍出版社，2005，第588—589页。

② 黄宗羲《明夷待访录》，《黄宗羲全集》，第一册，浙江古籍出版社，2005，第34页。

③ 吴功正《一篇独特的人物传记——读黄宗羲的〈柳敬亭传〉》，《古典文学知识》，1995年第4期。

是"比拟不伦"，可以看出他坚决反对将不同文化层次的人和事混为一谈，也即我们通常知道的"有辱斯文"的意思。

文明高于一切，这向度本身无错。但梨洲因为人家文化程度不高，就目为"琐琐不足道"，确实含有偏见。在这一点上，他未免走了极端。古代文人，即无如今的觉悟和心胸，却也很少褊狭如梨洲。王世贞、吴梅村这等文豪，肯为俳优匠人作传称引，境界显然就高出一头。尽管他们当中有些人，对胸无点墨者心中不乏轻慢，比如钱谦益就经常嘲笑柳敬亭的"转文"，但对他们文章以外的才具，还能器重和不掩。《史记》于"七十列传"之第六十六篇，特撰"滑稽列传"，记述到那时为止曾经出现过的三位名伶淳于髡、优孟和优旃的事迹。这三人的共同之处，是都用演技或口才影响了政治。他们原本属于地道的小人物，其貌不扬、操持贱业、供人取笑，登不了大雅之堂，写入正史更是闻所未闻。司马迁将这视阈打破，给这些小人物大大的提携，让他们与王侯将相比肩，称赞他们"天道恢恢，岂不大哉。谈言微中，亦可以解纷"[1]，予以"岂不亦伟哉"[2]的评价。就此可以说，梨洲胸襟视野不及太史公远甚。

人，都有缺点。在柳敬亭问题上，大思想家的梨洲也让我们看到了他的不足。虽然原因是过度推崇文明，好像不算是恶劣的缺点，但倒也因而让人受了警醒：对任何问题，都不应走到偏执的一步，哪怕是出于看上去"高尚"的理由；"高尚"的理由，同样可以把人引往窄见。

当然，说到梨洲的偏见，又有一种两难的意味。有时候，偏见似乎与思想个性有一定关系，不少能够道人未道的思想者，会表现出"独持偏见""一意孤行"的面目，他们的锐利与独到，似乎有赖于某种偏颇的观念、思维方式及表达，典型者如尼采，梨洲没他那样夸张，但确有自己的走极端的地方。

如何评价柳敬亭，梨洲的偏执尚有一种貌似正确的价值观外衣为遮挡，但在另一件事情上，他这个毛病却可以说一览无余了。

[1] 司马迁《史记》卷一百二十六滑稽列传，上海古籍出版社，1997，第2410页。
[2] 同上，第2415页。

前面我们几次提到过高旦中。他是梨洲、晦木兄弟的挚友，甚至于有大恩，不但长期以行医接济他们，且数次救于危难之中。一六七〇年高旦中不幸去世，冬天下葬，梨洲及吕晚村诸友各自赶来，梨洲还亲自撰写墓志铭。《黄宗羲年谱》："冬，为甬上高旦中题主，至乌石山。"[1]晚村长子吕公忠《行略》："时会葬高先生于鄞之乌石山，先君芒鞋冒雪，哭而往。"[2]初无异常，然而，那篇墓志铭，引出了大事争。吕留良以几乎忍无可忍的语气，对梨洲大加挞伐，谓之"固极无理""词气甚倨"，不满主要在于："凡铭之义，称美而不称恶，原与史法不同。称人之恶则伤仁，称恶而以深文巧诋之，尤不仁之甚。"[3]

感到不妥的，非止晚村，据梨洲《与李杲堂陈介眉书》：

> 万充宗传谕：以高旦中志铭中有两语，欲弟易之，稍就圆融：其一谓旦中之医行世，未必纯以其术；其一谓身名就剥之句。弟文不足传世，亦何难迁就其说？但念杲堂、介眉，方以古文起浙河，芟除黄茅白苇之习，此等处未尝熟诘，将来为名文之累不少，故略言之，盖不因鄙文也。[4]

杲堂即李文胤，介眉是陈锡嘏，他们与梨洲的关系，半朋友半弟子，因而能够出面表示或转达一下大家的感受。他们请黄门弟子万斯大表字充宗捎口信，希望梨洲就两个说法加以修改，而梨洲坚持不改，修书作答。

不改的理由，一是那些话在高旦中生前自己就当面讲过，"生前之

---

[1]　黄炳垕《黄宗羲年谱》，中华书局，1993，第34页。

[2]　吕公忠《行略》，《吕晚村先生文集》附录，《续修四库全书》一四一一·集部·别集类，上海古籍出版社，2001，第58页。

[3]　吕留良《与魏方公书》，《吕晚村先生文集》卷二，《续修四库全书》一四一一·集部·别集类，上海古籍出版社，2001，第91页。

[4]　黄宗羲《与李杲堂陈介眉书》，《黄宗羲全集》第十册，浙江古籍出版社，2005，第160页。

论如此，死后而忽更之，不特欺世人，且欺且中矣"①。二是别人以为不中听，在梨洲自己却是对好友一番惋惜之情，"哀之至故言之切也"②。第三个理由最显个性，充分展露了他"犯轴"的特色："夫铭者，史之类也。史有褒贬，铭则应其子孙之请，不主褒贬"③，"今日古文一道，几于坠地。所幸浙河以东二三君子，得其正路而由之，岂宜复徇流俗，依违其说。弟欲呆堂、介眉，是是非非，一以古人为法，宁不喜于今人，毋贻议于后人耳"④。称自己是申倡古文之法，回归文章正义，为此宁肯得罪今人，也毋令后人指摘。反过来将劝说者的李、陈训斥一番，要他们坚持古文追求，"芟除黄茅白苇之习"，"黄茅白草"是贫瘠土地所生物，比喻平庸之人或物。

我们并不觉得他文过饰非，可能他心中确作此想。铭中批评在梨洲自己或许觉得是为之抱憾高旦中学问始终不够好，说他初来相见，拿着一些诗文作品，"彩饰字句，以竟陵为鸿宝"，语气很不屑，而指点之曰："读书当从六经，而后《史》《汉》，而后韩、欧诸大家。浸灌之外，由是而发为诗文，始为正路。"高旦中也奉为箴言，但终被"医道""医名"所误，"旦中医道既广，其为人也过多，其自为也过少。虽读书之志未忘，欲俟草堂资具，而后可以并当一路"，结果别人大为精进，他却裹足未前，自己也很愀懊，"近岁观其里中志士蔚起，横经讲道，文章之事，将有所寄。旦中惕然，谓吾交姚江指梨洲兄弟二十余年，姑息半途，将以桑榆之影，收其末照，岂意诸君先我绝尘耶！彷徨慨叹，不能自已。而君病矣，是可哀也"。全文结尾，八句总结式铭语，其中一句竟然写道："日短心长，身名就剥。"⑤这里，梨洲又犯了和《柳敬亭传》

---

① 黄宗羲《与李呆堂陈介眉书》，《黄宗羲全集》第十册，浙江古籍出版社，2005，第161页。
② 同上，第162页。
③ 同上，第160页。
④ 同上，第162页。
⑤ 黄宗羲《高旦中墓志铭》，《黄宗羲全集》第十册，浙江古籍出版社，2005，第323—326页。

一样的毛病，"万般皆下品，唯有读书高"；但此番有所不同的，是所批评的这人，非不爱学，非无志于学，而是时间和精力多消耗在救人急难上头，且其中主要的受益者，正是梨洲兄弟自己！

吕留良《质亡集小序·高斗魁旦中》说：

> 旦中聪明慷慨，干才英越，嗜声气节义。尝毁家以救友之死。有所求，不惜脑髓以徇。精于医，以家世贵不行，至是为友提囊行市，所得辄以相济，名震吴越。友益望之深，不能副，则反致怨隙。又为友营馆谷，招徒侣。[①]

文中那个"友"字，几乎都可直接置换为"梨洲兄弟"。吕留良与高旦中为莫逆交，又与梨洲兄弟谊深，说到知根知底，他最有资格。照他说，高旦中对梨洲的恩义，不惟是济困扶危，连梨洲授徒讲学，旦中也有经营之功。旦中本富家子，因多年行义竟至一贫如洗，"死之日，贫不能备葬。孤寒啼饥，无或过而问者"[②]。《行略》言，旦中之女已许晚村第四子，一日忽接高旦中信："某病甚将死，家贫，吾女恐不足以辱君子，请辞。"[③] 太穷，备不起嫁妆，主动请求退婚，晚村拒绝了。一个为了朋友无私奉献、把自己弄到这种地步的人，梨洲却责其不合为行医疏怠学问，而他偏偏还是那主要的受益者，确实让人想到"于心何忍"四个字。

吕留良特别打抱不平的，是梨洲不但批评高旦中不埋头治学，还挖苦他的医术。墓志铭中这样写："盖旦中既有授受，又工揣测人情于容动色理之间，巧发奇中，亦未必其术也。"[④] 晚村觉得这是"深文巧诋"，

---

① 吕留良《质亡集小序·高斗魁旦中》，《吕晚村先生文集》续集卷三，《续修四库全书》一四一一·集部·别集类，上海古籍出版社，2001，第235页。

② 同上。

③ 吕公忠《行略》，《吕晚村先生文集》附录，《续修四库全书》一四一一·集部·别集类，上海古籍出版社，2001，第58页。

④ 黄宗羲《高旦中墓志铭》，《黄宗羲全集》第十册，浙江古籍出版社，2005，第324页。

不可思议。文章还有一处，也令晚村不满：

> 旦中临绝有句云："明月冈头人不见，青松树下影相
> 亲！"此幽清哀怨之音也。太冲改"不见"为"共见"，且训
> 之曰："形寄松下，神留明月，神不可见，即堕鬼趣。"①

梨洲这一段的原文是：

> 明年过哭旦中，其兄辰四出其绝笔，有"明月冈头人不
> 见，青松树下影相亲"之句，余改"不见"为"共见"。夫
> 可没者形也，不可灭者神也。形寄松下，神留明月，神不可
> 见，则堕鬼趣矣。

辨之，梨洲改动是从语义着眼，觉得旦中虽死犹生，形灭神不灭，故以"明月"喻其神，改"不见"为共见，要说本意也是好的。但旁人看来，无意间梨洲露出了他对高旦中一贯的"甚倨"心态。别人的绝笔，必得之万千沉吟，怎可这样轻率地认为其字句不当、有瑕疵？真是从来轻视惯了。况且，旦中此句原有深意，吕留良就看出来了，但他不能明说，以"幽清哀怨之音"隐指。那确切的含义，《吕留良年谱》的作者包赍曾作过分析：

> 在表面上看去好像是文艺问题，但我们仔细看看，实
> 在是重大的民族思想问题。他说的"明月"并不是"山间之
> 明月"的明月，他说的"青松"也不是黄山的青松，他说的
> 明月就是那胜国的明朝，他说的青松就是新兴的统治者清
> 朝……意会这两句诗就是复明还未实现，我人已先死了！这

---

① 吕留良《与魏方公书》，《吕晚村先生文集》卷二，《续修四库全书》一四一一·集部·别集类，上海古籍出版社，2001，第93页。

就是"出师未捷身先死，长教英雄泪满襟"的意思。[①]

结合高旦中以反清复明为己任的后半生，这是很让人赞同的。"明月"必用"不见"，改为"共见"，愤懑悲凉辄一扫而空。奇怪的是，梨洲怎未看出来？包赉认为是他"太舍不得字面"的缘故，这应该是个原因，但恐怕潜意识里，梨洲对高旦中文章学问一直的轻视、不看好，也是很重要的原因。带着这种心态，他一见高旦中的作品，总习惯于首先挑毛病。

这件事情，让梨洲在朋友中深受非议。他写出墓志铭后，高家的人拒予刊刻，弃用。而梨洲也很固执，始终无歉意，友徒来劝，继续坚持己见，总之认为无可自咎。这好像不止是不近人情，也不光是认死理，而反映了他在心胸和态度上都有一些局限性。

---

① 包赉《清吕晚村先生留良年谱》，台湾商务印书馆，1978，第 94 页。

叁拾

吕怨

梨洲性格或看问题上的偏与执，终于惹出了他一生人际关系中不堪的一幕——与吕留良反目。一个巴掌拍不响，此事想必并不简单，吕留良那边必也有其原因或责任，但此刻我们多从梨洲这边作检讨，毕竟他在不少事情上显出了为人的不足，换成另外一个人，也许就不至于此。另外，不光吕、黄之间，以他们共同的友好来看，也是梨洲和别人闹得不愉快；这当中，除了高旦中，连自己亲弟弟晦木最后也不太能够接受他，而感情疏远。

梨洲与晚村初遇，在一六六〇年。是年，梨洲年五十一。他们的相会，是梨洲二弟晦木黄宗炎引见。晚村郑重地写了一篇《友砚堂记》，作为纪念：

> 己亥 1659，遇余姚黄晦木。童时曾识之季臣兄坐上，拜之东寺僧寮，盖十八年矣。当崇祯间，晦木兄弟三人，以忠端公后，又皆负奇博学，东林前辈皆加敬礼，所与游者负重名，如梅朗三、刘伯宗、沈昆铜、吴次尾、沈眉山、陆文

虎、万履安、王玄趾、魏子一者,离离不数人,天下咸慕重之,一二新进名士欲游其门不可得,至有被谩骂去者。既乱,诸子皆亡略尽,而晦木气浩岸如故,后起不知渊源,习俗变坏,益畏远之,然晦木固不能一日无友者,左右前后顾则索然尔矣。于是得予,则喜曰:"是可为吾友。"晦木求友之急至此,盖可悲矣。晦木性亦嗜研砚,时端州适开水坑,同邑有官于粤者,予从购石十余枚,与晦木品其高下。晦木又喜以为有同好也,谓予曰:"予兄及弟子所知也,有鄞高旦中者。此非天下之友也,而予兄弟之友也。"戊子1660,遂与旦中来,其秋,太冲先生亦以晦木言,会予于孤山。晦木、旦中曰:"何如?"太冲曰:"斯可矣。"予谢不敢为友,固命之。因各以研赠予,从予嗜也。其研,有出自梅朗三、陆文虎、万履安者。①

晚村追述说,最早见到晦木还在十八年前,时仅一拜,算不上结交。一六五九年重新遇到,情况有些不同;"既乱"亦即国亡后,黄氏兄弟旧友"皆亡略尽",眼下"习俗变坏",把他们看成危险人物而对"畏远之"黄宗炎曾被捕险死,身边已经很少朋友。在此情形下,晚村表示愿意成为朋友。交往一年后,晦木认为晚村可以信任,先介绍他认识高旦中,秋天又引见给梨洲时梨洲游匡庐经杭州归,地点便在如今西湖景区中央的孤山。见面过程颇可玩味,"何如?""斯可矣。"似乎请梨洲鉴其人品,晚村心中或许稍感别扭,故有"谢不敢为友"的表示,但梨洲随后态度是热情的,他和晦木、旦中各赠一砚,原主人俱为一时名节之士,转赠晚村,是很重的友情。

这四友,晚村与晦木、旦中始终是至死之交,独与梨洲反目。

在吕晚村,与黄氏兄弟交往促成了他思想上的大觉醒。明亡后,晚

---

① 吕留良《友砚斋记》,《吕晚村先生文集》卷六,《续修四库全书》一四一一·集部·别集类,上海古籍出版社,2001,第 175 页。

村虽然也有抗清的活动和表现，但他在一六五三年顺治十年应试，考取了清朝的邑庠生，同时投入很多时间在"选文"类似科举考试教辅参考书的工作上。这些行为都是糊涂的，带有承认清朝统治的意味。现在他幡然悔悟，替自己羞耻，决心与往事决裂，写下著名的七言诗：

> 谁教失脚下渔矶？心迹年年处处违。雅集图中衣帽改，党人碑里姓名非。苟全始识谭何易，饿死今知事最微。醒便行吟埋亦可，无惭尺布裹头归！①

视参加清朝科举为失足，"醒便行吟"是说现在终于觉醒了，从此高举民族大义。一六六六年，生员考试前夕，晚村造访县学教谕陈执斋寓所，当面出示以上之诗，"告以将弃诸生"，宣布放弃秀才身份、拒绝清政府的出身：

> 执斋始愕眙不得应，既而闻其衷曲本末，乃起揖曰："此真古人所难，但恨向日知君未识君耳！"于是诘旦传唱考试前点名，先君不复入，遂以学法除名，一郡大骇，亲知无不奔问彷徨，为之气短，而先君方怡然自快。②

　　晚村从一六六一年起，也即与梨洲会面的第二年，洗手选事，在家乡语溪吕氏梅花阁，集本族童子教学，"只教童子不教求举业的人"③，从娃娃抓起，让他们学习做人的道理，而非考试做官的技能。这既有反清的政治含义，也是教育学实验。晚村一直坚持这样的教育方针，以后，也是在这一点上，与梨洲存在根本的分歧。

---

① 吕留良《耦耕诗》其二，《吕晚村诗》怅怅集，《续修四库全书》一四一一·集部·别集类，上海古籍出版社，2001，第19页。
② 吕公忠《行略》，《吕晚村先生文集》附录，《续修四库全书》一四一一·集部·别集类，上海古籍出版社，2001，第56页。
③ 包赉《清吕晚村先生留良年谱》，台湾商务印书馆，民国六十七年（1978），第70页。

起初，他们思想相当和谐，交往也十分密切。一六六二年，梨洲在旧著《留书》基础上，重写新书，也即不朽的《明夷待访录》。钱穆认为，吕、黄就此书必有交流："《待访录》成于康熙壬寅、癸卯间，而癸卯梨洲至语溪，馆于晚村家。盖当时交游议论之所及，必有至于是者。故梨洲著之于《待访录》，而晚村则见之《四书讲义》。其后三年丙午，晚村则决意弃诸生，不复应试。然则此数年间，梨洲、晚村之交谊，其思想议论之互为助益，必甚大矣。"①

而交往频密的一个更大由头，是晚村邀梨洲参与他的教育改革。一六六三年春，"四月，至语溪，馆于吕氏梅花阁"②。这是《年谱》中梨洲从教的第一笔记载，因而说起来，梨洲的授徒生涯还由晚村启之。自此以迄一六六六年，梨洲连续四年在梅花阁任教。这件事，前已约略讲到。当时，梨洲结束"游侠"生涯，回归正常的社会状态，因而需要谋生和养家，却又没有适合的生计。梅花阁教席，恐怕是梨洲获取一定收入的较好途径。晚村聘请梨洲，为吕氏宗族子弟延致良师无疑是动机之一，而作为合理的推测，未必没有在梨洲窘迫时助他一臂之力的考虑。梨洲的现实毕竟摆在那里，没有家业，没有工作，也没有更多可自给的技能，做西席简直是他自食其力而不失尊严的唯一之选。当然，从梨洲角度来说，受此教席，大概也纯粹出于"稻粱"之谋，否则以他的学问和智识，仅仅教授几个童蒙初开的孩子，显然没有什么成就感可言，我们前面引了他怀念女孙阿迎的一些诗文，就流露出对这份工作的不满足情绪。

不管怎么说，一六六三、一六六四、一六六五、一六六六这四年，梨洲必至语溪。两人年年相会，不光教书，还一起唱和、访友，从各种材料看，一直并没有明显的龃龉。

突变发生在丁未年1667。本年，晚村《梦觉集》有诗《问燕》云：

① 钱穆《中国近三百年学术史》，商务印书馆，1997，第93页。
② 黄炳垕《黄宗羲年谱》，中华书局，1993，第32页。

从来期汝二月天，杏花雨点杨花烟。朝窗夕窗相对语，不与俗物相周旋。哺食喈华同护惜，点茵汗帽恣狼藉。寒堂无伴老影孤，满眼春风慰萧寂。何图今岁得雕梁，翻然一饱成飞飏。老巢当位占高栋，群雏分户泥生香。汝居得所我亦喜，何子不复相过语。呢喃闻汝向雕梁，咒尽穷檐不堪处。寄声留取当时面，黄姑织女犹相见。雕梁久住过穷檐，尚有突栾窠一片。我闻人苦不知足，天下雕梁难更仆。明年莫更绕天飞，又咒华堂当茅屋。①

晚村弟子严鸿逵，将该诗连同另外二首一起作注曰：

> 此以下三诗皆为太冲作也。凡浙东之馆浙西者，皆必以二月到馆，又其轻薄情事者有与燕适相类者，故借以为喻。盖自丙午子指晚村弃诸生，太冲次年便去，而馆于宁波姜定庵家，所以诬诋子者无所不至。此《问燕》《燕答》之所为作也。②

惯例，浙东塾师去浙西任教，每年正月过后即应到馆。看来，梨洲的不赴语溪，竟是不辞而别。晚村过完二月，苦等到杏花开杨絮飞时节，仍无消息，后才辗转听说梨洲另有高就，故曰"汝居得所我亦喜，何子不复相过语"——你不来也罢，怎么连个招呼也不打一声呢？两人关系之僵，可得而知。

所谓梨洲另有高就是什么？按严鸿逵所说，吕晚村听见这样的消息："太冲次年便去，而馆于宁波姜定庵家"。这里，"次年"便即丁未年，馆于宁波姜定庵家即梨洲不来语溪是因转到了姜府做家庭教师。这

---

① 吕留良《问燕》,《吕晚村诗》梦觉集,《续修四库全书》一四一一集部别集类, 上海古籍出版社, 2001, 第24页。
② 卞僧慧《吕留良年谱长编》, 中华书局, 2003, 第155页。

姜定庵前面讲过，便是助梨洲恢复绍兴证人书院的待职在家的姜希辙。然而，我们不论查黄炳垕《年谱》、黄百家《行略》、邵廷采黄传、全祖望神道碑以及梨洲本人诗文，于尝馆姜府之事均无获焉。尤其梨洲专门写的《姜定庵先生小传》一文，也未提及任教姜家之事，只说"……老而师友俱尽，往往忍饥诵经，其间可以缓急告者，唯徐果亭即徐秉义与先生二人"①，"可以缓急告者"是求助、求援的意思，应指受过姜氏赉助。再有，严鸿逵"宁波姜定庵家"连地点也搞错了，姜希辙家在绍兴而非宁波。梨洲为其所作小传言之颇明："先生归为乡邦领袖，越中丧乱之后，人不说学……"越为绍兴古称之一；《清史稿》姜希辙传写得也颇清楚："姜希辙，字二滨，浙江会稽人"②，"康熙元年，考满，内升，回籍待缺"③，会稽即绍兴，姜自一六六二年起回乡待缺；另外，梨洲与姜希辙一起在绍兴恢复证人书院，也是旁证。由此来看，严鸿逵实际是吕留良所谓梨洲不赴吕氏梅花阁乃因改馆姜家这个说法，恐怕得之耳食，而且这传言本身水分还比较大，但他们当时完全相信。

他们对传言信而不疑，与心态有关。他们愤然地断定梨洲是另拣高枝，一再以"雕梁"讥诋其事，自比"穷檐"，此其一。其次，还要注意"盖自丙午子弃诸生，太冲次年便去……"这一句，吕留良造访县学教谕陈执斋，当面宣布放弃诸生身份，正在一六六六年，"次年便去"云云，强烈地怀疑梨洲弃语溪而不回，是因晚村做出这激烈之举后，梨洲产生避嫌或"划清界限"的想法，从这个怀疑进而来看梨洲"馆于宁波姜定庵家"，就不光是攀高枝，更有一种"投靠"意味，因为姜希辙是清朝回籍待缺的官员。

矛盾接二连三地爆发。是年，吕有《与黄太冲书》，说夏天见到万言的时候，曾请他捎信"数行相候"；随后高旦中来，"得近况而无字"，

---

① 黄宗羲《姜定庵先生小传》，《黄宗羲全集》第十册，浙江古籍出版社，2005，第627页。
② 赵尔巽等《清史稿》卷二百八十二，中华书局，1977，第10165页。
③ 同上，第1066页。

总之自己的信函毫无回音。然而据另外一个来自绍兴的人说，"太冲有《与吕用晦书》，淋漓切直，不愧良友。而某竟未之见，何也？""后问旦中，则曰：'诚有之，不过责善意耳。'某于是浩叹，谓太冲其果不知某者也。茫茫宇宙，何处无流辈，顾数年以来，竭情尽慎，只此数人，若将终身焉者。岂果相借为标榜哉？诚望切磨之益，使得闻其过，则日迁于高明之域无难也。太冲有责善之言，正某之所欲闻，奈何书成而不一示之耶！"[①]他听说梨洲写了回信，却没有发出；问高旦中，经证实确有此信，内容是对自己的批评。得知如此，吕留良明显激动起来，语带讥讽，说几年以来自己待梨洲"竭情尽慎"，仿佛委以终身，莫非梨洲以为自己之如此，目的是傍名人、博取虚誉？自己原本就是为得一可以切磨、时时闻过的诤友，你的批评正乃我所需要的，为什么写下了却又吝于一示呢？信的最后再次敦促："千万录示，以卒余教。"[②]"余教"云云，显然暗示两人交缘已尽。

梨洲此信，终于未向晚村"录示"，甚至从世间蒸发。不但《南雷》各集未录，至今也从来无所发现，可以说杳无踪迹。想必梨洲在世的时候已亲手将它销毁了。两人恩断义绝也如此，信中又究竟说了怎样不堪的话，实令人万般好奇。这封《与吕用晦书》，吕留良虽未亲睹，但经人转述，也知其大略。它抑或关于它的传言，对吕、黄最终绝交，似乎起到一个一举成定局的作用。时人有曰："东庄所以怨梨洲者，以梨洲曾有书数其失。"[③]

前面还曾提到，也是这一年，由姜希辙出资、梨洲担纲裁定相当于今之"主编"，编刻《刘宗周遗书》；这件事居然也有吕、黄结怨的背景。《吕留良年谱长编》一则材料说：

---

① 吕留良《与黄太冲书》，《吕晚村先生文集》卷二，《续修四库全书》一四一一·集部·别集类，上海古籍出版社，2001，第88页。

② 同上，第89页。

③ 卞僧慧《吕留良年谱长编》，中华书局，2003，第158页。

> 晚村欲刻刘蕺山遗书，致刻费三百金。先生指梨洲受金不
> 刻，而嗾姜定庵刻之，附晚村名于后。晚村愠先生甚。[1]

按此说法，《刘宗周遗书》原出资人是吕晚村，梨洲先已从他那里拿到
了三百两刻费，却又另找姜希辙出资，让他享受《刘宗周遗书》出版人
的名誉，而吕所出三百两并未退还，只将吕的名字以"后学"身份列在
校勘者中间。有些细节，颇乏旁证，但吕、黄嫌隙与《刘宗周遗书》有
关，是确实的。吕《后耦耕诗》中有"青火竹窗誊副本，白头兰幕出新
书"[2]句，便指此事；严鸿逵注曰："此专为太冲作也……是年又馆于宁
波姜希辙家，悉出其所手录书以求媚"[3]，"手录书"即梨洲所誊录的刘
宗周遗著，他把它交给了姜希辙。

吕、黄的矛盾，似乎还涉及思想门派。吕宗奉朱子，梨洲和他老
师刘宗周却是王阳明学一脉。中晚明以来，王学占了很大优势，但随着
亡国，王学多少也有点"亡国文化"的意思，而朱学势力有所起来。梁
启超说："清初因王学反动的结果，许多学者走到程朱一路"[4]，同时清室
官方也来插一杠子，自圣祖起提倡朱学。梁启超分析其原因："他们向
慕汉化，想找些汉人供奔走，看见科第出身的人便认为有学问……清初
那几位皇帝，所看见的都是这些人，当然认这种学问便是汉族文化的代
表。程朱学派变成当时宫廷信仰的中心，其原因在此。"[5]总之，朱、王
之间不仅有门户，在现实运数上也是消长的。晚村和梨洲，分别作为朱
学门徒和王学门徒，尽管在政治现实和反清问题上引为同志，学术及思
想总是别有根柢，不知会不会使他们日久生出相轻。这方面没有太多直
接的材料，不过，梨洲不赴语溪馆学之后，晚村虚席二载，坚持等候当

① 卞僧慧《吕留良年谱长编》，中华书局，2003，第159—160页。
② 吕留良《后耦耕诗》，《吕晚村诗》梦觉集，《续修四库全书》一四一一集部别集类，
　　上海古籍出版社，2001，第23页。
③ 卞僧慧《吕留良年谱长编》，中华书局，2003，第158页。
④ 梁启超《中国近三百年学术史》，东方出版社，1996，第127页。
⑤ 同上，第127—128页。

世朱学大师张履祥到来，却明显说明了他的思想倾向。他曾托人向张履祥表示："考夫先生一日不来，这里仍可虚席。"① 后来，与张通信时又说了这样的话："某窃不揣，谓'救正之道，必从朱子；求朱子之学，必于《近思录》始'。又窃谓'朱子于先儒所定圣人例内，的是头等圣人，不落第二等'，又窃谓'凡朱子之书，有大醇而无小疵，当笃信死守而不可妄置疑凿于其间'。此数端者自幼抱之……今读手札，所教正学渊源，漆灯如炬，又自喜瓦声叶响，上应黄钟，志趣益坚，已荷鞭策不小矣。"② 他对朱子这么热切，称自己这番信念之于张履祥是"瓦声叶响，上应黄钟"，反推之，与梨洲在理念上一定缺乏共鸣，反倒可能时时相排斥吧？

进一步探其源绪，发现最初裂痕可能出在一六六六年，亦即梨洲馆于语溪的最后一年。

先来看梨洲《天一阁藏书记》一段叙述：

> 祁氏旷园之书，初庋家中，不甚发视。余每借观，惟德公知其首尾，按目录而取之，俄顷即得。乱后迁至化鹿寺，往往散见市肆。丙午，余与书贾入山翻阅三昼夜。余载十捆而出，经学近百种，稗官百十册，而宋元文集已无存者。途中又为书贾窃去卫湜《礼记集说》《东都事略》。山中所存，唯举业讲章各省志书，尚二大橱也。③

"祁氏"，即绍兴祁家，世代书香，藏书极丰且精，"旷园"或称"旷亭"即其藏书处。梨洲《思旧录》曾记昔年在祁彪佳书房的见闻：

① 包赉《清吕晚村先生留良年谱》，台湾商务印书馆，民国六十七年，第73页。
② 吕留良《与张考夫》，《吕晚村先生文集》卷一，《续修四库全书》一四一一·集部·别集类，上海古籍出版社，2001，第67页。
③ 黄宗羲《天一阁藏书记》，《黄宗羲全集》第十册，浙江古籍出版社，2005，第118页。

入公书室，朱红小榻数十张，顿放书籍，每本皆有牙签，风过铿然。公知余好书，以为佳否，余曰："此等书皆阊门市肆所有，腰缠数百金，便可一时暴富。唯夷度先生公之父所积，真希世之宝也。"①

夷度先生，即祁彪佳之父祁承爜，晚明数得着的大藏书家。从中可见，梨洲对祁氏"旷园"心仪已久。明亡，祁彪佳殉国，其子等又因牵连抗清，或死或放，祁家由是散涣，藏书暂存化鹿寺在绍兴若耶山，若耶山又名化鹿山，准备低价处理。

《天一阁藏书记》的讲述，提供了时间丙午即1666年，而更多重要背景和情节则略去。集诸家之述如下。陆陇其《三鱼堂日记》：

黄梨洲……尝为东庄买旧书于绍兴，多以善本自与。②

沈冰壶《黄梨洲小传》：

相传晚村以金托先生买祁氏藏书，先生择其奇秘难得者自买，而以其余致晚村，晚村怒。③

全祖望《小山堂藏书记》：

旷园之书，其精华归于南雷，其奇零归于石门。④

得概况三：一、梨洲购书系与晚村合伙；二、资金主要出自晚村；

---

① 黄宗羲《思旧录》，《黄宗羲全集》第一册，浙江古籍出版社，2005，第347—348页。
② 卞僧慧《吕留良年谱长编》，中华书局，2003，第149页。
③ 同上。
④ 全祖望《小山堂藏书记》，《鲒埼亭集外编》卷十七，乾隆四十一年刻本，第6页。

三、梨洲将所购中的好书归己，留给晚村的都没有什么价值。

全氏另一记述最详尽：

> 呜呼，吾闻淡生堂，书之初出也，其启争端多矣。初南雷黄公讲学于石门，其时用晦父子俱北面执经。已而以三千金求购淡生堂书，南雷亦以束脩之入参焉。交易既毕，用晦之使者，中途窃南雷所取卫湜《礼记集说》、王偁《东都事略》以去，则用晦所授意也。南雷大怒，绝其通门之籍。用晦亦遂反而操戈，而妄自托于建安之徒，力攻新建"建安"即今福建建瓯，朱熹幼随父迁建安，后又在建安书院讲学，因以"建安"指朱熹；"新建"指王阳明，以其受封新建伯……然用晦所藉以购书之金，又不出自己，而出之同里吴君孟举。及购至，取其精者，以其余归之孟举，于是孟举亦与之绝。①

淡生堂是旷园藏书楼。把以上过程归纳起来即：晚村出资三千两、梨洲则以梅花阁教书薪水入股，共购淡生堂藏书；晚村本人未去，委派他人与梨洲同往；父易结束，归途之中，晚村显然得到报告梨洲把好书都据为己有，乃令所委托者从梨洲那里偷走了两种宋版书卫湜、王偁为两宋学者，也即梨洲《天一阁藏书记》所说"途中又为书贾窃去卫湜《礼记集说》《东都事略》"，彼此就此撕破脸皮。按照这里的说法，连晚村崇朱斥王都起自与梨洲这次的过节。更奇的是后面又说，晚村那三千两也非自己的钱，而属同乡好友吴之振表字孟举，晚村用梨洲对待他的办法对待吴，又导致后者与之绝交。

事情真可谓波澜迭起。然而全氏之述未可尽信，例如吕留良与吴之振交恶，其事固有，原因却未必是淡生堂购书风波，《吕留良年谱长编》作者卜僧慧借别的资料考证认为，吕、吴疏远经过与全祖望所说"殊不

---

① 全祖望《小山堂祁氏遗书记》，同上，第 14—15 页。

相应。其事恐非如祖望所云者矣。"① 另外，所谓"用晦父子，俱北面执经"即都曾以弟子事梨洲之说，学者也多不认同，觉得他们之间只是友人关系。全氏乃梨洲私淑弟子，他的讲述带点倾向性，大概不足为奇。

但基本事实应可确定：吕、黄共同购书，梨洲趁机占了很大便宜。这种行为，品质方面自是瑕疵。但其由来，则因痴爱书籍所致。且这两个人，同为嗜书如命的书痴。梨洲爱书，前面已有各种故事；晚村也是毫不逊色，后来他生活几乎揭不开锅，却远赴南京等地"淘书"，曾在与人书信中称："某荒村腐子，生长丧乱患难之中，颠踬失学，今年四十又五矣。发齿败堕，志业不加进，本末无足观，挑灯顾影，辄自悲惋耳，又何云哉！自来喜读宋人书，爬罗缮买，积有卷帙。又得同志吴孟举互相收拾，目前略备。因念其为物难取而易散，又宋人久为世所厌薄，即有好事者，亦拣庙烧香已耳。再经变故，其澌灭尽绝，必自宋人书始。今幸于吾一聚焉，不有以备之流传之，则古人心血，实澌灭自我矣。"② 又有诗句吟其恋书癖："检书摩印识，洒洒酹花丛。"③ 惜之如花。设若两人当中如有一人，爱书尚不及痴，事情或不至于起，即便事起，怨衔可能也不会结得这么深。

然而，此事在反目过程中的分量，双方似乎都并不看重。梨洲对与吕留良交恶经过基本避谈，《与吕用晦书》本来必有线索，可惜彻底亡佚，《天一阁藏书记》叙述了这件事，却完全隐去吕的姓名。吕留良倒是留下好些有关的书信和诗篇，但也鲜涉购书风波。他谈得最多的，是梨洲"大节"上的问题，比如巴结权贵、讨好现政权。除前所引过的，《后耦耕诗》还有一首《燕答》，后半部分对梨洲的指责性暗示，可谓不堪：

① 卞僧慧《吕留良年谱长编》，中华书局，2003，第162页。
② 吕留良《答张菊人书》，《吕晚村先生文集》卷一，《续修四库全书》一四一一·集部·别集类，上海古籍出版社，2001，第82页。
③ 吕留良《再集雪客遥连堂次前韵》，《吕晚村诗》零星稿，《续修四库全书》一四一一·集部·别集类，上海古籍出版社，2001，第37页。

投林择深木择荣，安能郁郁久居此。况君避世益荒寒，
庭院无多帘箔单。瘦圃无花衔不得，破巢欲补秋泥干。昨夜
侯家歌吹发，先放双飞入珠幕。贵人头上坐听看，羡杀笼鹦
与屏雀。老来爱雏过爱身，常恐失足寻常人。新巢喜得依王
谢，千门万户终不贫。自古恶宾胜旧友，世情如是君知否。[①]

而笔者总是怀疑，吕、黄交恶真相可能不在"大节"，偏偏在"小节"。
事情头绪好像很多，前面我们涉及了不下四五个方面，诸如待友刻薄、
攀高枝、向现实投降、毁约不告、话不当面却背后泼污等等，似乎都关
乎品格德行。但是逐一看下来并理其头绪，笔者个人能够认定的起因，
就是购书风波，而这件事他们好像却心照不宣，都低调待之，谁也不大
书特书。何欤？一个比较合理的解释是，事情本身仅关私利，双方所争
者"利"耳，且可能各有苦衷，在其中都无高风亮节可谈，故不约而同
加以淡化，转而以拿得出的"大节"批评对方。生活中也常如此，很多
问题其实不出在"大节"而出在"小节"，但互讦者都喜欢高调谈论"大
节"；那是因为，"大节"既更容易击倒对方，同时又能掩护好自己"小
节"上的缺失。

当世这样两个优秀的思想者，从热烈的鸣和陷入如此怨恨之中，我
们为之惋惜。然而也不一定非要痛心疾首，以致觉得里面某一个人人格
上失去了光环。历史上，杰出人物之间交恶失和的例子，不胜枚举，比
如卢梭和狄德罗。并不是说凡我们景仰的人彼此就只能相敬相爱，也不
是说他们不能相敬相爱就使我们应该怀疑谁的品质。第一，人非圣贤，
这样那样的杂质总是难免；第二，个人恩怨这类事情常常并无道理好讲，
有的时候就是性情、心气而已。

但晚村对梨洲的种种指责，于后人还是发生了极大影响，尤其在梨
洲"媚时"、结交权贵这个问题上。

---

① 吕留良《燕答》，《吕晚村诗》梦觉集，《续修四库全书》一四一一·集部·别集类，
上海古籍出版社，2001，第 24 页。

叁
壹

余
波

吕黄恩怨余波不断，且随彼此景状之益远，意气用事的况味也愈彰。康熙十九年 1680，梨洲编其文集《南雷文案》，中收《七怪》一篇。所谓"七怪"，指当下七大歪风邪气，梨洲称之"魑魅罔两魍魉"，说它们"青天白日，怪物公行，而人不以为怪，是为大怪"。文中列举的第二怪如下：

> 昔之学者，学道者也。今之学者，学骂者也。矜气节者，则骂为标榜。志经世者，则骂为功利。读书作文者，则骂为玩物丧志。留心政事者，则骂为俗吏。接庸僧数辈，则骂考亭为不足学矣……相讼不决，以后息者为胜。东坡所谓墙外悍妇，声飞灰火，如猪嘶狗嗥者也。①

骂字当头，确为明末士林一股风气。不论好歹，凡事皆骂。玩世者被

---

① 黄宗羲《七怪》，《黄宗羲全集》第十册，浙江古籍出版社，2005，第631页。

骂，有为者亦挨骂，横竖待之以骂，仿佛一骂能解千愁，抑或骂就意味着正确。所以比着谁更能骂，彼来此往，谁在骂战中咬牙到最后，便是赢家胜者，所有的道理都可以放下。

不过梨洲在此，并非泛泛针砭时弊，而有其特指。《吕留良年谱长编》就说文章这一段"盖意亦兼指留良也"①，换言之，是不指名地表达一直以来吕留良带给自己的感受。然而，我们若看梨洲的行文，他用"墙外悍妇"比喻晚村，用"猪嘶狗嗥"描写晚村的形容，善詈能骂的功力一点也不逊于自己的对手。

是年，晚村五十二岁，距生命尽头仅余三年光景。他年龄不算高，身体却实在糟，尤其这年起，每况愈下，患上了咯血症。经常性咯血，多半肺或呼吸道有重疾，虽然我们不知他究竟患了结核抑或癌症。从一贯为人与为文看，晚村的胸怀很是郁重不舒，他自称"荒村腐子"，"迂拘而不可通于世"，"质性又僻庆不可近，亦不乐与人游，故友朋绝少"。②这种性格对健康本极不利，一旦抱疾，更易积耽难返，末两年所成诗统统以《咳气集》编为一集，可见他无日不在严重咳嗽中度过。病情发展颇快，转至翌年便"几登鬼录"，差点死掉，从此认定自己"不久于人世矣"。③

赢殆之际，读到《南雷文案》。那是一位朋友找来，让他看的。看后，不平气勃然满胸，提笔给朋友写长信，对书中各处一一指摘，例如有关《高旦中墓志铭》，有关《与李杲堂陈介眉书》……当然，还就《七怪》"今之学者，学骂者也"一说给以直接的回击："观《南雷文案》一部，非学骂之巨子乎？"斥《南雷文案》明摆着本身是"学骂"的杰作范本。其他劣评，不一而足。说梨洲"议论乖角，心术锲薄，触目皆是"，"词气甚倨"，"尤可笑"，"猘獒之牙"，"山鬼之技终穷，妖狐之雾

① 卞僧慧《吕留良年谱长编》，中华书局，2003，第268页。
② 吕留良《复王山史书》，《晚村文集》卷二，《续修四库全书》一四一一·集部·别集类，上海古籍出版社，2001，第102页。
③ 卞僧慧《吕留良年谱长编》，中华书局，2003，第278页。

必散"，"当道朱门，枉词贡谀；纨绔铜臭，极口推尊"，"媚生贵而蔑亡友"等等，骂了个痛快淋漓。①

这封《与魏方公书》写于康熙二十一年 1682 十月，去其辞世已不足十个月。可以想见，读《南雷文案》以及写信中，晚村着实生了一场大气，这对脆弱的健康，又是戕害。沉疴加上极度憎世、厌世的情绪，使他简直没了生的愿望，翌年一开初，连赋《祈死诗》六首，充满愤世语。说："贫贱何当富贵衡，今知死定胜如生。泰山已换鸿毛重，鬼窟犹争漆火明"②，尤其第六首：

> 悔来早不葬青山，浪窃浮名饱豆箪。作贼作僧何者是，
> 卖文卖药汝乎安？便令百岁徒增憾，行及重泉稍自宽。一事
> 无成空手去，先人垂问对应难。③

竟恨自己死得太迟，认为活于当世只有"作贼作僧"两条路，要么与现实同流合污，要么逃禅遁世，而两条路却都没什么意思，即便活到百岁，也只是"徒增憾"而已，倒不如死期将至反而有解脱在即的轻松。整诗唯尾句稍露出对死的遗憾：毕竟一事无成，见先人于地下，将有愧焉。

倘以"作贼作僧"来衡量，在他看来梨洲不必说便属于前者，这从绝交以来当面及人后他对梨洲的各种评论，可以了解。言及此，我们得额外提到一人，那就是梨洲的二弟晦木，他对乃兄的看法，竟与晚村很有共同语言。

黄氏兄弟虽未留下如何激烈的反目言行，但后期关系极为疏远则乃显然的事实。晚村去世当年，早春时节，晦木有诗致之："依回往事千

---

① 吕留良《与魏方公书》，《晚村文集》卷二，《续修四库全书》一四一一·集部·别集类，上海古籍出版社，2001，第 91—93 页。
② 吕留良《祈死诗》之一，《吕晚村诗》咳气集，《续修四库全书》一四一一·集部·别集类，上海古籍出版社，2001，第 48 页。
③ 吕留良《祈死诗》之六，同上。

双泪，惨淡贫交四十年。今日与君皆老病，未知何物可留连！"① 晚村
答以："寄语南山老鹧鸪，真行不得也哥哥。虚颖世乱人材少，只觉年
衰病痛多。虽甚难为犹下药，直无可说已成魔。还思共吐胸中积，将子
能来及早过。"② 约晦木赶来一见。假如晦木成行，见面"共吐胸中积"，
定将语及梨洲。此面应未得晤，但八月十三日晚村病殁以后，晦木写了
《哭吕石门四首》，篇幅都很长，某种意义上反映了如果见面所欲吐露
的一些心声，其三里面有这一段：

> 自放草野没，耻从公卿后。犹恐名为累，髡首辞故旧。
> 吾当剃顶初，惨戚逝莫救。屡假逃禅途，祝发偏袒覆。相顾
> 习为常，形影适且昼。重冠周罗颠，瓦盆佐饤饾。始终颠倒
> 易，君是我纰缪。滔滔江河趋，礼乐争践踩。典型悉毁灭，
> 狂号恣童幼。廉耻残烟消，机诈乱流凑。愈出愈顾奇，谁或
> 腹私诟。今君倏云亡，吾舌卷不漏。③

一半是吟彼此志节上如何引为同调，另一半则抨击相反之人。所谓同
调，就是"自放草野""假逃禅途"，亦即晚村前诗"作僧"所指。而与
此相反，有人践踩礼乐、丢弃准则、机诈不顾廉耻……这说的是谁？固
然也许只是泛指，但更可能专指晚村、晦木心照不宣的某人，因为晦木
提到"腹私诟""吾舌卷不漏"，意思是不便明指、有所避忌。无论如何，
梨洲于晦木长兄如父，父亲死后是梨洲只肩挑起抚教诸弟的责任，故从
礼义论、从感情论，晦木都不能口言兄非。而此处不言胜有言，考虑到
哥哥与晚村势如水火的现实，诗中对后者志节的称赞，无疑使晦木所暗

① 黄宗炎《武林逢吕用晦次日别去代简送之》，全祖望《续甬上耆旧诗》卷三十九，
  杭州出版社，2003，第212页。
② 吕留良《答黄晦木》，《吕晚村诗》咳气集，《续修四库全书》一四一一·集部·别
  集类，上海古籍出版社，2001，第51页。
③ 黄宗炎《哭吕石门四首》，全祖望《续甬上耆旧诗》卷四十，杭州出版社，2003，
  第217页。

怀的"腹诽"指向何人昭然若揭。

虽然从昔日好友到至亲的兄弟，都对梨洲鄙夷也甚，可是我们单独检视梨洲的晚年，却发现他非无底线，那个底线便是自己决不为清政权所用，替它做事，为此，梨洲几次三番推辞了中央和地方当局的所有征聘。再看晚村一直挂在嘴边的梨洲与"权贵"的交往，有的出于刘子同门的角度，有的是应邀讲学或做西席，要之，都限于学术或生计而无关政治。当然不可否认，梨洲于这些交往，确有"现实"的以至私心上的考虑，尤其以下一事，真正算得上一个小小的污点——他曾为两个孩子的出身，请托地方某位当权者。晚村在《与魏方公书》里将此事披露：

> 太冲尝遣其子名百家字正谊者，后托贵人为二子百家、百学援闽例，贵人偶误记，纳百家正谊为二，今改百学名百家以应之，非昔之百家矣……

什么意思呢？我们从头说起。梨洲育有三子，名讳首字皆用"百"，依次为百药、百家、百学。但我们查后来家谱黄炳垕《年谱》所列《世系图》，三子名讳却依次为百药、正谊、百家，老二的名字突兀地变成了"正谊"。《与魏方公书》揭露的，正是这次改名事件。可惜事情经过，除《与魏方公书》以外，笔者还未见到更进一步的资料，故其详尽也难知，依据晚村之述，大致是梨洲闻知当时福建采取了一种办法，可以补上生员资格，而梨洲觉得自己两个孩子百家和百学也适用，就央求本省某权势者援例而行。不幸"贵人多忘事"，该官员将两人名字误记为"百家"、"正谊"实际上"正谊"是第二子百家的表字且如此填报，不得已，梨洲便临时将第二子以字代名改作"正谊"，而将第三子名讳从"百学"改为"百家"——此即晚村所说"改百学名百家以应之，非昔之百家矣"，换言之，经过这次改名事件，"百家"这个名字，从原来属于第二子，现在变更为第三子。

名字已改，事情究竟办成与否却不清楚，《世系图》上正谊和百家名下皆未注明任何出身，倘若有，则惯例是要记载的。但不论成与未成，此举的发生当无可疑。一来如今的家谱上，百药、百家、百学确实莫名其妙地改成了百药、正谊、百家；二来梨洲去做这种事，实在也是"老手"了，早在前明的时候，他便替弟弟和熟人子弟出身问题做过请托，眼下不同无非在于，所请托和谋取的乃是清朝的出身。

联想到晚村主动放弃清朝出身，我们或许觉得两人在境界操守上判若云泥。假如有此判读，所应提醒的是勿忽视一个细节，即梨洲自己并没有谋取清朝的任何身份，他只是在为两个孩子安排前途。有人或许不以为这有何差别可言，但实际上，它关系到明清易代之后摆在遗民群体面前的一个普遍而重要的现实问题。具体来讲，每个选择遗民立场的人都不得不考虑，虽然自己抱持遗民姿态一生，但是下一代应该怎么办？

简化一下，问题可提炼为：遗民是世袭的吗？

命题由一个叫徐介的遗民提出来。他也是浙人，字狷石，明末诸生，亡国后，"弃田庐，白衣冠徜徉山水间如狂"①。有一天，徐介往访另一位遗民朋友应为谦应为谦与梨洲一样，也在康熙博学鸿词科征召之列而辞之，见后者满面愁容，问之而得回答："主臣惶恐！以儿子将就试耳。"这时，徐介说出一句非常有名的话："吾辈不能永锢其子弟以世袭遗民也，亦已明矣。然听之则可矣，又从而为之谋，则失矣。"②

作为一位坚定的遗民，徐狷石有他难得的清醒。反之，包括晚村在内的许多人，激于一腔热血，只想着自己抱定宗旨，并未设身处地考虑更多和更深。在这种情况下，晚村对儿子的要求是草率的，甚至可以说随意。有一次儿子往福建贩书，晚村虑其在外接交人物，将受某些舆论影响，专门写信叮嘱：

---

① 冯景《徐先生传》，转引自钱伯城《问思集》，中西书局，2011，第515页。
② 全祖望《题徐狷石传后》，《鲒埼亭集外编》卷三十，乾隆四十一年刻本。

一径南行，亲知者皆有惋惜之言，儿得无微动于中乎？
人生荣辱重轻，目前安足论，要当远付后贤耳。父为隐者，
子为新贵，谁能不嗤鄙？父为志士，子承其志，其为荣重，
又岂举人进士之足语议也耶？儿勉矣！[1]

等于明令自己后代去做"世袭遗民"。但我们所以说他这番话草率以至
随意，是因为其之横据于胸，并不出于冷静、理性，没有把心放平、沉
稳成熟地思考。比如说，他确信这要求后代能做到吗？有证据表明，并
不确信，起码后来思想慢慢在动摇。死前一个月，他开始陆续写自己的
遗嘱，而最后一条是："子孙虽贵显，不许于家中演戏。"[2] 显然，这个时
候"子孙显贵"的可能性已无奈地从他脑中浮现，而情知那种局面也许
不能排除，从而放松了当初"父为志士，子承其志"的训戒。事实证明，
这种动摇与修正才是带有预见性的；康熙三十五年 1696，晚村死后十三
年，其子吕葆中乡试中举，所谓"父为隐者，子为新贵"的现实，在他
们父子之间不折不扣地出现了。

晚村悲壮地将清朝功名抛弃，儿子却千辛万苦为自己博取清朝功
名，这反差似乎很引起嗟叹，其实谈不上。晚村有他的道理、有其不能
不如此之为尔，吕葆中也一样。转面来看，还是猗石"吾辈不能永锢其
子弟以世袭遗民"的认识平允、深沉。一代人有一代人的根由、道义与
伤恸，为之忠守、付出和殉义，情之所至、自命自绳，无可厚非，但不
能拿自己的根由、道义与伤恸要求下一代，因为后人又面临自己的生
存，要独立适应新的不一样的现实。以康熙年情形来论，清朝统治无论
从哪方面都无可撼动，此时仍永锢子弟以遗民，不但客观上无可能，恐
怕主观上也是强人所难、有失宽仁。

① 卞僧慧《吕留良年谱长编》，中华书局，2003，第 277 页。
② 吕留良《遗令》，《晚村文集》卷八，《续修四库全书》一四一一·集部·别集类，
上海古籍出版社，2001，第 206 页。

晚村、狷石和梨洲，恰好构成康熙中期时，遗民群体对时代现实的三种应对。晚村不但自己做遗民，还要子孙做遗民；狷石自己初衷不改，但对子孙如何处世，主张听之任之；梨洲则在狷石基础上进了一步，一面坚持着自己，一面就子孙融入现实问题采取主动、积极的干预。

兴许狷石的方式，分寸最佳。"听之则可矣"，不要反对，不要阻挠，让后人自己主导其生活；"从而为之谋，则失矣"，假如越过听其自由这条线，帮子女去谋划和争取，这样做，与自己信守的东西相矛盾，也不恰当。所以，梨洲又是请托又是替孩子改名，表现过于急切，招致非议，有其固宜。但是，将他这件事上所为，与"大节"挂钩，则可谓过甚其辞。梨洲不是道德模范，我们勿因重视他的学问思想就把他当作"完人"来索求，除了思想学问，他在实际生活方面与所有人一样，也是俗人一个，有私心，有利己思想，有"护犊"情怀……像请托这种事，他做了不止一次，明朝时就干过，确不必专门地解为"巴结清朝权贵"。其次，他不像狷石那样认为"从而为之谋，则失矣"，尚有其他思想认识的不同，例如对康熙皇帝本人和康熙朝政治气象的肯定，例如主张积极介入当下文化建设，这些我们随后会谈到。

所谓"大节"，应在大是大非，是一个人当着大是大非问题，能否与人类文明保持同一方向。我们估衡"大节"，须紧握此点，而不是用纯而又纯、毫无杂质的为人处世为标尺。虽然人们普遍愿意如此要求或幻想杰出人物，实际真正落实下来，古今中外却一个也找不到。以晚村一再揪住不放、作为梨洲大节有亏凭据的"当道朱门，枉词贡谀"来论，这种针对人际交往层面的诟病，究竟有何意义呢？除非梨洲超凡入圣、置身三界之外，否则总会有可以指责之处。不但梨洲，即晚村又岂独能不染？我们偶尔地发现，类似的行迹，也曾分毫不爽地见于晚村自己。康熙二十一年1682，他的一个名叫吴涵的老乡，殿试点了榜眼。晚村有事相求，投书于他。信中一抬头即说："敬贺吾兄掇魏第，步清华，开吾邑二三百年未有之盛事，乡里之荣，何以逾此……"[1]吴涵所高中的，须知也是清朝榜眼，当然是不折不扣的"新贵"，未知晚村对这样一个人讲那样的话，算不算"媚"？我们本意并非质疑晚村大节，相反我们想说，人活于世不能决然脱逸世网羁绊，这与大节亏损，终究有一段本质的距离。

---

[1] 吕留良《与吴容大书》，《晚村文集》卷二，《续修四库全书》一四一一·集部·别集类，上海古籍出版社，2001，第100页。

叁
贰

辨
訾

以梨洲大节有亏，当时有晚村指斥，后世则有章太炎问咎。

章氏《衡三老》评点"三老"清初三大思想家，以王夫之为"最清"，顾炎武也不分轩轾，而严厉批评梨洲"以明夷待访为问，陈义虽高，将俟虏之下问"，以及"令其子百家从事于徐、叶间。若曰明臣不可以贰，子未仕明，则无害于为虏者，以《黄书》种族之义正之，则嗒焉自丧矣！"[1] 指责《明夷待访录》为讨好清统治者而作，自己虽未出来为清朝做事、避免"贰臣"尴尬，却让没有在前明做官经历的其子黄百家听命于时下权贵徐即"昆山三徐"、叶即叶方蔼；认为梨洲如此作为，若与王夫之有坚定民族立场的《黄书》相比，宜谓"嗒焉自丧"。

太炎先生这里虽未提到吕留良，但上述观点，当多少受到了吕的影响。因为最早就梨洲为人提供上述视角的，正是吕留良；其次，吕终生坚持反清立场以致是它最后的伟大象征，在清末同样高举种族旗帜的激烈反清的章氏，感情上以吕为亲近，是必然的。此实有明确的旁证。

---

[1] 章太炎《衡三老》，《章太炎政论选集》上册，中华书局，1977，第325页。

一九一二年，民国设稽勋局，搜集当世及过去于"光复"有功之英烈人物，章太炎为此曾复信稽勋局长冯自由，"讨论革命诸子酬庸之事"。他认为除创立民国的功勋者外，还要"追怀先烈，有造于我民国，如木水之有本源"，提出了由明入清时的名单。有"明末遗臣国亡以后百折不回者"，有"耆儒硕学著书腾说提倡光复者"；于后一类，首列王夫之、顾炎武、傅山次之，吕留良及子吕毅中、弟子严鸿逵等又次之，而梨洲之名无与焉。[1]

章氏以清末民初思想学术巨擘身份，此论既出，自不乏拥趸，而内中颇具分量的响应者，有陈寅恪先生。陈晚年名著《柳如是别传》称："后来永历延平倾覆亡逝，太冲撰《明夷待访录》，自命为殷箕子……以清圣祖比周武王，岂不愧对'关中大儒'之李二曲耶？惜哉！"[2]指《明夷待访录》是为了邀新统治者盼睐而写，这个观点大抵承自章太炎，同时使章说更具体，认为梨洲以箕子自居，而他所"待访"的周武王，便是清圣祖康熙皇帝。

不过，驳难者大有人在，分量也旗鼓相当。首先就是梁启超先生，他直截了当地表示：

> 章太炎不喜欢梨洲，说这部书是向满洲上条陈，这是看错了。《待访录》成于康熙元、二年。当时遗老以顺治方殂，光复有日。梨洲正欲为代清而兴者说法耳。他送万季野北行诗，戒其勿上河汾太平之策，岂有自己想向清廷讨生活之理？[3]

正如章说拥有陈寅恪那样强大的附和者，梁论亦不乏地位颇堪匹敌的支持者。钱穆先生便持一样的立论，既有发挥，又提出新的旁证：

---

① 章太炎《稽勋意见书》，姜汝群辑《民国野史》第二册，光华编辑社，1917，第45—54页。
② 陈寅恪《柳如是别传》，三联书店，2001，第861页。
③ 梁启超《中国近三百年学术史》，东方出版社，1996，第57页。

> 惟考康熙己未，万季野至京师，梨洲送之，戒以勿上河汾太平之策。时已距《待访录》成书十五六年。则梨洲之不可夺者不确如乎！亭林诗亦云："未敢慕巢由，徒夸一身善。穷经待后王，到死终黾勉。"亡国遗臣之不能无所待者，正见其处心之愈苦耳。①

钱穆一是指出时隔十五六年，万斯同去北京参加明史编修工作时，梨洲还严嘱弟子只以学者身份为修明史献力，不可为当局在政治上出谋划策河汾太平之策典出隋代王通事，王通曾至长安向隋文帝献《太平策》十二道，更不必说梨洲当年自己写《明夷待访录》有此居心。其次，他引了顾炎武号亭林为旁证；顾是坚定反清的，连章太炎也这样高度评价他，然而顾同样有"待后王"的思想和愿望。"未敢慕巢由，徒夸一身善"的意思，是不屑于做巢父、许由那样的人，以独善其身为满足，而一定要积极投身现实、兼济天下。换言之，梨洲自比箕子、以待后王的想法，在正宗儒士当中，十分正常，根本不能解读为"俟虏之下问"。就此，我们为钱穆提出的旁证也提出一个旁证，顾炎武读到《明夷待访录》后，具函于梨洲论之：

> 顷过蓟门，见贵门人陈、万二君应指梨洲弟子陈锡嘏和万言，具谂起居无恙，因出大著《明夷待访录》，读之再三，于是知天下之未尝无人，百王之敝可以复起，而三代之盛可以徐还也。天下之事，有其识者未必遭其时，而当其时者或无其识，古之君子所以著书待后有王者起，得而师之。②

---

① 钱穆《中国近三百年学术史》，商务印书馆，1997，第37页。
② 《南雷诗文集附录·交游尺牍·顾炎武》，《黄宗羲全集》第十一册，浙江古籍出版社，2005，第375页。

这里，顾炎武言及"古之君子所以著书待后有王者起"，态度极自然，觉得是有志君子一种很常有的想法，而毫无以为梨洲意在讨好当局的反应。由此也可见，章太炎、陈寅恪的反应，有其不自然和夸张，脱离了古代儒者的思维方式。

章、陈等疑梨洲大节有亏，从《明夷待访录》各篇正文，并不能获得任何支持；他们的根据，都在前头的那篇《题辞》。好在其文不长，下面整个抄一遍，以细辨梨洲原意：

> 余常疑孟子一治一乱之言，何三代而下之有乱无治也？乃观胡翰所谓十二运者，起周敬王甲子以至于今，皆在一乱之运、向后二十年交入"大壮"，始得一治，则三代之盛犹未绝望也。前年壬寅夏，条具为治大法，未卒数章，遇火而止。今年自蓝水返于故居，整理残帙，此卷犹未失落于担头舱底，儿子某某请完之。冬十月，雨窗削笔，喟然而叹曰：昔王冕仿《周礼》，著书一卷，自谓"吾未即死，持此以遇明主，伊、吕事业不难致也"，终不得少试以死。冕之书未得见，其可致治与否，固未可知。然乱运未终，亦何能为"大庄"之交！吾虽老矣，如箕子之见访，或庶几焉。岂因"夷之初旦，明而未融"，遂秘其言也！癸卯，梨洲老人识。①

其中，梨洲叙说了本书的写作经过。前年壬寅 1662 夏天，梨洲开始动笔。"未卒数章，遇火而止"，谓写了没有多少，因火灾而搁下了。考《年谱》，得知是年"二月壬子八日，龙虎山堂灾。五月乙亥三日，故居又灾。公诗所云'半生滨十死，两火际一年'是也。"② 结合那个"夏"字，可知"遇火而止"的火，应指第二场即五月三日火灾。由此又考得

---

① 黄宗羲《明夷待访录·题辞》，《黄宗羲全集》第一册，浙江古籍出版社，2005，第1页。

② 黄炳垕《黄宗羲年谱》，中华书局，1993，第31页。

《明夷待访录》写作地点，为黄竹浦故居。故居失火后，当年九月，梨洲暂迁蓝溪陆家埠居住，一年多后"返于故居"，意外发现书稿尚未毁于火而幸存，于是在"儿子某某"请求下，于癸卯年 1663 十月重新恢复写作。

除了写作经过，《题辞》另一内容是谈写作动机。他说，从前自己对于孟子总结的"一治一乱"的历史规律，颇存疑问，因为"三代而下"的历史情形"有治无乱"，对不上号。直至了解到胡翰"十二运"之说，这个疑问方才释然。胡翰是元末明初硕学，曾在太祖年间参与修《元史》，归居长山之阳，世称"长山先生"。"十二运"应是胡翰独创的一种历史模型，笔者闻窄，不知其详，仅从梨洲知一大概："起周敬王甲子以至于今，皆在一乱之运、向后二十年交入'大壮'，始得一治"。周敬王名姬匄，纪元前五一九至前四七五年在位；胡翰说从那时直到当下皆在"一乱之运"当中。他肯定有自己一套推导方式，虽然我们并不了解细节，然据"大壮"一语略知其由《周易》生发。大壮，是六十四卦之一；孔颖达疏："壮者，强盛之名。以阳称大，阳长既然多，是大者盛壮，故曰大壮。"① 古代儒者很信赖易学，觉得可以推演政治历史以至万物的规律，梨洲本人也是易学专家，曾经花了很大功夫研究它。在此，我们虽未必具备相应的知识和能力来探讨个中问题，然而仍可读懂一点：以梨洲的易学认识和造诣，他觉得胡翰的假说已经说服了自己，使他先前对长乱不治的困惑得以消解；概括起来，从周敬王时代起历史进入一轮"大乱"，而现在是这黑暗时光的尾声，历史不久即将脱离大乱而达"大壮"。

因为参破这一点，或者说终结了已久的困惑，他于是着手去写《明夷待访录》。"条具为治大法"，便是想为即将到来的治世备具方略。很清楚的，这里的治世，是指经过两千多年痛苦的积累和转化，才迎来的由乱而治的大的历史轮回，绝不是清之代明这种朝代更迭的小范围、浅

---

① 《周易正义》卷四，阮元校刻《十三经注疏》，中华书局，1982，第 48 页。

层次之事。换言之，虽然梨洲的确是在"上条陈"，但这条陈绝不是上给特定某个朝代，更不是上给康熙这个特定皇帝，他是上给漫长乱世之后终于应运而生的"圣王"——那实际上是一种抽象的体现历史正义的理想化身。我们自然知道，他不过是靠着易学的神秘推算，来认定一个所谓"大壮"时代即将到来，这假设本身没有多少道理，但他自己笃信不疑，因此要未雨绸缪，提前替它从思想上做好准备，以供将来"圣王"采纳，来尽一个智识者的责任义务。

不错，他讲到了箕子；箕子故事，也确有以殷遗臣而受周武王之访的含义。但何以见得梨洲"自命为殷箕子"，就是"以清圣祖比周武王"？陈寅恪先生这一番联系，未免过于跳跃。《明夷待访录》动笔于康熙元年，经火灾中辍，续作于康熙二年。而我们知道，玄烨登基年甫八岁以今之算法，实龄七岁，政事由顾命大臣行摄，直到十四岁才正式亲政。那么，作于康熙元、二年的《明夷待访录》，其"圣王"怎可能是指尚在冲龄且未亲政的"清圣祖"？其实，熟悉梨洲生平的人很容易发现，"以清圣祖比周武王"之臆想出自一种倒推；梨洲后来确对玄烨有不少的溢美与称颂，陈氏是从这个印象出发，将《明夷待访录》中"圣王"的所指，与玄烨混为一谈，他忘记了从时间上说这在当时还不可能。

那么，梨洲"如箕子之见访"究竟何意？此须进而看箕子故事的深层含义。

箕子乃商王室贵戚，纣王之太师。纣王失德，箕子与比干等数谏而不纳。比干被处极刑，"刳视其心"[1]。"箕子惧，乃佯狂为奴，纣又囚之。"[2]后来，武王克殷，"访问箕子"[3]；"问箕子殷所以亡。箕子不忍言殷恶，以存亡国宜告。"[4]箕子回避谈论殷的丑恶之处，而只以周国应该怎样做正确告知武王。

---

① 司马迁《史记》卷三十八宋微子世家第六十四，上海古籍出版社，1997，第1287页。

② 同上，卷三殷本纪第三，第73页。

③ 同上，卷三十八宋微子世家第六十四，上海古籍出版社，1997，第1287页。

④ 同上，卷四周本纪第四，第89页。

这是箕子故事较完整的廓盖。从中可见，箕子与周武王事，除了国家层面互为敌人的关系，还有一个正义、非正义主题。纣王虽为本国之主，却是恶的代表；武王虽为敌国之君，却居仁义及善。实际上，这个历史典故所以使人津津乐道，萦绕千载，就在于它内有的矛盾复杂性。结合完整语义，梨洲自比箕子，首先是基于过去两千多年都为"一乱之运"的判断，自己是这乱世的孑余，有幸要逢着乱世的终局而迈向"大壮"，这意味着必将要有一位武王般的"圣王"出世，于是自己便欲仿效箕子，对未来的"圣王""以存亡国宜告"。箕子为武王出《洪范》，《明夷待访录》也是梨洲的《洪范》，同样是讲堂正善好的治世之道。我觉得，他自比箕子，一方面指过去两千多年都是乱世，另一方面，内心恐怕和箕子一样，以所出身的本朝亦即明朝为恶。这样的思想感情，他是有的。或许，他有很多直接的联想；万历尤其天启以来的明朝与殷末不分伯仲，也有纣王，也有比干比如许多东林惨死者、微子和箕子。在这种现实联想中，他是把自己放进去的。不过，那位"武王"，主要还是一个抽象、未知的形象，是一种正义美善伦理的概念。他在艰难中，等待着这样的人或时代出现。能不能等到呢？实则他内心也并无把握，故而写到王冕，说："昔土冕仿《周礼》，著书一卷，自谓'吾未即死，持此以遇明主，伊、吕事业不难致也'，终不得少试以死。"王冕是由元入明之人，当时大概以为黑暗即将过去，很快迎来光明；但显然朱元璋并非那样的人，王冕理想"终不得少试以死"。梨洲暗示，这也可能是他的命运。但他不肯弃望，说"吾虽老矣，如箕子之见访，或庶几焉。岂因'夷之初旦，明而未融'，遂秘其言也"。"夷之初旦，明而未融"亦本《周易》，"明夷"乃六十四卦之一，程颐释其教益曰："君子当明夷之时，利在知艰难而不失其贞正也。在昏暗艰难之时，而不能失其正，所以为明君子也。"[1]所以梨洲的意思就是，时下虽然昏暗艰难，但我不能为它困住、灰心，把所思所愿带到坟墓里去；我还是要表达，要说出来。

---

[1]　程颐《周易程氏传》卷第三，《二程集》，中华书局，1981，第878页。

我们依凭文本，逐字逐句看下来，没有办法赞同章、陈等先生关于《明夷待访录》是向清统治者上条陈抑或为玄烨歌功颂德的见解。甚至，我们也不赞同梁启超、钱穆为驳章太炎而提出的"以顺治方殂，光复有日。梨洲正欲为代清而兴者说法耳"那番意思，它也是牵强的。梨洲的思考，是一种对很大范围的中国历史去从的思考。"明夷"，是艰难中不弃的情怀；"待访"之所"待"，指向未来的人道社会的复兴。

故而，明里暗里指责梨洲有变节之嫌，尤其是讽他出于"势利"而媚时，并以《明夷待访录》为证状，绝然有失公允。这极大减损了《明夷待访录》对中国思想和历史文化的意义。事实上，《明夷待访录》是中国儒家思想体系从其自身历史模型和逻辑，就公平正义、文明方向或何谓"好社会"而提出的既具近代高度又具原创性的构想；这种历史的远眺，不可能针对"夷狄"那等文明水平的政权而发，章、陈的解读不但贬抑了梨洲的思想含量，也势必遮蔽中国思想自身进化的线条。有关《明夷待访录》以及梨洲其他著作中的政治及社会伦理内涵，后面我们择机专门再论，此处先替他辨洗诬谤。

叁叁

变化

以上论《明夷待访录》与"俟虏之下问"无涉，忽又记起一条证据，即吕留良之识梨洲，正当《明夷待访录》写作前后，而吕则恰因与梨洲结识，受了很大触动，使自己的反清思想明确起来。此断然可证当时梨洲思想尚无有与"现实"和解的迹象。

但之后几年，梨洲确有变化。这种变化回避不了，也不必回避。

简而言之，待梨洲走到生命尽头时，他已不再以清朝为敌。这个变化是很明确的，不存丝毫疑义。问题有二，一是他究竟从何时起生出这种变化，二是他为何能有此变化。我们先解决第一个问题。

以我对梨洲生平的爬梳，其最早苗头出现于一六六七年，表现辙迹始于与姜希辙交往。

姜回籍待缺，时在康熙元年 1662，但梨洲显未立即与他接洽上。他们虽然过去同为刘门弟子，此时却一个在为现政权做事，另一个刚走出抵抗者生涯不久，从思想到身份，都不可能走到一起。他们恢复交往的时间，梨洲载得很是具体："丁未九月，余与姜定庵复为讲会。"①丁未即一六六七年。走到一起的原因，是"复为讲会"，即为了重振老师之学。为什么不早不迟是丁未年？我们再摸一摸线索。梨洲述他晚年轨迹是"终厕之于儒林"，而这轨迹在一六六五年获重大进展，万氏兄弟引陈锡嘏等二十余人前来受业，求授刘子之学。梨洲忽然间隐隐有了一点宗师气象，从意识到行为都受到很大激发。第二年即一六六六年，他一边在语溪梅花阁教书，一边抽空到海昌海宁古称之一，"盐官本属嘉兴，吴立为海昌都尉治，此后改为县也。"②偕陆嘉淑造访同为刘门弟子的陈确，然后三人又齐至黄道周高足朱朝瑛家访谈。"公读其所记《五经》，剧谈彻夜，谓生平大观。"③至此可以说始有"厕之于儒林"的心气与势头，而他想必也乘势而起，与同学故交联系大增，应是这样和人在绍兴的姜希辙、张奠夫诸同门接上关系，并一致决定就重振师学展开合作。以我们所知，他们商拟的计划包括恢复证人书院，整理、编辑和出版刘宗周遗著。

也就是说，与姜希辙续缘，由头为振兴刘子之学。应该说，这本身是梨洲晚年"厕之于儒林"轨迹自然而然的至遇，并非刻意为之。这一层，吕晚村见不到抑或有意予以抹煞，而更多强调和凸显梨洲"趋炎附势"的动机。我们居旁而观，却觉得线索比较清晰，是二三年来梨洲学者生涯大获改观和起色的结果。

然有一点也不容忽视：姜希辙固然师出同门，却毕竟是梨洲正式打交道、建立私人关系的第一位现政权官员。梨洲动机再"学术化"，这种交往本身也有诸多无法回避的思想意识或现实实际的问题。清初明遗民中有"海内三高士"之称的徐枋也是梨洲的朋友，对当朝官员的求见，一概谢绝。长洲县知县田本沛求见，徐枋拒曰："经年伏匿，鸡骨支苦，

---

① 黄宗羲《寿张奠夫八十序》，《黄宗羲全集》第十册，浙江古籍出版社，2005，第673页。

② 周春《海昌胜览》卷四，沿革疆界，咸丰二年抄本。

③ 黄炳垕《黄宗羲年谱》，中华书局，1993，第31页。

身不胜衣，口绝饘粥，余气游魂，百事尽废，所欠惟一死耳。执事试思鲜民之生也如此，而尚能扶之而起，令入世法乎？"[1] 世法云云，有这样的潜台词——你们这些皈依异族政权的官员，我们以何礼相见呢？其含义，从另一处可以参见：徐枋师母逝世，徐枋自己不入城市，派子孟然代往吊唁；为此，专门致信好友葛瑞五，请他督导孟然："惟吾兄敦古人之谊，教以隅坐随行之礼，勿作世法，则感荷无量。"[2] 即知"世法"实指满人礼俗，徐枋决不欲子有染。姜希辙并非布衣，是待缺在籍的官员，与人接交，总有什么地方牵涉清朝规矩。与这样的人打交道，梨洲想要全避"作世法"之嫌，显然办不到。对此，之前他自己心中亦必曾掂量过。他怎么想，又是怎么看的呢？很值得体会。吕留良将他开始与当朝官员交往，视为严重信号，非无道理。

总之，梨洲就此启其与朝中人物过从的序幕。一六七一年，在绍兴古小学接受一位名叫鲁栗的庶吉士来访，又接待了郡守张某的拜访，但对后者"请修郡志"之邀，"辞焉"。[3]

一六六八年，这种交往达到一次高潮。时任海宁县令的许三礼，请梨洲讲学。许三礼算是清代海宁历史上比较出名的一任长官，其所主修的《海宁县志》颇为重要，此次延梨洲到海宁授学，或也有一点在地方上"抓广大干部思想教育问题"的意思。《留别海昌同学序》述曰：

> 岁丙辰二月，余至海昌，酉山许父母以余曾主教于越中甬上也，戒邑中士大夫胥会于北寺，余留者两月余，已而省觐将归，同学诸子皆眷眷然有离别可怜之色。[4]

他称许三礼"父母"，是公然承认清朝地方官员的权威了。"以余曾主教

① 徐枋《答长洲县知县田本沛书》，《居易堂集》，华东师范大学出版社，2009，第2页。
② 徐枋《柬葛瑞五》，《居易堂集》，华东师范大学出版社，2009，第92页。
③ 黄炳垕《黄宗羲年谱》，中华书局，1993，第39页。
④ 黄宗羲《留别海昌同学序》，《黄宗羲全集》第十册，浙江古籍出版社，2005，第645页。

于越中甬上也"一句也提供了我们需要的信息，即许三礼所以邀梨洲讲学，是基于近数年梨洲在绍兴、宁波讲学建立起来的学术影响，可见梨洲"厕之于儒林"的事业有了如何长足的发展。这次在海宁，梨洲前后讲了两个多月，不可谓不隆重。上述引文中更不可错过的信息是，许三礼"戒邑中士大夫胥会于北寺"——要求县内有职或功名者，都来听讲；戒，有下令或通告的意思。这说明，梨洲海宁讲学与普通的学人之间交流不同，明显具官方色彩。

又据《年谱》："昆山徐果亭秉义宫詹来，健庵大司寇遣门人彭羡门孙遹来。"徐秉义号果亭，健庵是徐乾学的别号，他们是昆山徐家两位亲兄弟。他们另一位昆仲，叫徐元文。此弟兄三人，十分了得。徐元文率先于顺治十六年 1659 中状元，继而兄长徐乾学在康熙九年 1670 成榜眼，三年后 1673 弟弟徐秉义又成榜眼。时人谓之"昆山三徐""同胞三鼎甲"。梨洲海宁讲学，时当康熙十五年 1676，正是三徐神话炙手可热之际，而徐秉义亲自赶来听讲，徐乾学本人没能来但派了彭孙遹捧场。这彭孙遹乃顺治十六年进士，与徐元文同科，较徐乾学还早上好些年，不知《年谱》缘何称他为徐乾学"门人"。据《清史稿》"文苑传"："彭孙遹，字骏孙，海盐人。父期生……"[1] 乃父彭期生与梨洲一样，都是刘宗周弟子，《刘子全书》卷前《蕺山弟子籍》中，彭期生名字即列于陈子龙之后[2]。可能因这层关系，徐乾学请彭孙遹充当他的代表，到梨洲讲学现场以示支持。至于"三徐"中的那位状元公徐元文，这里虽未提到，但他同样是梨洲的仰慕者，后来曾向玄烨举荐梨洲。

据黄百家《行略》，海宁之后，"越倅许公虬请主讲郡城，郡守李公铎请主讲于府学明伦堂"，州郡副长官称"倅"，换言之紧接着绍兴正副长官也都请梨洲办讲座，那自然也是官方性质的。这三次讲学，虽然黄

① 赵尔巽等《清史稿》卷四百八十四，中华书局，1977，第 13338 页。
② 《蕺山弟子籍》，《刘子全书》道光十五年刻本，华文书局影印，1968，第 15 页。

百家说"府君虽勉强应之，或非皆本意也"，意谓梨洲颇有其不得已。[1]
然客观上，毕竟是愈来愈多、愈来愈广地与现政权官员有了现实交集。

态势在继续发展。翌年，侍讲学士、玄烨近臣叶方蔼托梨洲弟子董
允瑶捎来三百五十字长诗，称道梨洲的家世与学问："会稽有大儒，世
系出忠门"，"六经探奥突，百氏穷渊源"。重要的则是这几句："兴朝亟
求贤，侧席心殷殷"，兴朝即清朝，游说梨洲出仕；"北面修盛典，宪乞
礼数勤"，告知朝廷将大兴文教，欲礼敬梨洲；"予亦得挟册，函丈时相
亲"，函丈指讲学的坐席，叶放低身段，表示自己愿像挟册的学生，随
时请教梨洲。[2] 梨洲以诗答，表示了推辞，但答诗篇幅之丝毫不逊，透
露他内心对于当朝显要这样隆重的瞩目，是相当郑重其事的。

之后，叶、黄还不断有往还。

叶方蔼之外，又有汤斌。他是清初理学名臣，一生做过明史总裁、
礼部尚书、工部尚书等。《南雷诗文集附录》收汤斌致梨洲信两件。第
一件据《年谱》点校者王政尧先生考之，写于康熙二十年1681[3]，但此信
起始便道："戊申承先生赐《证人会语》……"[4] 戊申乃一六六八年，即
梨洲与姜希辙恢复绍兴证人书院的第二年，《证人会语》正是编于该年，
而梨洲主动联系了汤斌，将这份资料赠送与他，据此来看，汤斌或许还
是继姜希辙之后梨洲接洽的第二位当朝人士。此后十来年间，他们大约
断续有联系。第二信，年份不详，倘依第一封信而断，"四年以来"或
指康熙二十四年1685，这年对两人交往是比较重要的时刻，因为他们终
于见面了。康熙二十三年1684，江苏巡抚出缺，康熙皇帝就把汤斌派来

① 黄百家《先遗献文孝公梨洲府君行略》，黄炳垕《黄宗羲年谱》附录，中华书局，
1993，第69页。
② 叶方蔼《四明董在中过访，询知为黄太冲及门，于其南行，赋此奉送，并寄先生》，
《南雷诗历》卷二，《黄宗羲全集》第十一册，浙江古籍出版社，2005，第278—
279页。
③ 黄炳垕《黄宗羲年谱》，中华书局，1993，第45页。
④ 《南雷诗文集附录·交游尺牍·汤斌》，《黄宗羲全集》第十一册，浙江古籍出版社，
2005，第385页。

任这个抚台。第二年十月，梨洲跑到苏州会晤了汤斌，随后由徐秉义亲自迎接，一起到昆山再与徐乾学聚首。从汤斌两封书信看，他与梨洲交往主要还是从学问角度和层面，不像叶方蔼以在官的身份从事说项。尽管如此，与这种人打交道，仍然显示了某种态度。何以见得？我们拿徐枋为参照，就看出了分别。与会晤梨洲同一年，汤斌专程拜访徐枋。他除去官服，只着便装，不携任何随从，只身入山。罗振玉《徐俟斋先生年谱》记之：

> 睢阳汤公斌抚吴，屏徒从，微服访先生者再，先生预走避，留老苍头宿门外，扣门不启。汤公喟然曰："贤者不可测如是耶？"徘徊久之乃去。君子两贤之。是岁，汤公建祠于虎丘以祀文靖，杨明远处士炤以诗纪之。[①]

来访不止一次，徐枋都躲开，只托村里一老头替他看门。要说汤斌此来，脱了官服，意思明显是只以学者相见，不涉政治，徐枋也硬是不见。汤斌的诚意大概不用怀疑，但在徐枋，你虽身着便装，我却不便装作对你清廷大僚身份视而不见，故坚决不见。汤斌为表心意，当年在虎丘新塘桥徐汧徐枋之父，乙酉死国赴水处，建一座祠堂纪念他。对此，徐枋亦不为所动，无分毫表示，只有徐枋朋友杨明远去祠堂看过，回来写了一首诗。梨洲之交汤斌，单独看好像是纯学术的，与徐枋一对比，就显得也不那么简单。

这许多的迹象，一点点积攒，就带来了最终的变化。

什么变化？细心读者或已发现，本节我们的书写，频繁出现清朝年号，而此前明未亡时我们都用明朝年号，明亡后则仅书干支。这样做，原是有用意的，为了尊重和暗中体现传主的思想感情。但在本节中，一直隐去或以小注方式出现的清朝年号，却堂而皇之进入正文，这同样取

---

① 罗振玉《徐俟斋先生年谱》，《居易堂集》，华东师范大学出版社，2009，第544页。

决于传主自己的态度。古时中国以王朝年号表示政权合法性，书何年号即代表心中承认何政权，即所谓"奉正朔"，哪怕江山已然易手，书者若并不认当下政权合法，辄以避书其年号为方式。这方式据说是由陶潜开创的："所著文章，皆题其年月，义熙以前，则书晋氏年号，自永初以来唯云甲子而已。"[①] 过去，梨洲坚持这种方式，拒书清朝年号，但近年态度不知不觉发生变化。这个变化，据方祖猷先生的研究，"写上清廷帝王年号，一直在康熙十七年他为人写的墓志铭都未曾有过"[②]，"从康熙十九年他作《移史馆先姚太夫人事略》后，则在他所作的墓志铭上连续出现了清廷帝王年号"[③]，"从康熙二十一年后，则每篇都出现了清廷年号"[④]。亦即从康熙十七年起的三四年，完成了这个变化。当然，以上仅是就墓志铭类文章而言，梨洲最早或首次使用清朝年号的出处，尚不能断言，也许还稍早亦未可知，那要逐文梳爬方可确知，这里恕笔者偷懒不去做这个笨功夫。但根据我读梨洲的印象，也有两点可以补充：一、他对清朝年号的使用，只及康熙；二、凡涉康熙以前事，即便梨洲已当对清态度变化的暮年，他心中的想法也是不用清朝年号。这两点总括起来就是，梨洲对清朝的承认，从康熙朝代开始。这是有明确旁证的，《行朝录》序曰：

> 向在海外，得交诸君子……荏苒三十载，义熙以后之人，各言其世；而某之所忆，亦忘失大半。[⑤]

"荏苒三十载"，表明编撰发生在三十年后，倘以辛卯年 1651 舟山陷落为标志，则此时乃一六八一年亦即康熙二十年，正是梨洲开始普遍使用清朝年号的时候，而"义熙以后之人"之句则透露了他对清朝统治区别待

---

① 沈约《宋书》卷九十三，中华书局，1974，第 2289 页。
② 方祖猷《黄宗羲长传》，浙江大学出版社，2011，第 333 页。
③ 同上，第 334 页。
④ 同上。
⑤ 黄宗羲《行朝录》，《黄宗羲全集》第二册，浙江古籍出版社，2005，第 111 页。

之的立场。通过刚才所引《宋书》，我们已知"义熙"典出陶潜传，具有以何年号为正统的意思。梨洲忽然提到"义熙"，显然是借此暗指对于清朝所称的顺治十八年 1644—1661，他内心仍只奉明朝正朔，故当回忆那段往事时，他郑重地署上"左副都御史余姚黄宗羲梨洲氏书"[1]，以表明到那时为止自己的身份。

抠着这一点予以细辨，很有必要。它关系到梨洲所以转变的一些很具体的原因，稍后我们可以明之。

在未展开来论之前，为简要起见，我们不妨先对读者给出以下概念：康熙年间，前反清斗士、为之九死一生并在《留书》中宣示过强烈民族情绪的黄太冲梨洲先生，逐渐地消除了对清敌意，在心中承认了其于中国统治的合法性。

这当然是惊人之变，既为当时与梨洲有相仿经历的人所少有，过了几百年后，如果不明就里而从一般"民族大义"看也断难接受。它几乎是梨洲其人一生最让人错愕不解的地方。有人就此鄙弃他，也有人枉然地想否认他已与清政权和解。究竟如何呢？涉及好几个方面，容我们逐一讲来。

---

[1]　黄宗羲《行朝录》，《黄宗羲全集》第二册，浙江古籍出版社，2005，第 111 页。

叁肆

玄烨

我们已经点出来，梨洲对清朝的态度有条分界线：顺治时期不认可，从康熙开始慢慢地发生改观。我们还曾指出，这条界限直到他已打算承认清朝统治合法性以后，仍然坚持，亦即涉及顺治时期仍奉明朝正朔、康熙以后才使用清朝年号。眼卜我们另外再细拟一下：即便康熙朝的头十来年，他也不称清朝年号，经过了大约二十年，才终于不再坚持。这意味着，他态度的改变，有个时间过程，或者说明显有一个思想认识变化的过程。

这过程，到康熙时期才发生，想必就跟当时的现实有关。而基于那时中国社会历史实际，又不妨更具体地说，应该跟此时南面为君的爱新觉罗·玄烨有关。

玄烨究竟是怎样一个人？用歧视眼光看，他是一位满洲皇帝，来自文化落后或低等之地；一般抱汉族优越感的人会这么看。若从功利角度，自巴尔喀什湖而迄库页岛，新疆、蒙古直至鄂霍次克海一线在国际法意义上确定为中国领土，事情是他办成的；一些对所谓"雄才大略君主"有情结的人不免把他认为这样的对象来膜拜。这两种说法或态度，是最常见的，彼此还针尖麦芒地势不两立。然而，这个人其实还有一面，是平时谈得不多、注意不够的，却或许是他在中国历来统治者中比较突出、有特色的一面。其略如梁启超所论：

> 康熙帝是比较有自由思想的人。他早年虽间兴文字狱，大抵都是他未亲政以前的事，而且大半是由奸民告诉官吏邀功，未必出自朝廷授意。他本身却是阔达大度的人，不独政治上常采宽仁之义，对于学问，亦有宏纳众流气象。试读他所著《庭训格言》，便可以窥见一斑了。所以康熙朝学者，没有什么顾忌，对于各种问题，可以自由研究。[1]

如果他真是这样一位君主，那确实很让人刮目相看。我们知道，中国帝制所出产的皇帝基本为两类。一类是恶棍，或如吕留良的后学曾静所称"光棍"，他曾说："皇帝合该是吾学中儒者做，不该把世路上英雄做。周末局变，在位多不知学，尽是世路中英雄，甚者老奸巨猾，即谚所谓'光棍'也。"[2]这种类型的君主当然是最多的。另一类，即所谓"有作为""雄才大略"者，虽然偏少，但也可以找到一些。各王朝大致规律是，开国一至二代君主，易出现前者，往后则多半为恶棍所充斥。他们之间无疑是有高下的，所谓"下"，不必说，为非作歹、无所不至；所谓"高"，其实也并"高"不到哪儿去，无非是能够开疆辟土或令国势一时强盛。玄烨算是后者当中一员，但是他若仅限于此，也真的没有什么超出历史水准之上的特色，不值得我们刮目相看。

概而言之，历史上皇帝如若无能，自然走无赖路线，只管蛮不讲理；设若有些能耐，也极少是美事，通常都强势压人，唯我独尊而令天下钳口。盖皇帝一物本是专制之果，他们无论有能无能，"老子天下第

---

① 梁启超《中国近三百年学术史》，东方出版社，1996，第20—21页。

② 《大义觉迷录》，近代中国史料丛刊第三十六辑，文海出版社影印本，民国五十五年（1966），第161—162页。

一"的含义早预先内嵌其中，而与自由最相排斥。所以历来皇帝不难于无赖，也不难于霸道，唯独难于"比较有自由思想"。试看自嬴政为"始皇"以来，能有几个皇帝当得起此语？

况且，玄烨还是一个"外来的"皇帝。清人以外族入主中国，第一算是入侵者和占领者，第二文化上比较落后、为汉人瞧不起。冲着这两条，清朝皇帝很容易采取高压政策，用严酷手段压服境内。清朝在其站稳脚跟的大约一百年中，确实是这么做的。从顺治到乾隆间，都可谓血雨腥风，因剃发令杀人如杨廷枢、搞各种文字狱，或借经济问题杀戮士绅，康熙朝也是这过程中的一段，出了不少大案子，平时我们谈清初文字狱都是"康雍乾"并称，这种印象与梁启超"康熙朝学者，没有什么顾忌"的表彰很不一致，那又是怎么回事？

首先要讲的，梁启超已点到："他早年虽间兴文字狱，大抵都是他未亲政以前的事"，对此，谈康雍乾文字狱者常常忽视。康熙间文字狱取其广义，即针对士绅和知识分子所兴之狱集中在初年，如"奏销""哭庙"两案都发生于玄烨甫继位不久，而"庄廷鑨明史案"定谳于康熙二年1663，"黄培诗案"则是康熙五年1666的事。彼时，玄烨要么尚在髫龄，要么并未亲政，都是代其柄国的辅政大臣之所为，不能让他来负责。

不过，梁氏"早年""亲政以前"等字眼也有所误导，似乎玄烨亲自掌权之后没搞过文字狱。不是那样。他不但搞过，且有一桩还非常著名，这就是"南山集案"。

《南山集》是翰林院编修、桐城人戴名世的一本文选，里面所收《与余生书》提到南明几位皇帝及其年号，且露出一些感慨。康熙五十年1711都察院左都御史赵申乔据以疏参，戴名世下狱，并牵出汪灏、方苞在内许多人，最后戴名世被处死。此案影响甚大，历来与"庄廷鑨明史案""吕留良案"并称清初文字狱三大案。

这案子由玄烨亲裁，先前一些案子他还可以发生在亲政以前为由摆脱干系，"南山集案"却铁板钉钉是他的作为，梁氏所谓他"是阔达大度的人"，"政治上常采宽仁之义"，岂非不攻自破？

这又要说到两点。第一，他是满洲皇帝，毋指望他是个例外，对于非议、质疑清政权合法性的言行不采取行动，他也一定会制止和加以惩戒，这对他来说是必然的，不可能无所表示。第二，要看同样性质的案件，他是怎么处理；也就是说，我们在清楚地意识到他必有所行为的同时，要更多地注意他的做法有何不同，是轻是重，是比较宽仁还是嗜血贪暴、唯恐出手不重。

我们把前后的类似事件先看一遍。

"奏销案"："绅士绌籍者万余人，被逮者亦三千人。昨见吴门诸君子被逮过毗陵，皆银铛手梏拳，徒步赤日黄尘中，念之令人惊悸，此曹不疲死亦道渴死耳。旋闻奉有免解来京指挥，洒然如镬汤炽火中一尺甘露雨也。"①

"哭庙案"所有十八人"不分首从，立决处斩"，内中就有金圣叹。行刑之日的情形："是日也，十案共有一百二十人，凌迟廿八人，斩八十九人，绞四人，分五处行刑。抗粮及无为教案，斩于三山街，四面皆披甲围之，抚朱国治监斩。辰刻于狱中取出，罪人反接，背插招旗，口中塞栗木，挟而趋走如飞。亲人观者稍近，则披甲枪柄、刀背乱打。俄而炮声一震，百二十人之头皆落，披甲奔驰，群官骇散，法场上惟有血腥触鼻，身首异处而已。"②时人暗于诗中论之："巧将漕粟售金银，枉法坑儒十八人。"③

"庄廷钺明史案"，已逝的案主庄廷钺被开棺戮尸，尚存人世的作序者、刻印者、校阅者、售书者、藏书者，年十五以上共七十二人处死，其中十八人凌迟，余者杖毙、斩首、绞杀，另有数百人充边。

"吕留良案"，雍正十年 1732 十二月十二日判决，吕留良及长子葆中即吕公忠，后改名葆中戮尸枭示，次子毅中斩立决，孙辈后人俱"发遣

① 孟森《奏销案》，《明清史论著集刊》，中华书局，1959，第439页。
② 顾公燮《丹午笔记》哭庙异闻，《丹午笔记·吴城日记·五石脂》，江苏古籍出版社，1999，第160页。
③ 同上，第161页。

宁古塔，给与披甲人为奴"，财产充公；十二月十七日判决，吕门弟子严鸿逵"应凌迟处死，已伏冥诛，应戮尸枭示；其祖父子孙兄弟及伯叔兄弟之子，男十六以上皆斩立决，男十五以下及严鸿逵之母女妻妾姊妹、子之妻妾俱解部给功臣之家为奴，财产入官"，另有吕、严之友朋门人等二十余人及家眷，或斩或流或充奴。①

反观"南山集案"，则仅戴名世一人被处死。

刑部上报的拟刑方案原是：一、"戴名世依律凌迟处死，家产入官，安徽巡抚解来戴名世之弟戴平世依律斩决。其祖父、子孙、兄弟及同居之人不分异姓及伯叔父、兄弟之子不限籍之同异，十六岁以上不论笃疾、废疾，俱查拿送部，依律立斩。戴名世之母女、妻妾、姊妹之子妻妾，十五岁以下子孙、伯叔父、兄弟之子亦俱依律给付功臣为奴。"二、因本案牵出的《滇黔纪闻》作者方孝标，"依大逆律凌迟，今已身死，咨行该巡抚，锉碎其尸，财产入官。方孝标之子方登峰、安徽巡抚解来方孝标之子方云旅、孙方世樵照律皆斩立决。方孝标子孙、兄弟及同居之人不分异姓及伯叔父、兄弟之子不限籍之同异，十六岁以上不论笃疾、废疾，俱查出送部，依律斩决。方孝标之女、妻妾、姊妹、若子之妻妾，十五岁以下子孙、伯叔父、兄弟之子，查出给付功臣之家为奴。"三、为戴名世书籍作序或收存书版的汪灏、方苞"绞立决"。四、其他涉案相关人员或族人，"逐一严查，有职衔者革退，除已嫁出之女外，一并发遣黑龙江、宁古塔将军处，酌情拨与乌喇、宁古塔、伯都讷等处安插"。②

以上方案于康熙五十年十二月具题上报，直到五十二年 1713 二月初七日方才奉旨。研究者认为："一个情况不太复杂的案子用了一年多才得以判决，反映了康熙皇帝的谨慎态度"。③ 及旨出，刑部方案中原来

---

① 卞僧慧《吕留良年谱长编》，中华书局，2003，第397—398页。
② 《刑部尚书哈山为审明戴名世〈南山集〉案并将涉案犯人拟罪事题本》，中国第一历史档案馆《戴名世〈南山集〉案史料》，《历史档案》，2001年第2期。
③ 张玉《从新发现的档案谈戴名世〈南山集〉案》，《历史档案》，2001年第2期。

数十乃至上百位问死者，变成仅余戴名世一人，量刑也全部从轻。玄烨的具体裁决是：戴名世"从宽免凌迟"，改问斩；原拟处斩者"俱从宽免死"，改为"充发黑龙江"；其余"这案干连应斩绞及为奴安插流徙人犯俱从宽免罪，著入旗"。[①] 其中方苞，先是免死，继而仅过一个月又蒙"特命召至南书房效力，后又改直蒙养斋，编校书籍，康熙六十一年充任武英殿修书总裁"。[②]

总之，"南山集案"虽名列清初三大文字狱之一，但若与"庄廷钺明史案"、"吕留良案"等作一番实际对比，会发现它把杀戮控制到了最低。就中，我们得到两个信息。一是和其他清帝一样，对眷念前朝、挑战本朝权威的言行，玄烨明白表示他将给予惩处；然而，当需要拿出具体处置时，玄烨态度比较克制，沉吟掂量，并不以恣行诛戮来泄愤或恫吓天下。将此分别辨之，前者如我们所已指出的，在他而言实属必然，不可能坐视不论；但是，第二点却显出了重大不同。

君主操柄，简言之，"恩""威"二字而已。刻薄者脑中只有"威"，唯恐臣民不知其威、不慑其威，"奏销案"、"哭庙案"、"庄廷钺明史案"、"吕留良案"等，背后主导思想明显如此。较理智一点，则"恩""威"并重，既要你诚惶战栗，又要你感戴其恩，以俘获人心。玄烨处理"南山集案"，粗略来论谓之有"威"有"恩"，细予观察则较"恩威并重"更进一步，偏于"恩"的考虑多一些。或许，他的心路历程前后也有较大变化，以"威"始，而当最后拿出决定时主要落在"恩"字上。我们推想，迟迟未就刑部题本作出批复的一年多时间，玄烨心情大约经过了某种沉淀和过滤，"威"的诉求逐渐淡化，从而最后降下的旨意对嗜血的冲动有主动和相当程度的克制。虽然最好的结果是他能够一个不杀，连戴名世亦予保全，但那显然不是十八世纪初叶的文明水准。事实上，与其他相似案件一概血流成河相对比，玄烨把不少于数十人被问死罪的

① 《刑部尚书哈山为审明戴名世〈南山集〉案并将涉案犯人拟罪事题本》，中国第一历史档案馆《戴名世〈南山集〉案史料》，《历史档案》，2001 年第 2 期。
② 张玉《从新发现的档案谈戴名世〈南山集〉案》，《历史档案》，2001 年第 2 期。

刑部原判改为仅斩一人，已属惊人的宽仁。

这种宽仁，源自比较理性的认识。康熙五十七年 1718 七月，玄烨与大臣论其执政理念：

> 此后当益加详慎批发，且昔听政时，每令读本，朕与辅政大臣共听之，或因一时言论，往往忽略。朕谕伊等：此内有关系民命者尤不可不慎，伊等皆经行间效力，不以杀人为意，朕必慎焉，但惩恶所以劝善，亦有不可宽宥之处；圣人法内有仁，惟仁者能好人、能恶人，朕于此尤加详审，从无少忽也。①

他既讲"不以杀人为意"，又讲"惩恶所以劝善"故亦不得不有，进而讲法度目的在于扶"好人"抑"恶人"，使社会向善，内涵是"仁"，亦即要对社会起积极正面作用。他自称"于此尤加详审，从无少忽"，平时也常有"朕治天下，惟宽仁是务"②之类自况，这些究竟是漂亮话，抑或可以采信，我们并不看他说了什么，而看他的言谈只是空洞辞藻，还是含有清晰的思路和理念，而上面所引 番话，正反两面、情理蔼然，明显是有思考、有逻辑、有来历，不基于一定认识讲不出来。

我们对于帝制并其产品皇帝，自根柢上加以排斥，是因这种事物集天下之大私，亦即梨洲所痛斥的"以天下之利尽归于己，以天下之害尽归于人"③。但我们不必认为每位皇帝都将秉此制度之恶而坏得如同一个人，以致没有谁可稍稍例外、以个人禀赋不同而有所脱略常态之外，那也不免过于形而上学了。虽然史上泰半皇帝习惯于作恶或是怠懒之人，但偶尔确有处在这类情形之外的例子，比如被朱棣推翻了的建文帝，又

---

① 《圣祖实录》卷二五六，《清实录》第六册《圣祖实录（三）》，中华书局影印本，1985，第 528 页。
② 同上，卷二六四，第 596 页。
③ 黄宗羲《明夷待访录·原君》，《黄宗羲全集》第一册，浙江古籍出版社，2005，第 2 页。

比如这位康熙皇帝。朱允炆是因自小的教育，祖父朱元璋把他父亲朱标用正统的儒家伦理教育成过于仁柔之人，而他显然以父亲为榜样，从对父亲的摹仿中也变成那样的人。而玄烨在皇帝中的异乎寻常，或许是因天性特别好学。

梁启超高度赞扬了玄烨的这种天性，特意于《中国近三百年学术史》将"康熙帝自身对于学问之态度"提出一论。说他"热心向慕文化，有多方面的兴味"，"极信学科学，对于天文历算有很深的研究，能批评梅定九的算书"，"他得他们指西方传教士的帮助，制定康熙永年历，并著有《数理精蕴》《历象考成》等书，又造成极有名的观象台。他费三十年实测工夫，专用西洋人绘成一部《皇舆全览图》"，"他对于中国历史也有相当的常识，《资治通鉴》终身不离手"，"他对中国文学也有相当的鉴赏能力"，"这些都是我们文化史上值得特笔大书的事实"。① 任公虽曾政治上保皇，但以上叙述都以史实为依据，我们便借他的简要概括来观玄烨好学的一生。

不要小看"好学"这两个字。我们知道诸多惫懒的皇帝，共同特征每每是厌学，在明代，武宗和熹宗这两个混世魔头就很典型，恨不得一生一世都用于玩耍嬉游。人们读书、学习，是为提高自己、成材，对社会有用。而皇帝自认为没这个必要，他们生下来广有四海，要什么有什么，想怎样便怎样，哪里会有一点读书、学习的积极性？所以，通常皇帝都和武宗、熹宗一样，绝无好学之念，怎么快活怎么来，对读书那种苦事只会深恶痛绝。反过来说，他们所以一般都渐渐变成品质很坏的人，至少部分原因也在于不读书，由于不读少学，而不明事理、不知善恶、心中没有起码的做人的规矩和尺度。曾静称皇帝们是"光棍"、主张"皇帝合该是吾学中儒者做"，背后意思其实是做皇帝的人一定要读书，使他们变成懂道理并能够讲道理的人。也恰恰因为帝制这邪恶制度意味着皇帝其实天生可以不读书，玄烨的好学才显得有些不可思议。他

① 梁启超《中国近三百年学术史》，东方出版社，1996，第24页。

本不必苦自己，花费精力、时间在学习上头，而明明可以花天酒地、纵情享乐；就算那样，谁又能奈其何？然而他却对读学之事保持了一辈子的热情。这也许与责任感有关，亦即他颇欲作为有为的君主留之于史。但仅此还不足以解释，他的好学明显超出了经国治政的需要，很多方面处在纯知识的层面，显示他求知欲特别强烈，或者对成为有高等涵养之人拥有特殊渴望。他何能如此？坦率说我们也并不知道可靠的答案，勉强道来，只能归诸"天性"。这自然有点"唯心论"，可是人和人之间的差异，有时确实溯不出一个清晰的根由，而不得不推于"天性"；尤其是出身、家庭、教育、社会经历相同或无大差别情况下，比如一母同胞之间那种判然不同，除了归之禀赋，真的想不出更好的解释。同是皇帝，又同样是冲龄继位，康熙与天启的天悬地殊，以我所了解的史况，暂时只有从个人品质的方面来看取。

玄烨为政之所以能有"宽仁"意识，我觉得实际是他肯读肯学，复因肯读肯学而遇事能讲道理、不滥逞威权、靠蛮横来解决问题。

我们以清初新旧历法之争说明这一点。

中国历法自郭守敬之后，缺乏研究，三百年没有修改，误差很大，万历间几次测日月食不准。随着传教士东来，欧洲在这方面的优势渐被认识，徐光启积极为之倡，崇祯皇帝遂命徐光启与汤若望等修订新历法，撰成《崇祯历书》，但因明亡未克颁行。

顺治元年 1644 十一月，清以汤若望掌钦天监，继续改革历法。顺治二年 1645，汤若望在《崇祯历书》基础上修成的《时宪历》，由清廷颁行。然而之后新历饱受守旧势力攻击，终至于康熙五年 1666 杨光先上疏"斥汤若望新法十谬"，"下议政王等会同确议"。鳌拜等认为"事犯重大"，提出"汤若望及刻漏科杜如预、五官挈壶正杨宏量、历科李祖白、春官正朱可成、秋官正宋发、冬官正朱光显、中官正刘有泰皆凌迟处死；故监官子刘必远、贾文郁、可成子哲、祖白子实、汤若望义子潘尽孝皆斩"。得旨："汤若望效力多年，又复衰老，杜如预、杨宏量勘定陵地有劳，皆免死，并令复议。"而鳌拜等复议后，只同意汤若望改流放，"余如前议"。最后旨下，"汤若望_等应包括杜如预、杨宏量在内并免流徙"，而李祖白、朱可成、宋发、朱光显、刘有泰五人问斩。"自是废新法不用。"①

某种意义上，此事亦可谓清初文字狱之一，且事涉外国人。

玄烨亲政仅一年，即着手为此翻案。阅《圣祖实录》，得其线索如下：康熙七年 1668 八月三十日，礼部等衙门议复历算"差错太甚"，玄烨命现任钦天监监副吴明烜_{他和杨光先，是反对汤若望新历最得力的两个人}认真推算，然后"进览"。②十一月廿一日，礼部又"遵旨议复候气之事"。"候气"乃古时测验节气的方法，时已失传，时任钦天监监正杨光先奏称："用法失传，今博访能候气之人，尚在未得。臣身染风疾，不能管理。"礼部认为："杨光先职司监正，候气之事，不当推诿，应仍令延访博学有心计之人，以求候气之法"，玄烨"从之"。③康熙八年 1669 正月廿六日，议政王会议讨论南怀仁就吴明烜"推算历日差错"所上奏章。玄烨下旨，命大学士图海等会同钦天监，共二十位大臣在观象台当场验证。结果南怀仁说的每一条"皆符"，而吴明烜每一条皆"不合"，于是大臣们据此回奏，应"将康熙九年一应历日，交与南怀仁推算"，亦即历法工作重交西洋传教士办理。但玄烨并不满意，而是下旨重审汤若望案，将问题从头搞清：

> 杨光先前告汤若望时，议政王大臣会议，以杨光先何处为是、据议准行，汤若望何处为非、辄议停止，及当日议停今日议复之故，不向马祐、杨光先、吴明烜、南怀仁问明详奏，乃草率议复，不合。着再行确议。④

① 赵尔巽等《清史稿》卷二百七十二，中华书局，1977，第 10021—10022 页。
② 《圣祖实录》卷二七，《清实录》第四册《圣祖实录（一）》，中华书局影印本，1985，第 370 页。
③ 同上，第 379 页。
④ 同上，卷二八，第 386 页。

二月初七，议政王会议重新提交了比较专业的报告，说原因出在历法体系不同，吴明烜所用为中国古法"百刻历日"，传教士们所用乃"九十六刻之法"，"百刻历日，虽历代行之已久"，但南怀仁方法，经验证却更"合天象"，当时所以禁弃后者，是"妄以九十六刻推算，乃西洋之法，必不可用"，用我们现在话讲，完全出于"排外"。会议建议，对杨光先等"应革职，交刑部从重议罪"。玄烨批示是："杨光先着革职，从宽免交刑部。余依议。"[①] 至此，康熙五年被废的汤若望新历复行启用，也即《清史稿》所述之"二月庚午，命行南怀仁推算历法"[②] 其后至今，中国农历都是沿用汤若望、南怀仁等的西式方法推算的。

同年康熙八年八月，玄烨为汤若望彻底恢复名誉，特派礼部官员前往汤墓致祭，文曰：

> 皇帝谕祭原任通政使司通政使，加二级又加一级，掌钦天监印务事，故汤若望之灵曰：鞠躬尽瘁，臣子之芳踪。恤死报勤，国家之盛典。尔汤若望，来自西域，晓习天文，特畀象历之司，爰锡通微教师之号。遽尔长逝，朕用悼焉。特加恩恤，遣官致祭。呜呼，聿垂不朽之荣，庶享匪躬之报。尔有所知，尚克歆享。[③]

坊间有说，玄烨亲政不久即着手翻汤案，是因这位传教士曾助他得为储君，故而报恩。魏特那本有名的《汤若望传》写道："这样，皇帝最后受到汤若望的劝促，舍去一位年龄较长的皇子，而封一位庶出的、还不到七岁的皇子为帝位之承继者。当时为促成这一个决断所提出的理由，是因这位年龄较幼的太子，在髫龄时已经出过天花，不会再受到这

① 《圣祖实录》卷二七，《清实录》第四册《圣祖实录（一）》，中华书局影印本，1985，第387—388页。
② 赵尔巽等《清史稿》卷二百七十二，中华书局，1977，第177页。
③ 黄伯禄《正教奉褒》，转引自晏可佳《中国天主教简史》，宗教文化出版社，2001，第81页。

种病症的伤害……"① 此处"皇帝"便是顺治，而那庶出的皇子则即玄烨。汤若望深受顺治皇帝信任，当时天花肆虐，汤若望从科学角度建议以出过天花的玄烨祧承皇位，得顺治首肯。此事清宫档案虽讳莫如深，但魏特其书态度严谨，应非向壁虚构。然即令如此，玄烨之翻汤案，却不见得出于私心。我们看他澄清事实的全过程，相当注重客观，用科学实验的方法，检查争论双方的正谬，根本是一种尊重知识的态度。并且，虽然当初杨光先等人在权臣支持下，对新历法一方采取了迫害方式，玄烨却并未立意报复，以其人之道还治其身，仅将杨光先撤职而已，"从宽免交刑部"，连罪也不曾治他，不能不说再次显示了"宽仁"。

　　所以，这位"满洲"皇帝，不仅全非惯常想象的"腥膻"模样，且比之许许多多"华夏"之君，他表现得更加文明、理性。我对于清之代明就中国历史所起作用，不能给予好评，但不会贬低玄烨个人，抹煞他在历来皇帝中的杰出。限于内容，以上仅及从少量事例和侧面粗觇其人，读者若欲了解更深，尽可自行扩展阅览面以验究竟。末了再引一段他在六十岁出头时候的自况：

　　　　朕自幼读书，听政已久，治国之道，莫要于宽舒，命天下承平无事，凡属老幼无不欢欣鼓舞，以为得生斯世皆有福之人也。②

都是表扬自己的话，至于肉麻不肉麻，我们听其言而观其行。揆诸事实，"自幼读书"四个字总是不错的，没有夸张。"治国之道，莫要于宽舒，命天下承平无事"一语，他也算做到了，尤其考虑到他御宇达六十一年除去亲政前的七年，也有五十四年，这么漫长的岁月，对任何政治家都是极严峻的考验，能基本保持不昏庸不膨胀，谈何容易。他能做

---

① 魏特《汤若望传》，杨丙辰译，商务印书馆，1949，第325—326页。
② 《圣祖实录》卷二五九，《清实录》第六册《圣祖实录（三）》，中华书局影印本，1985，第557页。

到，并非偶然，早在亲政之第六年也即年方十九岁时，他就说出这样一段话："从来与民休息，道在不扰。与其多一事，不如省一事。朕观前代君臣，每多好大喜功，劳民伤财，紊乱旧章，虚耗元气，上下讧嚣，民生日戚，深可为鉴。"[1] 谙于帝王史的人，都不难体会这段话字字珠玑。从来登了"圣上"之位的人，克制住"好大喜功，劳民伤财"的冲动，愿意"与其多一事，不如省一事"，真得有大胸怀、大仁爱，对此我们当代人的感受恐怕就特别深刻，而玄烨还是一个十九岁小伙子的时候，便悟出这番道理，不由你不对他肃然起敬。

当然，"凡属老幼无不欢欣鼓舞，以为得生斯世皆有福之人也"，这句听起来有些吹牛。究竟如何？作为他统治时期的国民，梨洲兴许可以告诉我们。

---

[1] 《圣祖实录》卷四十，《清实录》第四册《圣祖实录（一）》，中华书局影印本，1985，第542页。

叁
伍

忐
忑

　　梨洲自康熙年间始奉清朝年号，自是被其政治感化的表现；而他流露的好感，远不止于奉其年号。我们从梨洲著述，能找到很多直接针对玄烨本人而且愈益升级的颂扬。如《重修先忠端公祠堂记》：

　　　　今天子纂修《明史》，追数明室之亡，在于天启。[1]

以"天子"相称，明确认玄烨为君上。而在《与徐乾学书》中，则以更为褒美的"圣主"相称：

　　　　今圣主特召，入参密勿，古今儒者遭遇之隆，盖未有两。[2]

及《与李郡侯辞乡饮酒大宾书》等处，又屡称"圣天子"：

---

① 黄宗羲《重修先忠端公祠堂记》，《黄宗羲全集》第十册，浙江古籍出版社，2005，第 126 页。
② 黄宗羲《与徐乾学书》，《黄宗羲全集》第十一册，浙江古籍出版社，2005，第 67 页。

> 羲蒙圣天子特旨，召入史馆，庶人之义，召之役则往役，
> 笔墨之事亦役也，羲时以老病坚辞不行，圣天子怜而许之。①

虽然此类字眼，从臣子角度来说，似乎可以随时脱口而出，但以我的印象，他对前明皇帝从来不曾用过。

他对玄烨如此顶礼相颂，究出何种心情？我们帮他总结了三点。

第一点，出于私心。梨洲觉得，自己及其一家，在康熙朝受到了礼遇、重视和善待，而那是先前从未被给予过的。上面的引文中，这种心情已表现得很浓厚。康熙十七年1678，玄烨下诏征"博学鸿儒"，用举荐的办法，罗致学行兼优的硕彦，为国家所用。叶方蔼就是主要协助玄烨做这件事的大臣，他向玄烨举荐梨洲而得首肯，于是移文吏部，相当于正式下了调令。梨洲弟子陈锡嘏风闻后，因知梨洲必感不便，遂自于叶方蔼请收回成命。这也确实合于梨洲所想，他致信陈锡嘏，感谢他替自己虑得周到。同时，虽然不愿应征，内心对得此重视还是很为欣慰，所以也写了长诗向叶方蔼致意。过了两年，在北京主持《明史》修纂的徐元文"以特举遗献事，荐府君与李映碧清先生两人。奉旨：着该督抚敦请。"②玄烨指示地方大员亲自礼请，梨洲再次以老病辞。玄烨却很认真，追加一条指示："已又奉特旨：凡黄某所有论著，及所见闻，有资《明史》者，令该地方官抄录来京。"③意思是，黄某人可以不来，但国家对他的著述学问不能不重视。这确非敷衍，确有求贤若渴之心。而事情也未到此为止，康熙二十九年1690，玄烨居然又一次问到梨洲："皇上问健庵徐先生：'海内博学洽闻、文章尔雅、可备顾问者何人？'先生对：'以臣所知，止有浙江黄某，学问渊博，行年八十，犹不释卷，曾经臣弟

① 黄宗羲《与李郡侯辞乡饮酒大宾书》，《黄宗羲全集》第十册，浙江古籍出版社，2005，第215页。
② 黄百家《先遗献文孝公梨洲府君行略》，黄炳垕《黄宗羲年谱》附录，中华书局，1993，第69页。
③ 同上。

元文奏荐。'上曰:'可召来,朕不任以事,如欲回家,当即遣官送之。'先生对:'前业以老病辞,恐不能就道也。'皇上因叹人才之难如此。"①一而再、再而三,梨洲从中感受的怕不只是对他个人的器重,还有玄烨致力于文教振兴的诚意。

除了亲身感受被重视,政府对黄尊素的崇隆,也令梨洲感戴。黄尊素祠堂崇祯间建成,明亡之际,群盗满山,清兵也将祠堂占为兵营,"抽椽坏壁,未几而倾覆",彻底倒塌,迄今已四十年。康熙二十五年1686,负责浙江文教的地方官王揆,"表章启、桢忠节,立'六贤讲院',而以先忠端公为首",并修葺祠堂,恢复祭祀。②复建后五年中,共祭祀过九次,"烦有司往返四十里";康熙二十九年1690夏,大雨导致大水,"祠屋遂沉","昆山三徐"联合姜希辙等诸多官员,"各出清俸",在余姚新城南门附近另择新址重建,是更便于祭祀也,翌年建成,此时梨洲年已八十二。③另外,母亲姚太夫人事迹也获入《明史·列女传》,梨洲为此所写姚氏传略得宣付史馆,这对重孝道的古人,是莫大安慰,梨洲称"是吾母屈于生,顾得伸于死,子孙当世不忘也"④。

士为知己者死。知识分子都看重一个"遇"字,国家对士子应使才得其用、志得其伸,让他们感到自我价值不被埋没。这是修齐治平大抱负之外的一点"私心"。梨洲对康熙朝的种种好感,与这样的"私心"有关,这既不必否认也无可厚非。他把黄家历来受到的不同对待一比较,觉得薄厚判然,从中感受到政治的溷浊与清明。

梨洲能对康熙朝亟抱好感,个人遭际与感受,确是很重要的原因。

---

① 黄百家《先遗献文孝公梨洲府君行略》,黄炳垕《黄宗羲年谱》附录,中华书局,1993,第69页。
② 黄宗羲《重修先忠端公祠堂记》,《黄宗羲全集》第十册,浙江古籍出版社,2005,第126页。
③ 黄宗羲《迁祠记》,同上,第137页。黄炳垕《黄宗羲年谱》,中华书局,1993,第48页。
④ 黄宗羲《移史馆先妣姚太夫人事略》,《黄宗羲全集》第十册,浙江古籍出版社,2005,第546页。

俗白地讲，他得着了清朝的好处。这一点，无论我们如何评骘，都不必为他遮掩。不过，若说他只从自家得失来断现实，却并非事实。他也注视着社会的情形，从社会善恶角度考量现实。这当中，有件事带给他很大的震动。

康熙二十九年 1690 七八月之交，余姚因大雨致山洪齐发、大水骤至，平地水深丈余，甚至水高于城。梨洲有《姚沉记》述其状。先是，七月二十三日夜狂雨，翌日晨，"山水大至，平地骤高二丈"，"山岗自裂，涌水数丈而下"，声响数十里，"庐舍大者沉，小者漂流。人民死者无算……溺者蔽江，人民之在高阜者，见其号呼求救，亦无从措手"。二十七、二十八日，水稍减，但传言八月初三水再至。"八月初二夜，果大风雨。明日，水长如二十四日，稍缩一二尺。赭山之间两龙作坝，凭空崛起数丈盖即堰塞湖，上流之水，壅不得行。如是者十余日。"随之而来是饥饿，一切尽付洪水，百姓"缚门板为筏，捞取水底禾头，刈而作糜……饿死者又不知凡几"。①

这是余姚极罕见之灾，梨洲惊叹"千年以来所未有也"②。而令人印象更深的，是绍兴郡守李铎披心沥胆的救灾工作。大水退后，李铎等集救灾粮数千石，赶到余姚，"由县及乡，观其肥瘠，而身亲给之"③，亲临第一线，视灾民身体壮弱，公平分配灾粮，务使灾粮切实发挥扶危救急之用。但仅此数千石粮食显然不够，只能使"饥民稍延旦夕"，李铎"遂至行省杭州，哭告于上台，不异秦庭之求救"④。浙江布政使马如龙也急民之所急，《清史稿》称，时"库储绌，无可救济。如龙檄十一郡合输米二万余石，按户赈给"⑤。梨洲《大方伯马公救灾颂》记载是：

（马如龙）慨然曰："浙省十一郡，犹一身也。今虽绍兴

① 黄宗羲《姚沉记》，《黄宗羲全集》第十册，浙江古籍出版社，2005，第 140 页。
② 黄宗羲《越州李公救灾记》，同上，第 142 页。
③ 黄宗羲《大方伯马公救灾颂》，同上，第 144 页。
④ 同上。
⑤ 赵尔巽等《清史稿》卷二百七十五，中华书局，1977，第 10065 页。

一郡之灾，其于各郡，亦犹手足之受伤也。昔秦、晋各国，且有泛舟之役，况一省乎？"于是各郡共拯一郡，募米得万余石，絮衣数千件，使李侯得恣其设施；计一郡之官不足用，令各郡之邑令，从李侯以往。①

最后，每位灾民"人受三月之食"，亦即各分得三个月口粮，"幼小半之"。②且非一刀切，根据实际情况还可灵活掌握，"其尤无聊赖者饥饿之甚者，则加给之；其受冻不堪者，则絮衣给之"③。救灾其他方面工作，组织亦甚周密，减灾防病并举："人民聚处，饥饿之气，蒸而为疫；公使各安其居，不出户庭，顾无俟于医药矣。"④已经溺死者及被洪水冲出于坟墓的尸骸，由政府统一埋葬。"万民欢呼雷动，起于白骨，即未受灾之年，亦未能如此之一饱也。"⑤对于很多人来说，由于赈灾，他们甚至得以比平时吃得还要饱些。

此次救灾，清朝郡省两级官员表现出来的干练、敬事和专业，令梨洲称道不已。他想起了曾巩的《越州赵公救灾记》。宋神宗熙宁八年1075夏，吴越大旱，赵抃时任越州太守，开展救灾。那是绍兴史上同类事件的范例，"救荒之策，丝理发栉，从来未有如赵公者也"，但拿眼下之事与宋代比，宋时一郡钱粮"郡守得专出入，今存留无几，事事束手"；其次，"赵公之时，富民尚有仓廪，今大浸之后，富民亦且籴食"。两相比较，此次救灾难度及成果都远大于赵抃："赵公之所赈者，二万一千九百余人，今余姚及各邑，何止十万余人，且四五倍矣"。⑥

尤其梨洲指出，他是"生长乱离"⑦的一代人，从来只见官府敲剥

---

① 黄宗羲《大方伯马公救灾颂》，《黄宗羲全集》第十册，浙江古籍出版社，2005，第144页。
② 同上，第144—145页。
③ 同上，第145页。
④ 黄宗羲《越州李公救灾记》，同上，第142页。
⑤ 黄宗羲《大方伯马公救灾颂》，同上，第145页。
⑥ 同上。
⑦ 黄宗羲《姚沈记》，同上，第141页。

民众、狂刮滥收，他自己青少年时代就有充任"点解南粮"之事的惨痛经历，没有想到还能亲睹眼前这样另一番景象。他特别提到李铎作风非常清廉，"务为严苦，尝欲以一缣寄太夫人而不可得，向余及姜定庵言之，至于泣下，其廉次骨如此"[1]。在他看来，官吏如此，不能不说明一种政治气象。这次救灾过程，他亲眼看见清朝郡省两级地方官的作为，深受触动。

——这就是他对康熙朝抱好感的第二条原因：政治比较清明。

然而上述两点，并非梨洲对康熙朝观感最深刻之处。他特别动心的在于，康熙以来，自己最为心仪的兴文隆教局面似乎降临了。梨洲是文明至上论者，视文明为社会和历史进步的根本，有时这种推崇乃至达到罔顾其余的偏执地步，我们前面讲过不少事例，任何人与事凡粗鄙少文他即予排斥。明亡之际，他的绝大忧虑归根结底在于起自荒蛮的满人，会陷中国于文明大倒退。而他所不曾料的，可能恰恰是玄烨这位满洲的皇帝，居然显出尊重知识、敬惜文化的意识，本人还极具文雅博洽的趣味。

玄烨这方面种种的表现，不光在清朝帝王里，即从整个帝制历史来看，都可谓一个奇异特例。就此，梁启超除对玄烨自身文化气质、修养作了令人印象深刻的概述，还曾从与前后清朝其他皇帝比较的角度，凸显玄烨的非同寻常。之前顺治皇帝福临，虽没有太坏的毛病，但谈不上好学，对求知兴趣不大。之后雍正、乾隆两位，似乎有好学的表象，然根器都不正。雍正极猜忌刻薄，一生先后大张旗鼓地与一位和尚辩佛学、与一位儒生辩儒学，而都是仗势欺人，"他著成《拣魔辨异录》以后，跟着把弘忍的著述尽行焚毁，把弘忍的门徒勒令还俗或改宗。他著成《大义觉迷录》以后，跟着把吕留良剖棺戮尸，全家杀尽，著作也都毁板"[2]。乾隆是另一种风格，表现得不像雍正那样强势、频出重

---

[1]　黄宗羲《越州李公救灾记》，《黄宗羲全集》第十册，浙江古籍出版社，2005，第143页。

[2]　梁启超《中国近三百年学术史》，东方出版社，1996，第25页。

拳，而是善使软刀子，一面"附庸风雅"，显得多情又多才，一面却大行文化专制，"自乾隆三十九年至四十七年继续烧书二十四回，烧去的书一万三千八百六十二部"。[①]包括对西学的态度，玄烨与旁人亦自泾渭，"康熙五六十年间所延揽的许多欧洲学者，到雍正帝即位之第一年，忽然驱除净尽。中国学界接近欧化的机会从此错过，一搁便搁了二百年了"[②]。

总之，玄烨"热心向慕文化""宏纳众流"的胸次，确实罕遇，梨洲仿佛被他弄得有些措手不及。设若顺治之后衔以雍正、乾隆，他是否还有一番惊羡之感，也许是个疑问。再者对于玄烨，梨洲亦非立刻折服，而明显有认识积累过程，经过一二十年观察，最后才断定欣逢"盛世"。他发出的赞叹，是由衷的：

> 天子留心文治，招才琴钓之上，取士歌牧之中，士之闲一艺者，莫不锁厅而出。[③]

> 今圣天子无幽不烛，使农里之事，得以上达，纲常名教，不因之而益重乎？[④]

> 圣天子崇文尚儒，诸君子振起以复盛时人物，行将于庙学卜之矣。[⑤]

> 幸遇圣朝，干戈载戢，文教放兴。[⑥]

---

① 梁启超《中国近三百年学术史》，东方出版社，1996，第 25 页。
② 同上，第 23 页。
③ 黄宗羲《陈夔献墓志铭》，《黄宗羲全集》第十册，浙江古籍出版社，2005，第454 页。
④ 黄宗羲《周节妇传》，同上，第 612 页。
⑤ 黄宗羲《余姚县重修儒学记》，同上，第 134 页。
⑥ 黄宗羲《乡贤呈词》，同上，第 29 页。

《与徐乾学书》中的几段，尤能反映心声：

> 五百年名世，于今见之。朝野相贺，拭目以观太平，非寻常之宣麻不关世运也。①

> 方今杀运既退，薄海内外，怀音革状，皇上仁风笃烈，救现在之兵灾，除当来之苦集，学士大夫皆以琴瑟起讲堂之上，此时之最难得者也。②

唐宋拜相命将，以白麻纸书诏颁示，故称"宣麻"，此处指徐乾学升内阁学士、值南书房事。"怀音革状"语出《宋书》："羽族卉仪，怀音革状，边帛绝书，权光弛烛。"③总之是祥和太平之意。而"琴瑟"，古人以为雅乐正声。此信写于康熙二十六年1687，而二十多年前也即康熙元年1662，梨洲于其《明夷待访录》中根据胡翰十二运之说，推算"向后二十年交入'大壮'，始得一治"④，那时他显然不知刚刚继位的清室八岁小皇帝乃是何等样人，但没想到，二十年后此人果然显出种种非凡之处，故而可以揣见梨洲此时此刻，必定想起了自己二十多年前的预言，情不自禁于惊讶中也陷入自我迷恋，"五百年名世，于今见之。朝野相贺，拭目以观太平"云云，应该包含此等情绪。但这小小的自恋，不足以抹煞他忻忻之情的主要由来与事实，亦即，康熙朝的中国确在承平中，涌现了崇文兴学的风尚。梨洲真诚认为"一治之世"来临，文教繁旺有望，冀望和呼吁"其要以收拾人才为主"，至以"喜而溢之于言，故不能禁也"⑤表其内心。

---

① 黄宗羲《与徐乾学书》，《黄宗羲全集》第十一册，浙江古籍出版社，2005，第67页。
② 同上。
③ 沈约《宋书》卷十六，中华书局，1974，第442页。
④ 黄宗羲《明夷待访录·题辞》，《黄宗羲全集》第一册，浙江古籍出版社，2005，第1页。
⑤ 黄宗羲《与徐乾学书》，《黄宗羲全集》第十一册，浙江古籍出版社，2005，第68页。

叁陆

天下

说起章太炎《衡三老》、陈寅恪《柳如是别传》诟病梨洲，其实主要是借以为酒杯，来浇自家块垒。依网络流行语，梨洲多少有"躺枪"的意味。但一般读者往往给以过于梗直的理解，认真地以为是直奔梨洲而来。

章太炎是个激进的革命党，而在推翻帝制的革命中，民族主义始终被用为争取民心的利器。当时，最能煽动起对清朝统治普遍敌视的，并非民主、共和等资产阶级价值观，而是"驱逐鞑虏，恢复中华"这种民族主义口号。革命党人的组织，之称"光复会""兴中会"，亦是于此着眼。在这当中，革命党颇以明末遗恨为衣钵，来笼络以汉族为主体的民心，而那也确不失为妪孺能懂的妙着。《衡三老》对王夫之、顾炎武和黄宗羲，衡来衡去，别的不论，单以对清廷态度分其高下，明显看出重心在于配合革命党的反满斗争。

至于《柳如是别传》，乃陈寅恪绝笔。此著于陈氏有三个极特殊处，一是完全有别于他过去精密校订、不动声色的考证式治学，而投入很多感情色彩来做长篇人物传记；二是传记的主人公乃是"遗民"人物；三是他们又非一般或简单情形的"遗民",一个是令须眉愧而不如的女杰,一个是曾做了"贰臣"然而深深悔恨的诗人。以上三点,质诸现实,含无尽意味。他曾在一九五三年谈接受中科院第二历史研究所所长职务条件时,提出:"允许中古史研究所不宗奉马列主义,并不学习政治。""不要先有马列主义的见解,再研究学术,也不要学政治。不止我一人要如此,我要全部的人都如此。"① 此请自然无果。《柳如是别传》写作恰自一九五三年起,共历十年,作者于失明中,抱"出版无日"心态,将它坚忍完成。对此有人颇不理解,据报道,钱钟书曾对人讲"陈不必为柳如是写那么大的书"②。或许说得是,但耐人寻味的,却也正在于陈寅恪何以"为柳如是写那么大的书"。总之,垂文自见或借题发挥意味极浓,书中所论,每有讽喻现实的曲笔。所谓"后来永历延平倾覆亡逝,太冲撰《明夷待访录》,自命为殷箕子……以清圣祖比周武王,岂不愧对'关中大儒'之李二曲耶?惜哉!"③ 把《明夷待访录》视为邀新统治者盼睐而作,而从这意义上鄙薄之。考之于陈寅恪本人事迹,一九五三年他曾面斥弟子汪篯:"我要请的人,要带的徒弟,都要有自由思想、独立精神。不是这样,即不是我的学生。你以前的看法是否和我相同我不知道,但现在不同了,你已不是我的学生了。"④ 程兆奇《〈柳如是别传〉和陈寅恪晚年心境》一文,认为写柳传,目的在"寓今情于古典"⑤。这是关键,书中对梨洲抑或《明夷待访录》的批评,应放到这样一种特定意旨中来看。

可见章、陈二人以"气节"批评梨洲,可以说实际各有自己的心腹。他们的名望,使人们把这批评太当回事。而梨洲本人"气节"如何,大家或许又在一个问题上有所混淆,亦即将他对康熙一朝一帝之称许,当成对清王朝的皈依。这个似乎微小的差别,没有人去注意。梨洲在清朝

① 卞僧慧《陈寅恪先生年谱长篇初稿》,中华书局,2010,第 285 页。
② 安迪《我与钱钟书先生的短暂交往》,《深圳商报》,2003 年 6 月 21 日。
③ 陈寅恪《柳如是别传》,三联书店,2001,第 861 页。
④ 卞僧慧《陈寅恪先生年谱长篇初稿》,中华书局,2010,第 285 页。
⑤ 程兆奇《〈柳如是别传〉和陈寅恪晚年心境》,《BLUE》,2001 年第 1 期。

共历顺治、康熙二帝，对前者他并未吐露过好话，相反一直是反抗者，对于后者，他也经过了十几年观察，才慢慢为之折服。梨洲只活到康熙三十六年1693，若多活若干年，也经历一下雍正朝，那时我们再考察一下他的言论，也许方能就他仅仅是对玄烨一帝抱有好感，还是认同、归顺了清朝，下一个断语。从在世时的表现来看，他颂扬了玄烨，却不肯出来为清朝做事，说明他心中对这两点是区别对待的。

不过，梨洲有些地方确与一般的明遗民群体不同。其一，别人对"蛮夷"的排斥往往流露出种族倾向，梨洲没有；其二，不少人选择遗民立场，出于"生是大明人，死是大明鬼"的愚忠，梨洲却并非如此。梨洲也视清国为"蛮夷"，他起兵抵抗，原本为此。不过，他并不是在"非我族类，其心必异"的排外的狭隘意义上，对异族盲目歧视，而是基于文明程度事实的考量。因此也才解释了，为什么一俟发现玄烨见识颇合文明向度，他也能够不吝称扬，不复以"蛮夷"视之。他义不仕清，也基于爱国情怀。但梨洲之爱国，是爱拥有古老、茂美、优雅文明的中华，而非那恶贯满盈的朱姓王朝，对后者他无从爱起。以上两点，令梨洲成为明清鼎革之际一个独特的案例：既是老资格抵抗战士，并以遗民身份终老，却又不像徐枋、巢明盛、沈寿民等等，强烈保持对前明的认同，与现实作彻底切割。

"屠毒天下之肝脑，离散天下之子女，以博我一人之产业"①，这个批判矛头，话中包含的体验，明显指向明朝。在他而言，可谓字字血，声声泪。但他的批判却并非仅从家庭和个人凄惨遭际的冤气、怒气而来，亦即只是发泄一种个人不满。我们看得很清楚，真正支撑起他的批判的，是正确的价值观和杰出的历史理性。

这里，价值观和历史理性，除人类、社会应当趋向文明而非野蛮的信念，另一支点是"公权"意识。《明夷待访录》把其理路，表述得十分精准：人性自私，然而权力却要公正；越是公正的权力，越能尽可能

---

① 黄宗羲《明夷待访录·原君》，《黄宗羲全集》第一册，浙江古籍出版社，2005，第2页。

地保护社会成员的自我利益。要知道，其中对于个体正当利益或曰自私性的承认，已经包含了对社会秩序伦理内涵的全新理解，与世界近代人权观走在同一个方向：

> 有生之初，人各自私也，人各自利也，天下有公利而莫或兴之，有公害而莫或除之。有人者出，不以一己之利为利，而使天下受其利；不以一己之害为害，而使天下释其害。[①]

认自私乃人性本质，且完全正当；但当人类组成社会，个人利益的无序追逐，势必彼此扰乱，共同利益无法体现，共同害恶无法抑除。这个时候，建立公权的要求便发生。而它的建立，本来就不是为了谋取私利，而是要使所有人合理获得自己的利益，使所有人规避对合理自身利益的损害。而当下权力本质却完全改变，"以为天下利害之权皆出于我，我以天下之利尽归于己，以天下之害尽归于人，亦无不可。使天下之人不敢自私，不敢自利，以我之大私为天下之大公"。"其既得之也，敲剥天下之骨髓，离散天下之子女，以奉我一人之淫乐，视为当然"[②]，梨洲愤而指出，这种权力根本是反人类的，从人性角度说，甚至倒退到连鸿蒙之初尚且不如的状态："向使无君，人各得自私也，人各得自利也。"[③] 如此权力，要它何用？对人类哪来半点好处？

在"食君禄，报王恩"的可鄙而普遍的认识底下，梨洲提出的质疑，完全是颠覆性的。国家税赋，毫厘取自从事生产的人民，国家权力机器的运行，全仗生民维持，明明是食民禄，也明明应当报民恩，怎么却颠倒了过来呢？眼下梨洲所论，正是要将颠倒的真相复其本原，从根子上掘断君权的依据。"岂天地之大，于兆人万姓之中，独私其一人一姓

① 黄宗羲《明夷待访录·原君》，《黄宗羲全集》第一册，浙江古籍出版社，2005，第2页。
② 同上。
③ 同上，第3页。

乎？"① 国家非某姓之国家，政权非某姓之私产，而为"兆人万姓"所共有共享。他还没有使用今天我们所熟悉的"共和"一词，而频频论以"天下"，但这种字面上的差别，就其已明显具有的民有、民享认识论，并不重要。而基于民有、民享这新的伦理支点，梨洲才彻底抛弃了无数腐儒所错误遵奉的忠君观，"而小儒规规焉以君臣之义无逃于天地之间，至桀、纣之暴，犹谓汤、武不当诛之，而妄传伯夷、叔齐无稽之事，使兆人万姓崩溃之血肉，曾不异夫腐鼠。"② 那种君臣伦常，不但完全不合道德，简直也是站在罪恶一边。在他而言，君权如若背离"天下"，就再无正当性可言，作为反人民或反人类的权力，必须唾弃，这是大义。由此，我们也从一个深层次，窥知梨洲之所以有别于当时明遗民群体中占主流的正统儒家士夫。他把他们的偶像伯夷、叔齐视为"无稽"，指桀、纣覆亡合该如此。

所有这些，都植根于"天下"概念。权由"天下"来、由"天下"立，亦为"天下"用、以"天下"为鹄的。不单君主之正义在于代民掌权、行权，"以千万倍之勤劳而己又不享其利"③，臣工百官天职亦应如此："缘天下之大，非一人之所能治，而分治之以群工，故我之出而仕也，为天下，非为君也；为万民，非为一姓也。"④ 打个比方，假如国家是一份产业、一间公司，则梨洲认识里，人民是其董事长，君主不过是由民委派、向民负责的总经理，臣工百官则是君主所选任的司职各具体事务之业务经理。他敬告那些出来做官的，不要把关系搞错了，以为自己是为总经理打工，而忘记了公司的真正主人。

法律也是如此。梨洲曰："三代以上有法，三代以下无法。"⑤ "三代"是他笔下一种单独的政治图景，我们可以宽泛地理解为帝制以前或

---

① 黄宗羲《明夷待访录·原君》，《黄宗羲全集》第一册，浙江古籍出版社，2005，第 2 页。
② 同上。
③ 同上。
④ 黄宗羲《明夷待访录·原臣》，同上，第 4 页。
⑤ 黄宗羲《明夷待访录·原法》，同上，第 6 页。

非帝制的政治。而"三代以下无法"说，似乎颇乖人们常识。至今，对于秦帝国及其开创的制度，流行的乃至也是它最好的辩护词，难道不是它实行了"法治"吗？按此说因秦重用法家而来，"文革"间评法批儒，力称秦以"法"立国，以致后来一般不思无知、望文生义之辈，遂以为秦国是个"法治"社会，将其与现代法制精神穿凿附会。殊不知，单论"法"这字眼，并非天生好词。"法"，可以公明理性，也可以暴政酷治、钳制人民。重要的在于立法原则——法为何而立、体现谁人利益。立法原则不同，法于是有清浊、良恶之分。清明之法，使国家和社会健康、向善；浊恶之法，虽曰有法，本质却是"非法之法"①。梨洲以"三代以下"为"无法"，正因其立法原则邪恶反动。三代以上，能够立法为公："二帝、三王知天下之不可无养也，为之授田以耕之；知天下之不可无衣也，为之授地以桑麻之；知天下之不可无教也，为之学校以兴之，为之婚姻之礼以防其淫，为之卒乘之赋以防其乱。"②虽然这些情形史上并不可考，但关键不在此，梨洲不过借此描述，正确的法律，宗旨在于保护人民利益，为"天下"福祉而设。而"三代以下"之法，则背道而驰："既得天下，唯恐其祚命之不长也，子孙不能保有也，思患于未然以为之法。然则其所谓法者，一家之法，而非天下之法也。"③秦创帝制，以"一姓"并吞"天下"，其所立法，只是"一家之法"。梨洲不承认这种法度合法，故称"无法"。他指出自己心中，合法之法当为何样："藏天下于天下者也，山泽之利不必其尽取，刑赏之权不疑其旁落，贵不在朝廷也，贱不在草莽也。"④这几句的精神是，法律当使利归人民，富民先于富国，不将天下敲剥殆尽，使权力不专、不视为禁脔、如防贼般防其旁落，官家官府不高高在上、对民众无以贵凌贱以高驭下之威。他认为，遵循如此精神之法，方可谓正义之法、良善之法，

---

① 黄宗羲《明夷待访录·原君》，《黄宗羲全集》第一册，浙江古籍出版社，2005，第7页。
② 同上，第6页。
③ 同上。
④ 同上。

才是真正"有法"。故正确的法治前头，先要有正确的法律。法律正确，"其人是也，则可以无不行之意；其人非也，亦不至于深刻罗网、反害天下。"[①] 正确的法律，让人的因素无足轻重，一个人"是"也好、"非"也好、"好"也罢、"坏"也罢，终究只是他自己的事情，但"坏法""恶法"，却是纵容个人之恶使它能够祸害社会的根源。就此他指出"治法而后有治人"[②]，把法律自身毛病治理好，种种个人之恶自然没有依托。要是一部法律，原为残民虐民而设，那么由它建立起来的"法治"，"何曾有一毫为天下之心哉！而亦可谓之法乎？"[③] 拿梨洲的观念为对照，那些把替君主专制效命的法家之法作为"法治"来称道的人，会不会感到脸红呢？

梁启超说章太炎以为《明夷待访录》向满洲上条陈，"是看错了"。陈寅恪因梨洲《题辞》有自比箕子之语，就称书中"以清圣祖比周武王"，更是牵强。《待访录》的写作动因，表面上由胡翰的十二运说触发。梨洲说他此前一直苦恼"何三代而下之有乱无治也"，及读胡翰得一解释，"起周敬王甲子以至于今，皆在一乱之运"，屈指算来，这个"乱运"正在接近终点，然后将"交入'大壮'，始得一治"。他说，自己由此获得"三代之盛犹未绝望"的信心，从而生出未雨绸缪、为即将到来的治世"条具为治大法"之想。显然，此作面向两千余年的历史时空，为之总结，同时替新时代做准备，"吾虽老矣，如箕子之见访"——所"待"者是新时代之"访"。

他起身迎接的是整整一个新时代，是两千年来中国历史的新窗口、新局面。对此，他心中已有了明确预感。这预感的根据，并非他所称的胡翰十二运，那不过是个说辞和"伪托"。《明夷待访录》的表述让人相信，作者对中国经过漫长苦闷积郁起来的行将突破的历史力量，有杰出

---

① 黄宗羲《明夷待访录·原君》，《黄宗羲全集》第一册，浙江古籍出版社，2005，第7页。
② 同上。
③ 同上，第6页。

的意识。其核心观念或中心思想，极其卓越：人生而"自私"，生而有此权利，"自私"乃社会应予承认和尊重的天赋人权；为体现这种权利，国家及其权力制度，必须从一家之禁脔、从"独私其一人一姓"，向"天下"共享、"人各得自利"的方向打开。此等见地，与西方近代启蒙思想内核未有不同。我们可以说，他的国家观，已含"民有"逻辑；他的权力观，已含"民享"成分。虽然尚未作"民选"之谈，然而，他就上层建筑的法律提出从立法原则上更易其基础的要求，距"民选"政治，其实也仅一步之遥。放眼过去，中国还从未达到梨洲的思想高度，他对旧制度的批判，为社会准备了新的伦理，真正伴随着观念的突破和创新，那些将索求止步于"子女玉帛"、你方唱罢我登场式的财富权力转移与接管的农民革命，根本不能望其项背。

如此面向弘远未来的思想，岂宜拘泥地解作为某朝某帝而发？

叁
柒

史学

　　梁启超说："大抵清代经学之祖推炎武，其史学之祖当推宗羲。"①
梨洲对史学抱头等的重视，"拘执经术，不适于用，欲免迂儒，必兼读
史"②，认为史的意义不在经之下，可补经的不足，尤其是使人不迂腐。
当然，中国人对史的重视，由来很久，梨洲的看法也不甚新鲜。不过，
很多人所谓重视历史，是沉湎旧史，"自将磨洗认前朝"，所谓鉴古知
今，从旧史中讨生活。但梨洲不同，梨洲的史学直指当下，肆力于当代
史建设，断非寻章摘句老雕虫。这是他一项了不起的贡献，乃至某种意
义上，他与新朝官员有所来往、对新朝一些举措有所回应，实与他积极
建设当代史的抱负有关。

　　康熙十七年 1678 诏征"博学鸿儒"，梨洲百般推辞。翌年开明史馆，
总裁徐元文举梨洲参与修史，梨洲自己虽通过地方官"代以老病疏辞"③，
却赞成弟子万斯同参与，又让儿子黄百家代己前去，对徐元文说："今

---

①　梁启超《清代学术概论》，上海古籍出版社，2000，第 17 页。

②　同上，第 16 页。

③　黄炳垕《黄宗羲年谱》，中华书局，1993，第 42 页。

吾遣子从公，可以置我矣。"① 两件事本身有区别，"博学鸿儒"属于接受清廷职务，而修明史虽是清廷官方行为，事情本身却仅关著述，可以个人身份预其间。万斯同开出的条件便是，"给他官，他不要，请以布衣参史事，不署衔，不受俸"②。黄百家当亦如此。除了这点差别，更主要的还是梨洲对当代史的修撰很看重、很迫切，觉得责无旁贷，必须参与、厕身。他可不是那种置现实于不顾、徒标气节、独善其身、把爱惜羽毛放在第一位的遗世之士。他推崇史学的价值，首先是使人"免迂腐"。像修史这么紧要的事，以个人品节为重置身其外，就是迂腐，甚而对历史放弃责任。所以他态度非常积极，说白了，修撰当代史不能缺席，必须有"自己人"参加。他多方考虑，觉得自己回避，而由儿子和弟子参与，具有合适的分寸，是两全之策。

万斯同动身之际，梨洲专门写诗三首，给以嘱咐：

> 史局新开上苑中，一时名士走空同。是非难下神宗后，底本谁搜烈庙终。此世文章推婺女，明初修《元史》，以宋景濂、王子充为总裁，皆金华人。今以徐立斋、叶讱菴为监修总裁，皆昆山人，故以为比。定知忠义及韩通。凭君寄语书成日，纠谬须防在下风。

> 管村彩笔挂晴霓，季野观书决海堤。卅载绳床穿皂帽，一篷长水泊蓝溪。余所居地。猗兰幽谷真难闭，人物京师谁与齐。不放河汾声价倒，太平有策莫轻题！

> 堂堂载笔尽能人，物色何缘到负薪。且莫一诗比老妇，杨铁崖有《老妇行》，上太祖。应怜九帙有萱亲。重阳君渡卢沟水，

---

① 全祖望《梨洲先生神道碑文》，黄炳垕《黄宗羲年谱》附录，中华书局，1993，第93页。
② 梁启超《中国近三百年学术史》，东方出版社，1996，第107页。

双瀑吾被折角巾。莫道等闲今夜月，他年共忆此良辰。①

　　第一首强调高度重视修明史的工作，尤其是万历至崇祯这一段"当代史"，以此对万斯同寄予厚望，甚至是托付；"纠谬须防在下风"，要他很好地把握这段历史，和各种谬误、不实作斗争，争取写出一部信史。第二首告诫弟子，在编撰工作中大胆发挥和释放才学，有充分自信，敢与任何别的作者较其短长——但是仅此而已，不参与当下政治、绝不为当朝出谋划策。第三首讲了两方面的意思，一是史馆罗致一时之士，作为山野布衣能厕身其中，机遇难得，值得珍惜；然而其次，勿因而生出"非分"之想，以致出离参与其事的本意。他用了杨维桢号铁崖的典故。杨由元入明，朱元璋召其修礼乐书，初不应，赋《老客妇谣》，"岂有老妇将就木而再理嫁者耶"，后无奈至南京，百有一十日，俟所修书叙例略定，即乞归家。梨洲要万斯同以杨维桢为榜样，事毕即还，勿陷染朝中。"应怜九峡有萱亲"，是说时刻想着家中还有老母。"重阳君渡卢沟水，双瀑吾被折角巾"，则说你重阳节过卢沟桥抵达北京时，要记得故乡还有一个戴折角巾的老师。双瀑即梨洲化安山书屋双瀑堂；折角巾乃从前汉族布衣文人服饰，清人因辫发不能用，梨洲此时亦然，所谓"吾被折角巾"借指内心。

　　假此三诗，我们于梨洲对子弟参与清修明史之事，为何支持，以及要求他们怎样做的态度，可谓了解得一清二楚。康熙二十八年 1689，万斯同再度去北京，梨洲又以诗相送，句云："四方声价归明水，一代贤奸托布衣"②。康熙三十一年 1692，复寄诗至北京，就修明史事谆谆教导万斯同："一部十七史，迁固与宋祁。但取征存亡，不贵修文辞。""史臣职褒贬，权与宰相夷。""布衣入史馆，明初则有之。子今蹄盛事，莫

---

① 黄宗羲《送万季野贞一北上己未》，《黄宗羲全集》第十一册，浙江古籍出版社，2005，第 282 页。

② 黄宗羲《送万季野北上》，同上，第 318 页。

负此良时。""不肯媚巨子，何况随纤儿！"① 都是讲历史叙述极其重要，治史责任之重大不亚于宰相治理当世，一定要积极参与，兢兢业业对待，使正确的历史认知得存其中。他显然是抱了对历史的高度责任感面对此事，否则把个人名节放在第一位，置之不理，那才愧对历史。

除让子弟赴明史馆，他自己也以各种方式支持明史编撰，努力施加影响。"先公《大事记》，神庙逮光熹。余有《三史钞》，《实录》及家稗。倾筐授万子，庶为底本资。"② 他把父亲生前所写万历至天启年间《大事记》，自己所藏《明实录》及多种野史，悉数送给万斯同，作为修明史的资料。在当代史方面，他过去多年中早已下了很大功夫，编有《明史案》二百十四卷，写有各种回忆录、亲历记、论传、墓表，这些工作闻名在外，故有旨："凡黄宗羲有所论著及所见闻，有资《明史》者，着该地方官钞录来京，宣付史馆。"③ 郡中奉旨来求，梨洲欣然出其著录，据说郡中为此组织了几十人，"缮写进呈"④，可见梨洲对《明史》编撰在资料方面贡献颇巨。对《明史》的编写体例，他亦有贡献，如"儒林传"之外不再单立"理学传"。其他作用，略如梁启超所说："他虽不应明史馆之聘，然馆员都是他的后学，每有疑难问题，都咨询他取决。《历志》则求他审止后才算定稿，《地理志》则大半采用他所著《今水经》原文，其余史料经他鉴别的甚多。"⑤

我国历代官史中，《明史》颇以高水准有美誉。梁启超说："现行《明史》，在二十四史中——除马、班、范、陈四书外，最为精善，殆成学界公论了。"如今《明史》署名"张廷玉等撰"，是因张廷玉乃最后一任修书总裁。实际上，《明史》稿本主体，乃是王鸿绪《明史稿》。王在康熙、雍正年间，曾三度任《明史》总裁。但他这部《明史稿》，却可谓史上最大一桩剽窃事件，剽窃对象就是万斯同。这段故事，我们借梁启

① 黄宗羲《寄贞一五百字》，同上，第 343 页。
② 同上。
③ 黄炳垕《黄宗羲年谱》，中华书局，1993，第 42 页。
④ 同上。
⑤ 梁启超《中国近三百年学术史》，东方出版社，1996，第 58 页。

超的撮述略窥一斑：

> 钱竹汀钱大昕说："乾隆初，大学士张公廷玉等奉诏刊定
> 《明史》，以王公鸿绪《史稿》为本而增损之。王氏稿大半
> 出先生手。"《潜研尝集·万季野传》盖实录也。乾隆四年张廷
> 玉进《明史表》云："惟旧臣王鸿绪之《史稿》，经名人三十
> 载之用心……"名人即指季野，不便质言耳。关于这件事，我们不能不替万
> 季野不平，而且还替学界痛惜。……季野费十几年工夫，才
> 把五百卷的《明史稿》著成。季野卒于京师，旁无亲属，所
> 藏书籍数十万卷，都被钱名世其人者全数乾没去，《明史稿》
> 原本，便落在王鸿绪手。……他得着这部书，便攘为己有，
> 叫人誊抄一份，每卷都题"王鸿绪著"，而且板心都印有"横
> 云山人集"字样，拿去进呈，自此万稿便成王稿了。①

简而言之，高质量的《明史》，真正作者是万斯同，或主要是他的
杰作。按照"学界公论"，《明史》在二十五史中水准仅次于《史记》、
前后《汉书》和《三国志》，因而可以说，万斯同也是我国能与司马迁、
班固、范晔、陈寿比肩的杰出史家，可是就因为这样一次剽窃事件，他
不但失去了自己的成果，于今在一般读者中也默默无闻。

全祖望《万贞文先生传》载："诸纂修官以稿至，皆送先生复审，
先生阅毕，谓侍者曰：'取某书某卷某页有某事当补入，以某书某卷某
页当参校。'侍者如其言而至，无爽者。"造诣这样深，于史料文典简直
烂熟于心。且不光是饱学而已，眼光见识都高人一筹，史馆凡"建纲领、
制条例，斟酌去取，讥正得失，悉付万斯同典掌"，"必就正折衷于先生
而后定"。②

这位《明史》主要作者，不光是梨洲的得意门生，且其参修《明史》，

---

① 梁启超《中国近三百年学术史》，东方出版社，1996，第109—110页。
② 钱林《文献征存录》卷一，咸丰八年，有嘉树轩刊本。

某种意义亦因徐元文说不动梨洲，遂以万季野为其替身。对此，梨洲送季野北上诗是认可的，他借"此世文章推婺女"一句下面的自注，特别提醒季野注意自己实际上是作为浙东学者的代表前往。之后，又多次指点季野在北京以及史馆做人做事的原则，而季野都恪遵不渝。他坚持不受俸、不领衔，以客人身份馆于徐元文家，以示自己只是民间历史研究者，而非官方在编人员，"斯同与人往还，其自署则曰'布衣万某'，未尝有他称也"①。我们知道这正是梨洲所至嘱。另据方苞《万季野墓表》，季野逝世前两年，欲以所著史稿托其保存，"因指四壁架上书曰：'是吾四十年所收集也，逾岁吾书成，当并归于子。'""吾欲子之为此，非徒自惜其心力。吾恐众人分操割裂，使一代治乱贤奸之迹，暗昧而不明。子若不能，则他日为吾更择能者而授之。"当时方苞有事南归，"逾年而季野竟客死，无子弟在侧，其史稿及群书遂不知所归。"②这其实可视为季野的临终嘱托，而其中所谈，核以先前梨洲赠诗，处处见出季野对师嘱念念不忘，包括向方苞介绍自己修史方法时提到"昔人于《宋史》已病其繁芜"③，也来自梨洲观点。所以，万斯同明史写作，很忠实地贯彻和体现着梨洲的主张；换言之，这位《明史》主要作者背后，确有梨洲高大的身影。《明史》修撰，梨洲虽未亲为，所给予的影响却应谓深刻。

---

① 赵尔巽等《清史稿》卷四百八十四，中华书局，1977，第 13346 页。
② 方苞《万季野墓表》，《望溪先生文集》卷十二，续修四库全书一四二〇·集部·别集类，上海古籍出版社，2001，第 446—447 页
③ 同上，第 446 页。

叁
捌

掮任

世遭变故，正人君子易于想到自己出污泥不染，舆论所重也是这类品行，而其他问题往往被忽视。一六六五年，刚从"独坐雪交亭"的长久苦痛走出不久的梨洲，借一篇文章提出这样的问题：

> 尝读《宋史》所载二王之事，何其略也！夫其立国亦且三年，文、陆、陈、谢之外，岂遂无人物？顾闻陆君实有日记，邓中甫有《填海录》，吴立夫有《桑海遗录》，当时与文、陆、陈、谢同事之人，必有见其中者，今亦不闻存于人间矣。国可灭，史不可灭，后之君子能无遗憾耶？[1]

"二王"，是南宋两个末位君主赵㬎、赵昺。梨洲惊讶于元人所修《宋史》对这一段的记述，无论人事都很简单。他还发现，连存世的史料也极少，有些虽然听说过，但仅闻其名，都无处可寻了。言此，他重

---

[1] 黄宗羲《户部贵州清吏司主事兼经筵日讲官次公董公墓志铭》，《黄宗羲全集》第十册，浙江古籍出版社，2005，第309页。

重写下"国可灭，史不可灭"这句话。国家会亡，兴许是没有办法的事；可是为何国家亡了，历史也凋零若此？梨洲问："后之君子能无遗憾耶？"他觉得这是应负历史传承之责的文化精英们"君子"未尽到责任的结果。几年后，"国可灭，史不可灭"一字不易又出现在另一篇文章：

> 虽然，国可灭，史不可灭，后之君子，而推寻桑海余事，知横流在辰，犹以风教为急务也。[1]

文末铭词叹问："太史遁荒，石渠萧瑟。茫茫来者，谁稽故实？"[2]太史即史官，"石渠"乃西汉皇室藏书阁名。史官无踪，文献星散，历史湮埋，后人何处追寻？

《弘光实录钞》序，述己之近况。曰："年来幽忧多疾，旧闻日落。"曰："十年三徙，聚书复阙。"紧跟着，犹如石破天惊，横空一问：

> 后死之责，谁任之乎？[3]

这八个字，不单悬在当时梨洲心头，恐怕自"海氛渐灭"直至辞世，始终悬于心头。或许，每个"后死之人"都当有此一问，可显而易见曾这样自问者不多。不少的遗民精英，于"后死"生涯，唯念不陷泥淖、守身如玉，而非后死者当有何所"任"。梨洲心中却回旋着这个声音，其使子徒参修《明史》，实由"国可灭，史不可灭"、"后死之责，谁任之乎"等主动自我儆勉致之。

鉴乎宋末教训，他深感覆辙不容再蹈，国运难免暂衰，国家精神、文脉、风教则万不可随之坠绪、蹭蹬。告别"雪交亭"愁苦，他选择的

---

① 黄宗羲《旌表节孝冯母郑太安人墓志铭》，《黄宗羲全集》第十册，浙江古籍出版社，2005，第339页。

② 同上。

③ 黄宗羲《弘光实录钞》序，《黄宗羲全集》第二册，浙江古籍出版社，2005，第1页。

是振作，以传掮华族文明身任之。他之所以由"游侠"而"儒林"，深层解释在此。换言之，当从"雪交亭"走出，他便明确了余生意义在于致力于中国从文化上不亡！穷搜治史，不必说为此；绍述张皇蕺山之学、浚疏整理宋元明思想学术，不必说为此；聚徒讲学、兴教传道，不必说还是为此。此外还有一桩事，当时及后来争议很大，也应该从这角度理解。

那就是梨洲的弟子出来应试。他的门下，做了举人的有董允瑫、万言，中举进而再登进士的，先后有张士埙、陈锡嘏、陈紫芝、仇兆鳌、范光阳、郑梁，斩获颇著。

明亡后，是否参加清朝科举考试，在读书人看来是个重大原则问题。因为科举目的是做官，做官意味着食禄，既领清朝俸禄，当然就承认了人家统治的合法性。故而，从忠于明朝或"爱国"的角度，出来应试乃是极可耻的事。孔尚任《桃花扇》，结尾将侯朝宗安排当了道士，以避其清初应乡试之事，这是要保全复社才子的正面形象。欧阳予倩的戏剧和电影改编本，反其道而行，据实写来，让李香君于重逢之际大骂侯朝宗，则是以侯为反面教材、抨击"民族气节"的沦丧。总之一句话，出来应试就是丑闻。当时，与梨洲直接有关的例子，是与他先友后敌之吕留良。前面讲过，吕本人入清曾应童生试，当上秀才，觉醒后深以为耻，以"失足"自责；公开宣布放弃生员功名后，他在吕氏梅花阁教授子侄，宗旨便是以读书为本、无关制艺，聘来取代梨洲西席之位的张履祥，也抱同样立场。梨洲兄弟中感情最深的二弟晦木，也站在吕留良一边。晚村殁后他赋诗盛赞晚村"晚年解螯腕，弃去真俊杰"[1]，"自放草野没，耻从公卿后"[2]。这同时也是讥刺乃兄，晚村弟子严鸿逵有"晦木因与太冲恶"[3] 之说，应属可信。除了旧友昆仲，一般社会舆论非议也颇多。全祖望记宁波当时文人董剑锷事迹，说："浙东有以讲学负盛名

① 全祖望《续甬上耆旧诗》卷四十，黄宗炎《哭吕石门四首》，杭州出版社，2003，第 217 页。
② 同上。
③ 卞僧慧《吕留良年谱长编》，中华书局，2003，第 242 页。

者，先生谓其躬行逊于文词，未为醇邃，闻者以为知言。"①浙东以讲学负盛名者，明显即梨洲，全祖望因以己为梨洲后学，为之隐。"躬行逊于文词"，就是言行不一、做的不如说的好。董剑锷此评，得到大家共鸣。

从吕留良到董剑锷，体现了誓与清朝彻底切割、永做遗民的精神，自民族气节言，是高风亮节，理当钦仰。其最为极端者，例如我在《野哭》中写过的徐枋，他率全家躲到无人烟的山中，自己足不出户，严禁孩子们着时服、习世礼，更别说出来应试。

然而，遗民们所奉律条终究难免于尴尬，随着清朝统治日趋稳固，迟早有一天要被打破。前面讲过徐狷石"遗民不世袭"的主张，验以事实，大家终于都是这样，并无例外，钱穆就曾一一举例：

> 亭林最坚卓，顾其辞荐也，则曰"人人可出，而炎武必不可出"。二甥既为清显宦，弟子潘次耕，亲兄备受惨毒，亦俯首为清臣。梨洲晚节多可讥。晚村独持夷夏之辨不变，然余读其遗训手迹，缕缕数百言，皆棺衾俯身事耳，独曰"子孙虽贵显，不许于家中演戏"，则无怪后人之入翰苑也。船山于诸家中最晦，其子则以时文名……徐狷石所谓"遗民不世袭"，而诸老治学之风乃不得不变。②

此处一方面虽曰"梨洲晚节多可讥"，另一方面又举了大量例证，显示类似情况在别人那里或多或少、或近或远都发生了。亭林顾炎武虽坚拒仕清，可他外甥徐乾学、徐秉义、徐元文都是清廷大官。潘耒表字次耕既是顾炎武弟子，与徐枋亦介师友之间，他的兄长潘柽章因明史一案康熙初年被凌迟处死，本人却于康熙十九年 1680 应博学鸿词之举，得授翰林院检讨，故谓"俯首为清臣"。船山王夫之因抗清失败后"窜身瑶

---

① 全祖望《续甬上耆旧诗》卷五十六，杭州出版社，2003，第 728 页。
② 钱穆《中国近三百年学术史》自序，商务印书馆，1997，第 1—2 页。

峒，声影不出林莽，遂得完发以殁身"[1]，然而他的儿子"则以时文名"
时文即八股文。吕留良最坚持夷夏之辨，但结局最尴尬的倒也是他。彼之
遗嘱中"子孙虽贵显"一语，明摆着亦料子孙终将为清朝做事，果然，
先是他卒后十三年，子吕葆中成举人，又十年，高中康熙丙戌科榜眼
"三月，吕葆中成一甲二名进士"[2]，钱穆"无怪后人之入翰苑"即指此也。

等到吕葆中入翰林，晚村以弃绝清朝科举为宗旨的梅花阁教育实验
无疑是彻底失败了，他的庭训，连亲生儿子也不能遵守。最终来看，仅
存的区别无非是，吕留良侥幸未像应为谦那样在世时就面对"儿子将就
试"的"主臣"，抑或不必如梨洲一般因门下弟子出来应试担"躬行逊
于文词"的骂名。所以我们才一再感慨，徐犹石"遗民不世袭"的认识，
头脑是比较清醒的。梨洲虽未总结出这样的理论，但他不禁弟子应试，
不对他们绳以诸如此类明显行不通的规矩，可以说显示他心中早已抛开
了那种无谓、虚蹈的空谈。

进而探讨，与徐犹石又有不同在于，梨洲门下纷然就试，并非对现
实"吾辈不能永锢其子弟以世袭遗民"式无奈适从，反而相当程度上出
乎主动。康熙十五年 1676，梨洲为大弟子陈赤衷表字夔献五十岁生日写
了一篇贺文。其时恰当甬上二十六学子拜师十周年，梨洲有借此文回看
十年的用意。起首曰：

> 今海内皆知甬上，精综六艺，翱翔百氏，危儒行，标清
> 议，一切夸诞骸骼之习击去之。今世夸诞骸骼之妄人，累急
> 甬上，终于不可亲而止。盖十年以来，所称鲁、卫之士，必
> 在甬上也。[3]

---

① 赵尔巽等《清史稿》卷四百八十，中华书局，1977，第 13107 页。
② 卞僧慧《吕留良年谱长编》，中华书局，2003，第 351 页。
③ 黄宗羲《陈夔献五十寿序》，《黄宗羲全集》第十册，浙江古籍出版社，2005，第
680 页。

以骄傲或欣慰口吻，总结了十年来纳徒授学的业绩，从初时遭各种阻挠非议到"今海内皆知甬上"。"盖十年以来，所称鲁、卫之士，必在甬上也"一语，最值得注意。它不仅仅是自夸，关键在"鲁、卫"字眼另有深意。

鲁国和卫国，是周代两个诸侯国。鲁之始祖为周公，卫之始祖为康叔，他们是敦睦的兄弟。孔子曾说："鲁、卫之政，兄弟也。"[①]注家解释这句话的意思是："康叔睦于周公，其国之政亦如兄弟也。"[②]而我们知道，鲁国因系周公之后，保存周礼最完善，卫国的政治既与之相近，故亦同鲁国一道，是"克己复礼"的孔子眼中的"首善之区"。梨洲讲"鲁、卫之士"，首先是在这层意思上，亦即他和他的徒众，是力行"鲁、卫"使命的。

其次，还有一层意思。孔子生当礼崩乐坏之际，而他身上最突出的精神，不是逃世自洁、独善其身，而是掮任救世之义，努力用世。可是用世的尝试到处碰壁不售，一生总共只得到两次机会——严格说是一次半，一次在鲁，半次在卫。在鲁国，孔子由中都宰而司空，而大司寇，而"大司寇摄相事"[③]；相邻齐国"闻而惧"，曰"孔子为政必霸"，[④]使计让鲁国冷淡了孔子。"孔子遂适卫"，"卫灵公问孔子：'居鲁得禄几何？'对曰：'奉粟六万。'卫人亦致粟六万。"不久，有"谮孔子于卫灵公"者，孔子"恐获罪焉"，离开卫国[⑤]——这次在卫国，没有具体官职，但毕竟领了俸禄，姑可谓"半次"。后来，孔子还曾返于卫，但"灵公老，怠于政，不用孔子"。孔子惋惜道："苟有用我者，期月而已，三年可成。"[⑥]他到处碰壁时还曾叹道："文王既没，文不在兹乎。天之将丧

---

① 司马迁《史记》卷四十七孔子世家第十七，上海古籍出版社，1997，第1513页。
② 同上。
③ 同上，第1501页。
④ 同上，第1502页。
⑤ 同上，第1502—1503页。
⑥ 同上，第1506页。

斯文也，后死者不得不与于斯文也。"①

结合孔子这"一次半"经历，体会梨洲"鲁、卫之士，必在甬上"，应该说除了以文明传承使命自任，还有"求用于世"的意涵。所谓"仲尼不容于鲁、卫，孟轲不用于齐、梁"②，儒家二圣在现实中大致都身处逆境，但都积极进取，屡败屡战。因而"鲁、卫之士"的内在品格，在于以天下为己任，不因浊世而抽身。碰壁和颠沛之时，蔡国附近，孔子命子路问路于两位隐者长沮和桀溺。桀溺劝子路："悠悠者天下皆是也，而谁与易之？且与其从辟人之士，岂若从辟世之士哉？"③ 天下已然流于纷乱，任谁也挽回不了；与其追随自以为高明的人辟通避，"辟人"在此指排击丑类，还不如加入我们、躲避社会。子路把此话告诉孔子，孔子这样说："鸟兽不可与同群。天下有道，丘不与易也。"④ 我们是人类，没法像鸟兽那样；如果天下有道的话，我何用多此一举，要去改变什么呢？

我们若以孔子时的中国比拟梨洲时的中国，用孔子的责任感想象梨洲的责任感，就会对他种种的有为和不放弃，取得儒家伦理精神的理解。"与其从辟人之士，岂若从辟世之士"，桀溺命题，同样横亘在梨洲面前；他的回答和孔子一样："鸟兽不可与同群。天下有道，丘不与易也。"当年，楚国隐者接舆曾狂歌而过孔子，责骂他："凤兮凤兮，何德之衰！往者不可谏，来者犹可追！已而已而，今之从政都殆而！"⑤ 据说凤这高格的生灵，"待圣君乃见"，孔子却当浊世而四处求用，故被责"何德之衰"。说，过去已然错了，现在改正还来得及。又说，如今世道已乱得不可收拾了，从政者没什么搞头，不要指望了！

这不也是梨洲所受的非议吗？不也是明亡之后诸多遗民对世事所抱心态吗？梨洲借陈夔献五十之寿，赞扬"危儒行"姿态，说："方今

① 司马迁《史记》卷四十七孔子世家第十七，上海古籍出版社，1997，第1503页。
② 牟融《理惑论》，《弘明集》卷第一，四部丛刊子部，涵芬楼影印万历丙戌汪道昆刻本。
③ 司马迁《史记》卷四十七孔子世家第十七，上海古籍出版社，1997，第1510页。
④ 同上，第1510—1511页。
⑤ 同上，第1512页。

天下多事，不可无夔献，夔献亦安能悠悠于蒿轴乎？"^① 表彰弟子，抒发己志。愈是"天下多事"，愈不合逃往"鸟兽"。"后死之责，谁任之乎？""国可灭，史不可灭"，"横流在辰，犹以风教为急务"。总之，凡可匡时补世，任何途径、任何办法，撰史、讲学、求仕，概不予拒，都可采用而身体力行。"永锢其子弟以世袭遗民"，固然是可能与否的问题，但更重要在其根本不对。必要的反抗不能没有，而当反抗既已失败，与其抱残守缺、洞内舐伤，毋如"以吾身利天下"^②。

① 黄宗羲《陈夔献五十寿序》,《黄宗羲全集》第十册，浙江古籍出版社，2005，第681页。
② 黄宗羲《寿张奠夫八十序》，同上，第675页。

叁
玖

后圣

　　《留书》"封建"篇末尾说:"后之圣人复起,必将恻然于斯言。"[1]觉得自己见解很深刻,如果有"后圣",是会被深深打动的。换言之,这样的见解,配得上"后圣"的水准。梨洲实际上颇以"后圣"自居。其子黄百家为他写《行略》,言及出生,"谓与先圣生殁只差一字"[2],此说应是梨洲生前时所提及,说明他很在意,也为此得意。他常把"鲁、卫之士"挂在嘴边,全祖望《神道碑文》铭词出现在碑文最后,作为简要的总结陈辞第一句"鲁国而儒者一人"[3],俨然视之"当代孔子",大概也是揣摩他的心思而给予的褒赞。

　　"圣"字繁体上边一"耳"一"口",下边一个"王"。耳口之王曰圣,杨树达说:"'圣'与'聪'义近,故从耳"[4],本义就是聪明睿智。至于

①　黄宗羲《留书》,《黄宗羲全集》第十一册,浙江古籍出版社,2005,第6页。
②　黄百家《先遗献文孝公梨洲府君行略》,黄炳垕《黄宗羲年谱》附录,中华书局,1993,第63页。
③　全祖望《梨洲先生神道碑文》,黄炳垕《黄宗羲年谱》附录,中华书局,1993,第97页。
④　杨树达《积微居读书记》,上海古籍出版社,2006,第120页。

"圣人"，无非是通达物理、识见超卓、能启众生的智者，韩愈所谓"古之时，人之害多矣。有圣人者立，然后教之以相生养之道"①，用今天话来讲，盖即"文化巨人"。后来帝王之辈竟然窃取了它，以自己为"圣上"，以自己之言为"圣旨"，以自己时代为"圣代"，以自己所乘为"圣驾"，乃至经其所观看过的书画亦曰"圣鉴"……实则他们与这字眼一点关系没有。

其实不光中国，人类各文明都拜"文化巨人"所造。从孔孟老庄、释迦牟尼、耶稣，下迄牛顿、贝多芬、托尔斯泰、爱因斯坦等，从"圣"字的本来意义讲，都是"圣人"。"圣人"为人类提供知识、思想、道德、情操、制度和技术，从各个方面贡献、丰富和提高文明，一点点地脱离"要荒"状态，去往更优更美的生活。人类历史，着实得归功于"圣人"的踵起不绝。

梨洲确有加入"后圣"队伍或成就一番"后圣"事业的志向。他于此是不掩的，而榜样是孔子，亦即做"鲁、卫之士"。孔子生逢乱世，礼崩乐坏。鲁、卫都是小国，从现实霸权角度说微如毫芥，但它们蕴涵的传统，却关乎正义。梨洲认为，自己所处时代和孔子十分相像，也面临大崩析、大转折，而历史当此关头，向善抑或向恶发展，方向未明、一团暗昧，两种可能性不相上下，即所谓"夷之初旦，明而未融"之际。此八字，是《明夷待访录》书名由来，出处则系《左传·昭公五年》："明夷之谦，明而未融，其当旦乎！"②对此杜预注曰："融，朗也。离在坤下，日在地中之象。又变为谦，谦道卑退，故曰'明而未融'。日明未融，故曰'其当旦乎'。"③"明夷"和"谦"，均列六十四卦，"明夷"的发展变化是"谦"。孔颖达疏"明夷"卦："离下坤上为明夷。离为日，坤为地。《象》曰：'明入地中，明夷。'夷者，伤也。日在地中，光不

---

① 韩愈《原道》，《韩愈全集校注》，四川大学出版社，1996，第 2663 页。
② 《春秋左传正义》，北京大学出版社，1999，第 1213 页。
③ 同上，第 1213—1214 页。

外发，则为明伤也。"① 是"日在地中之象"②，是"日未出前者，以日未出与日已入，皆日在地下，其明不见"③。此卦象之意这里无须深究，总之知其与我们平常所谓"黎明前黑暗"相通，即可。而俗论穿凿附会，以"夷"字意会"满清"，以"明"字意会"朱明"，殊乖原旨。梨洲所论，岂区区之朝代更替也！他思索的是，历史善恶关头的何去何从。进取努力，大光明可能在前，可使历史曙光跃出地平线上；耽溺懦弱，则"明夷"难了，致暗昧益久，往更深的黑暗沉沦。他解读中国的历史出现过两次这种关口。孔孟曾遇到过一次，以儒家二圣为代表的一批先哲，当着春秋战国五百年大乱之世，曾肩扛正义，力遏中华向野蛮暴恶滑堕。眼下梨洲的时代是又一次，从他那时起往后，中国的任务是挣脱帝制茧缚、实现民主，前后也许又将历时一个五百年。对这一历史走向，四百年后我辈已看得十分清楚。梨洲当日，不像我们有近代世界潮流为参照，但自"起周敬王甲子以至于今，皆在一乱一运"的表述来看，他意识到了此次蜕迁事关两千年极权政治制度的生成及谢幕，这真是很了不起的洞见。我们并不求他独力一人揭明中国历史进程，我们觉得能够提出这样的问题，便已无愧自己时代。

他的民主社会、民主政治指向，虽不完善，却否认不了。有些年轻而食洋不化的研究者，拘泥字面，不解真谛，尤其对古人筚路蓝缕、以启山林的艰卓，不屑体会④，唯知以欧洲业已成熟的民主社会实践，妄贬梨洲，而对问题的讨论方式又甚为抽象化，从理论到理论，不结合中国历史实际，甚至不立足于对梨洲本人文本细读，下一些空疏的裁决。如："黄宗羲并没有突破传统政治思想的基本框架，其基本概念、基本范畴和基本命题等仍然保持了传统风貌。"⑤ 然而，何为"传统政治思想

① 《春秋左传正义》，北京大学出版社，1999，第1212页。
② 同上，第1214页。
③ 同上。
④ 钱穆谈梨洲政治思想，言及后人如"忘其处境之艰虞，则亦未为善读古人书矣"（《中国近三百年学术史》，第39页），可谓不幸言中。
⑤ 张师伟《民本的极限——黄宗羲政治思想新论》，中国人民大学出版社，2004，第355页。

的基本框架"？何为"其基本概念、基本范畴和基本命题"？甚至何为"传统"？这些表述，学术上都不能落实，因为一九一一年帝制终结以来至今，中国并不曾沉静、充分、深入地研究过自己历史和思想文化，形成透彻和公认的成果。我们甚至连这样的机会也没有，百年间，前半世纪战乱，后半世纪名曰"两家争鸣"、实则一家独语，沉静、客观之学术并无着落，故而上述几个"基本"从何而来、内容如何，"传统"二字具体何解、所指何物，至少以笔者看无从明晰，而论者则不惮信口即出。按说以从容、据实而论态度，真正展开对中国历史、思想文化的认识和总结，百年来唯眼下或当其时。然而大学及研究机构却普遍为浮泛虚离学风所困，治学者轻则难拆胸中藩篱，重则为指标、经费、名衔做课题，搞各种急就章，不是深研细摩，而是率尔立论、轻薄发落，用一些苍白概念三下五除二了断某事。像"黄宗羲的最高权力仍然由天子一人把持，其他政治权力如果不是君权'治事'权的代理或延伸，就不具有理论的合理性、合法性"① 这种论断，稍肯细读梨洲著作，即无法不诧其出言不慎。盖梨洲论述社会治政，固仍沿用和保留了"君"字，但仅因此字，即称他主张"最高权力仍然由天子一人把持"，不要说读者替他打抱不平，即梨洲自己亦将尴尬于不知其何必写什么"原君"。原君之"原"，本来恰是正本清源之意，恰是指"一人把持"非正当君道，断然不承认"一人把持"有其"合理性、合法性"，直言"天下为主，君为客"② ，此彰彰明甚，怎么到该论者这儿，梨洲反成为君权专制的辩护士了呢？另如"只有'天'知道，学校、宰相等无权判断，既然如此，又如何可能产生真正意义上的分权、立宪和制衡？"③ 也是分明不曾排除杂念，原原本本读《学校》《置相》《原臣》诸篇。梨洲在那里面，将"是

① 张师伟《民本的极限——黄宗羲政治思想新论》，中国人民大学出版社，2004，第186页。
② 黄宗羲《明夷待访录·原君》，《黄宗羲全集》第一册，浙江古籍出版社，2005，第2页。
③ 张师伟《民本的极限——黄宗羲政治思想新论》，中国人民大学出版社，2004，第186页。

非"不应决于天子一人、就"公其是非于学校"由群议裁定,"宫""府"各立、"宫"不能代"府",甚至将明代内阁制比为"宫奴",以及"天下不能一人而治,则设官以治之;是官者,分身之君也"①的君臣平等观"后世君骄臣谄,天子之位乃不列于卿、大夫、士之间"②乃至君权应为臣权所分之意,都表述得相当明朗。凡此原文,应该细读,尤其要不戴有色眼镜、结合中国历史实际读而思之。"民主"一物,实不在有君或无君、君主制或共和制等外观,且不说梨洲之论乃是中国民主思想的晨光熹微,未将"君"的字眼排除不足为怪,即便他明确主张保留君主制,也并不可以得出他是要国家"最高权力仍然由天子一人把持"的结论,那实属枝节,关键看他怎么理解权力,主专制、独裁、传诸万世,还是主分权、民主和公天下,梨洲政治思想系归后者,难道有何疑问否?"拘泥经术"的人,古时有,当代仍然有。他们死抠教条、遗神取形,拿欧洲近代民主制度模式为圭臬死搬硬套,若有丝毫装不进这框子,即曰不是"真正的民主"。殊不知条条大路通罗马,只要方向是"民主"这座罗马,具体制度思路及设计,不必普天同式、样样吻合,非与某既有模式严丝合缝。梨洲思想,本是中华民主文化的重要原创,非由外铄我,而是中国经其历史教训生发出的自主性成果,是我们十分宝贵的资源,适可证所谓中国人、中国社会天然不适合民主的论调之无稽。但对这样一个"传统",有人说从不存在,有人虽不否认却把它说成未能突破专制范畴、仅为后者之改良;此二者,政治观或许不同,但他们在认中国本土无民主精神资源这一点上,却殊途同归。

当梨洲写下"岂天地之大,于兆人万姓之中,独私其一人乎"、"盖天下之治乱,不在一姓之兴亡,而在万民之忧乐"这样的句子,中国的正义论,无疑跃至前所未有高度。它是对帝制以来国史的破题,也标识了自那时以来我国不懈奋斗的方向。任何一位思想者,一生能够为国家

---

① 黄宗羲《明夷待访录·置相》,《黄宗羲全集》第一册,浙江古籍出版社,2005,第8页。

② 同上。

和历史揭示这样的主题，都值得他的同胞们奉为圣贤。

他遗诸我们的精神财富居何等价值，且借两位学者的评价，取一概观的认识。首先是侯外庐，他说："此书《明夷待访录》前于卢梭《民约论》一个世纪"，又说"此书类似《人权宣言》，尤以《原君》《原臣》《原法》诸篇明显地表现出民主主义思想"。[①] 又说："宗羲是中国近代第一个把历史上所谓农业为本工商为末的观点颠倒过来，具有工商业自由生产的理想的人"[②]，以及"宗羲的经济思想，已有'国民之富'的萌芽"[③]。尤其他还说："《明夷待访录》之合于恩格斯所指的'近代推论的思维方法'，就不是梁启超所能知道的。"[④] 次如金耀基《中国民本思想史》，亦指《明夷待访录》"较之卢梭之《民约论》已着先鞭"，《原君》《原臣》《学校》诸篇，"置诸洛克《政府论》中可无逊色"，[⑤] 说黄宗羲对"人民为政治之主体"之肯定，"逼近了西洋近代'主权在民'的思想"[⑥]，盛称其"与孟子先后辉映，与卢梭东西媲美"[⑦]。

与马戛尔尼使华至鸦片战争，中国经异域文明灌输及引导才萌现近代化之思不同，梨洲表明当时中国思想及文化自我更生能力未失。他的存在，显示我国实可自发产生但丁、彼特拉克、伏尔泰、卢梭、孟德斯鸠式人物，而且已是事实。惜因清朝异族统治，及其所必有的对汉族知识分子言论学说的禁毁，中国这一批近代思想先觉者，无法进入和影响现实。《明夷待访录》于乾隆间入禁书类，清末才被重新发现；王夫之则自有清"二百年来几乎没有人知道，直至道光咸丰间邓湘皋显鹤才搜集起来，编成一张书目"[⑧]；朱舜水也是如此，"在本国几乎没有人知道，

---

① 侯外庐《中国思想通史》第五卷《中国早期启蒙思想史——十七世纪至十九世纪四十年代》，人民出版社，1956，第 155 页。
② 同上，第 145 页。
③ 同上，第 150 页。
④ 同上，第 156 页。
⑤ 金耀基《中国民本思想史》，台湾商务印书馆，1997，第 150 页。
⑥ 同上，第 151 页。
⑦ 同上，第 155 页。
⑧ 梁启超《中国近三百年学术史》，东方出版社，1996，第 92 页。

然而在外国发生莫大影响"[1]，他也是鲁王驾下的反抗者，与张煌言舟山共事、在四明山打游击，且亦曾随冯京第日本乞师，之后留日未归，被奉国师上宾，而以卓越思想提升了整个日本，梁启超说："舜水不特是德川朝的恩人，也是日本维新致强最有力的导师。"[2] 总之，明末文化思想新气象并非偶然和个例，一时贤俊辈出，若非大清以粗陋胜美茂，并为自己政权稳固而打击自由思想，中国实有能力和机会自行突破历史瓶颈。

梨洲以"为天下之大害者，君而已矣"，猛烈解构君主神话，可谓颠覆性贡献。而他另外还做了一件很要紧的事情，那就是深入诠释孟子。此事不如君主偶像破坏那样出名，一般论者虽有谈到，于其意义却挖掘不够。

就此，先要谈一种思维方式。上世纪中国因久抢"革命"之帜，国人普遍认为历史就是一味向前，新时代、新思想以踏过旧时代、旧思想尸体之方式挺进。然而放眼人类文明演变，有时虽取革命式突变，更重要的却在不失连续性。文艺复兴以回归古希腊来辞别中世纪，而宗教改革又将基督教伦理纳入资本主义精神。历史确要被超迈，但传统精神资源不会真正被抛弃，相反应该充分吸收、整合于当下及未来。文化遗产意义与价值的再发现，关乎族群的精神归属、自我认知和凝聚力。现代有一派学者，专门研究这个问题，而获"解释学"之名。大致来说，它因不满十七世纪科学主义霸权而起。"艺术被真理拒之门外，审美范围被缩小到显现（schein）的领域，以及将艺术一再地附着于真理的诸种努力，都是科学的认识论范型统治的结果。"[3] 简而言之，科学方法论试图用"真理"统一所有认识，取消"价值"维度，将人的思维、人与世界的关系归于刚性知识，否认通向事物的途径尚可包括开放、多样、柔

---

① 梁启超《中国近三百年学术史》，东方出版社，1996，第100页。
② 同上，第101页。
③ H. R. 姚斯、R. C. 霍拉勃《接受美学与接受理论》，辽宁人民出版社，1987，第318页。

性的"理解"。解释学不满此种逻辑和霸权,针锋相对提出"理解是人类生命本身存在的基本特点"[1]。解释学致力于揭示人类精神一个特征是如何"集中在理解的历史本质上"[2],凸显"价值"对人的重要性不在"真理"之下。"千真万确,历史的理解中总包含着这样的思想,历史延及我们的传统渗透于现实,并在对历史与现实的调节中获得理解——是的,是在这种调节中理解。"[3]解释学家注意到,几千年来思想史相当程度上是文献训诂解读史,在西方,《圣经》注释和希腊文本诠述是两个最突出的例子。"解释学的起源与人们要求发掘本文的正确意义密切相关"[4],通过交融着不同历史视野的经典重读,人类价值得以延伸,同时找到创新性思想的根须。

《孟子师说》于我中华即具此种意义。此书之著,深得解释学精神,而其早于欧洲则多达两个世纪。孟子为儒家亚圣,地位紧随孔子之后,儒家思想因也常称孔孟之道。但这两人圣贤之间,思想色彩颇有不同。孔子致力于"立",孟子致力于"破"。孔子热诚地追求理想,向人描绘美好和谐的景象;孟子则嫉恶如仇,专注于暴露现实丑陋与弊端,谴责暴政和民贼独夫。孔子的话语文质彬彬、温良敦厚,孟子出言犀利、擅长驳论。较之孔子,孟子于中国精神文明有别样的意义。他更多的是一位反对家,为中国提供了批判现实的传统,因而为专制权力所反感。朱元璋曾想把他从文庙配享中驱撤,又曾大幅删削《孟子》,规定科举考试只能以阉割后的《孟子节文》为本。

一六六九年,黄宗羲作《孟子师说》七卷,他解释此作直接原因,是刘宗周对《四书》都有阐说,"独《孟子》无成书",所以替老师做这件事,"以补所未备"。[5]"师说"之意,就是潜研刘宗周的思想,代老师

---

[1] H. R. 姚斯、R. C. 霍拉勃《接受美学与接受理论》,辽宁人民出版社,1987,第321页。

[2] 同上。

[3] 同上,第324页。

[4] 同上,第319页。

[5] 黄宗羲《孟子师说·题辞》,《黄宗羲全集》第一册,浙江古籍出版社,2005,第48页。

言之。不过，恐怕梨洲自己在思想上与孟子感觉关系特别亲近，才是更主要的原因。他对君主专制的反对，在《孟子》那儿找到了源头，视为一大武器，而予推重、张扬，以便在现实与未来更好地发挥作用。他撰《孟子师说》，方法上可谓有鲜明的解释学意识。我们来看他为此书写的《题辞》：

> 天下之最难知者，一人索之而弗获，千万人索之而无弗获矣。天下之最难致者，一时穷之而未尽，千百年穷之而无不尽矣。四子之义，平易近人，非难知难尽也。学其学者，讵止千万人！千百年而明月之珠，尚沉于大泽，既不能当身理会，求其着落，又不能屏去传注，独取遗经，精思其故，成说在前，此亦一述朱，彼亦一述朱，宜其学者之愈多而愈晦也。[1]

历代以来，《孟子》传注疏说繁多，梨洲不仅注意到这一点，且予肯定，认为智识正该"千万人""千百年"不断穷索来获致，这已很合解释学的精神。次而，又强调要勇破成说，不能"学其学者"，应"当身理会，求其着落"；否则，"学者之愈多而愈晦"，致"明月之珠"反"沉于大泽"。可见，经典既须穷研，又应与新的或具体历史视野交融，这两条解释学要义，在梨洲那里都已明晰，与所谓"历史延及我们的传统渗透于现实，并在对历史与现实的调节中获得理解"，略无不同。

秉此认识，他以《孟子》为依凭，展开对中华价值观一次重要的解释学尝试。《孟子师说》对《孟子》全书逐章批评；这些批评，不拳拳于原文、孜孜于字面，出入哲学、历史、政治、伦理，参以典章贤言，全面生发，力证两千年前中国便有治政尚民主、经济利民生的理念。如：

---

[1] 黄宗羲《孟子师说·题辞》，《黄宗羲全集》第一册，浙江古籍出版社，2005，第48页。

> 伊尹之志，以救民为主，所谓"民为贵，君为轻"也。
> "放太甲于桐"与"放桀于南巢"，其义一也。向使桀能迁善
> 改过，未尝不可复立，太甲不能贤，岂可又反之乎？①

太甲是商汤之后第四代帝君，因为失道，被他的宰相伊尹放于桐宫，令其悔过，三年后，伊尹以其已经自新，将他迎回复位。桀是夏代末位君主，在中国开暴君的先河，商汤推翻了他，把他放逐在南巢。梨洲认为，对虐害人民的暴君，可以推翻，可以流放，可以诛杀；如果坏君主能够改正也可欢迎，太甲如果不改，能被迎回吗？谈《孟子》"伯夷辞纣"章时，为了摈弃忠君之论，梨洲不惜改掉历来伯夷、叔齐"义不食周粟"传说，把《论语》的意思施以新解：

> 《论语》称伯夷、叔齐饿于首阳之下，民到于今称之。盖
> 二子逊国而至首阳，故饿也。民称之者，称其逊国高风也。②

说伯、叔非"不食周粟"饿死，是耻于在纣王暴政下做诸侯，主动弃国逃亡，途中饿死；人民称道他们，也非因他们对商王忠实，而是他们的"逊国高风"，亦即对暴政的抛弃和不合作。梨洲推崇王安石的话："夫商衰而纣以不仁残天下，天下孰不病纣，而尤者伯夷也。"天下无有不恨纣王的，伯夷其实恰恰是最恨的一个。谈"齐桓、晋文之事"章，曰：

> 不必说到王天下，即一国东周的诸侯国所为之事，自有王
> 霸之不同，奈何后人必欲说"得天下方谓之王"也！譬之草

---

① 黄宗羲《孟子师说·题辞》，《黄宗羲全集》第一册，浙江古籍出版社，2005，第156页。
② 同上，第95页。

木，王者是生意所发，霸者是翦彩作花耳。①

《孟子》此章论王道与霸道，梨洲替它阐发：不要觉得"王道"非是惊天动地的伟业，一统天下、广有四海才可以行，王道无分大事小事，要从身边做起，小国寡民也能致王道；王道实即一个"善"字，肯实实在在尊重、爱惜生命就是王道，能行王道的王者就像花草的呵护者，总使花草生长得更好，霸者却是采花者，把花儿摘下来当作自己的装饰。他说："所谓'由仁义行'，王道也。""仁义"这词我们如今多以"正义"言之，二者是一样的好社会、好政治以"仁义"为本，凡事求与"仁义"相吻，是王道的标志。他讲的这些道理，虽然朴素却万古不废，比如"王者是生意所发，霸者是翦彩作花耳"这一句，以之考量统治者也好、一种制度也罢，都可谓简单明了。又如谈"梓匠轮舆"章：

> 规矩熟而巧生，巧即在规矩之中，犹上达即在下学之中。学者离却人伦日用，求之人生以上，是离规矩以求巧也。庄周"斫轮"之喻，欲舍仁义以求道德，舍糟粕以求古人之不可传，正与孟子之意相反。②

这段并不直接关系世用，更多是哲学或思维方式问题，然读者稍换角度，不难发现其内容于我们精神文明形态意义颇大。在此梨洲强调"规矩"之重要，而中国有一派智者却视"规矩"为羁绊、为累赘、为浅薄，庄子"运斤成风"亦即"斫轮"的寓言，就宣扬更高的境界是出"规矩"以上以至亡失"规矩"。这种观点历来很有市场，不少知识者无意社会改进，以个体精神达"自由王国"为旨归，但求一人独我脱略形骸之外……这一切，梨洲称之"舍仁义求道德"。盖"仁义"前面说过

---

① 黄宗羲《孟子师说·题辞》，《黄宗羲全集》第一册，浙江古籍出版社，2005，第51页。
② 同上，第159页。

它不妨易为"正义"系乎社会福祉，悟道致德或许却只是一己福至心灵之事，所以梨洲目此"与孟子之意相反"。儒家非独善其身之学，它重视人伦日用，探求社会进步；它的道德"求之人生"，而非人生"以上"。梨洲坚持儒家取向，反对离开"人生"、"离规矩以求巧"。"巧即在规矩中"，"巧"在此泛指"好"——"好"要在"规矩"中求、万好不如"规矩"好、"规矩"好才是真的好——若我们将"规矩"换以别的字眼，例如法律、制度，就更易懂得他的寄心。他也许还未及形成自己清晰的法律、制度改进意见，但注意力无疑指着这方向。他的"规矩"之论，十分可贵。无论如何，中国的事情取决于能否有更好的制度，问题关键始终在此。

《孟子师说》犹如十七世纪中国伸出的一根思想缆绳，将远至纪元前三世纪的遗产连接起来。它是一次有力的"祖述"，令中国带民主、民约意味的政治理论溯至孟子。反观当世有人谓民主观乃中华传统身外之物、华人不解民主或与之生性不合等种种说法，适足证其只是奇谈怪论。

梨洲对清初史学的奉献和影响，对有明一代思想学术的梳理总结之功，对浙东学派的传承，以及历算之学的造诣等，都可为自己争得一个杰出学者地位。那些方面，我们如若不治其学，多半不能明了其价值，也绝少可能与之发生关系。但他的政治思想贡献则截然不同，不拘何人，市廛商贾、垄亩野夫、书生学人，都息息相关，即远隔数百年之我辈，亦仍仰其光辉温暖。全祖望称"寒芒熠熠，南雷之村，更亿万年"[1]，洵非过誉。钱穆以"根本改造之想"[2]论梨洲政治思想的意义，且将"清初三大儒"眼界胸次予以比较：

其时如顾亭林注重各种制度实际之措施，王船山注重民

---

[1]　全祖望《梨洲先生神道碑文》，黄炳垕《黄宗羲年谱》附录，中华书局，1993，第97页。

[2]　钱穆《中国近三百年学术史》，商务印书馆，1997，第39页。

族观念之激励，而梨洲则着眼于政治上最高原理之发挥，三家鼎峙，而梨洲尤为尽探本穷源之能事。①

若说打根柢质疑帝制法权，为我华族从政治理论底层发明民主之义，此盖世之功须记梨洲名下。无此功绩，他或许只是一位学问大家而已；有此功绩，他就够得上"鲁国而儒者一人"的褒扬。

孔子当"礼崩乐坏"之世，以"仁"为砥柱，力撑黑恶狂澜。中国之能经五百年大乱和嬴秦暴政，于堕入深渊的最后关头抽身而回，以及此后帝制极权格局中多少葆有文明之光和政治理性因素，乃至中国在整个人类较为黑暗的中世纪相对富于温情，都多亏了孔圣。

梨洲也处在一个类似关口。他谓之"天崩地解"，当时系指朱明灭国，而二百年后，明朝败亡象征着什么人们已看得极分明，那并不是某朝代的终死，而是整整一个制度的穷途末路。梨洲是少数精准解读明朝败亡根因的人。"夷之初旦，明而未融"，何其超卓的历史感觉！并且他如此清晰地意识到未来"初旦"所将去往的方向，"天下之治乱，不在一姓之兴亡，而在万民之忧乐"，一姓之历史将结束，众民的时代将到来，如今这被全世界验证了的潮流，梨洲无须隆鼻深目的洋人启迪，无待船坚炮利的警醒，自行觉识之。倘有中国乃一昏睡巨狮之说，那么，梨洲不在其内；他非"睁眼看世界"，而径直"睁眼看中国"，于西风东渐之前即为国人预言其事。他也像孔子那样，把握住了时代的文明方向，虽"终不得少试以死"，却为民族留下可资追溯的精神遗产。就此言，梨洲隐以"后圣"自诩，全祖望认他为当世孔子，我们觉得很配。

---

① 钱穆《中国近三百年学术史》，商务印书馆，1997，第36页。

肆
拾

裸
葬

康熙二十七年 1688，七十九岁的梨洲开始考虑后事。他写信给远在北京的儿子黄百家：

> 吾死后，即于次日舁至圹中，殓以时服，一被一褥，安放石床，不用棺椁，不作佛事，不做七七，凡鼓吹、巫觋、铭旌、纸钱、纸幡，一概不用。[①]

黄百家是因修《明史》而被清廷征召至京。一见信，他便"皇遽告辞"，请假回乡。上司得知，也当即特准其"在家纂辑，携书呕归"。总之，信中的想法，任何人看来都足堪惊骇。

厚葬，是中国重要而根深蒂固的传统，它来自居正统地位的儒家伦理。春秋末年，比孔子后起、同样在鲁国推销其学说因而与儒家有思想竞争关系的墨子，曾以诋毁的口气谈道：

---

① 黄百家《先遗献文孝公梨洲府君行略》，黄炳垕《黄宗羲年谱》附录，中华书局，1993，第 69 页。

厚葬久丧，重读 chóng 为棺椁，多为衣衾……此足以丧天下。①

梨洲眼下表示要做的，似在迎合墨子的批判，两者惊人地吻合。我们来看他的具体打算：一、死后第二天就入土——这是反对"久丧"繁琐冗长的过程。二、"殓以时服"，下葬时只想和日常一样着装——这是拒绝专门置办寿衣，反对"多为衣衾"。三、所有大操大办、乌烟瘴气的套路，那些意在营造哀荣气氛的厚葬风俗与手法，他欲一应摈除。四、最惊世骇俗的，当系"安放石床，不用棺椁"。棺椁，是厚葬的内容重点和集中体现。以往每个中国人，一俟人到中年，即以拥有一口好棺木为余生奋斗目标。它与人之间，有标识贫富贱贵之差的意义。富贵的程度及等级每提高一步，都在棺木上有所表现。《庄子·天下》："天子棺椁七重，诸侯五重，大夫三重，士再重。"②椁，是棺外所套大棺。天子从里到外有七层，诸侯五层，为官者可以三层，知识分子可有二层，普通平民有棺无椁。这就是墨子"重为棺椁"一语的具体内容。倘依古制，梨洲可享受一棺一椁的待遇，而他的意思是什么也不要——实际上，他想要裸葬。

我们暂不探讨他这么做的原因，而先指出其后果。以当时论，以上想法倘然果行，有两点是一定的。第一，梨洲本人将被目为离经叛道。第二，子女亲属必然背负沉重巨大的不孝骂名。

梨洲非墨子，不是任何意义上的儒家反对者。相反，他是地地道道的名教中人，是明末尤其自清朝康熙年以来享誉儒林的耆宿、大儒。裸葬之念，根本逾越、违背了儒家"核心价值观"。这一点，他当然清楚。

真正的压力在子女亲属身上。就梨洲个人言，既抱定一种价值观，是可以不顾物议，以"身后是非谁管得"的态度，超然去往另一个世界。

---

① 《墨子校注》，卷之十二，公孟第四十八，中华书局，1993，第 706 页。
② 《庄子集释》，卷十下，天下第三十三，中华书局，1985，第 1074 页。

而子女亲属无法做到超脱，他们将继续留在人世，去面对强大的舆论和习俗。儒家伦理有如一张蛛网，覆盖生活每个角落；何况蛛网早不仅结在外部世界，也布满和裹住了每个人自己的心灵。

所以，愿望能否实现，直接和最大的障碍或许恰恰是家人。梨洲给黄百家写信，距其终辞人世，尚有七年。之所以早早放出风声，一定出于周详的考虑。第一，以此表示，裸葬意愿不是心血来潮，而是郑重的决定；第二，留出充分时间做家人的工作，使他们最终能够消化这一想法。毕竟，身后事将由家人料理。他本人再坚决，愿望都有两种可能：被执行，或者不被执行。他需要防范因家人思想不通，死后在身不由己情况下，葬事被处理成所反感的样子。

事情正如所料，七年中，亲属一直设法劝他收回成命，但他从不稍动。康熙三十四年 1695，他于这年逝世，年逾八秩的黄宗羲，把当初借书信吐露的心声，正式立为遗嘱，此即收在《黄宗羲全集》第一册的《梨洲末命》。明确规定："吾死后，即于次日之蚤，用棕棚抬至圹中。一被一褥，不得增益。棕棚抽出，安放石床。圹中须令香气充满，不可用纸块钱串一毫入之；随掩圹门，莫令香气出外。"又新增有关祭扫的要求：一、"上坟须择天气晴明"——必须是阳光灿烂的日子，断不可恪守俗期而在阴雨天致祭 "清明时节雨纷纷"，梨洲却讨厌阴雨天，表示不必拘此俗礼；二、"凡世俗所行折斋、做七"，这些神神鬼鬼的仪式，"一概扫除"；三、凭吊者不得携纸钱、烛火之类，"尽行却之"，对那些 "相厚之至" 而坚持有所表示的亲友，可以告知欢迎他们 "于坟上植梅五株"。①

对这份正式遗嘱，亲属也不甘心接受。过去七年，黄宗羲三子中长子、次子相继殁故，眼下，三子百家是遗嘱唯一执行人。这意味着全部压力，俱落其一人肩上，他难以支承，便求族中长者做父亲工作，俾事稍稍可行。黄百家提出："诸命皆可遵，独不用棺椁一事，奈何？"搁弃其他争议，只请黄宗羲同意用棺。但在黄宗羲，裸葬正是不可更

---

① 黄宗羲《梨洲末命》，《黄宗羲全集》第一册，浙江古籍出版社，2005，第 191 页。

改的。为此，他端出父道尊严的架子："噫！以父之身，父不能得之子耶？"父亲的吩咐，儿子可以不照办吗？

他知道，光靠"父为子纲"不行，还要讲更多的道理。他专门作了一篇《葬制或问》，征史稽古，论证裸葬之举既有充分依据，更为不少先贤所实践。主要引述了四件材料：第一，《西京杂记》记载，直到汉代，"所发之冢，多不用棺"，说明裸葬不单曾经很普遍，且更合古风、古意。第二，东汉大儒、《孟子章句》作者赵歧，"敕其子曰：'吾死之日，墓中聚沙为床，布箪白衣，散发其上，覆以单被。即日便下，下讫便掩。'"第三，宋代命理大师陈希夷，著名的"陈抟老祖"，"令门人凿张超谷，置尸于中"。第四，汉武帝时"杨王孙裸葬，而子从之，古今未有议其子之不孝者"。①

杨王孙的例子，是专讲给黄百家、帮他打消顾虑的。杨王孙是实行裸葬的代表人物，他的特点在于，"家业千金"、以极富之人而坚决抵制厚葬，立遗言："吾欲赢通'裸'葬，以反吾真，必亡同'勿'易吾意。死则为布囊盛尸，入地七尺，既下，从足引脱其囊，以身亲土。"其子万般为难，"欲默而不从，重废父命，欲从，心又不忍"，便请父亲的至交祁侯代为相劝，祁侯给杨王孙写了一封信，杨王孙修书作答，条分缕析，祁侯完全折服，"曰：'善。'遂赢葬。"②

《葬制或问》，便是梨洲版的《答祁侯书》。文章替反对者设想了各种理由，并揣摩他们可能的心态及做法。其中写道："问者曰：'诤之不可。父死之后，阴行古制，使其父不背于圣人，不亦可乎？'"显然是给儿子打预防针，戒之不得阳奉阴违，严厉指出："恶！是何言也！孝子之居丧，必诚必信……父之不善，尚不敢欺。父之不循流俗，何不善之有？"③敢作此想，岂止不孝，何异欺父、叛父。

---

① 黄百家《先遗献文孝公梨洲府君行略》，黄炳垕《黄宗羲年谱》附录，中华书局，1993，第70页。

② 班固《汉书》卷六十七，杨胡朱梅云传第三十七，中华书局，2002，第2907—2909页。

③ 黄宗羲《葬制或问》，《黄宗羲全集》第一册，浙江古籍出版社，2005，第189页。

又将两首诗，付诸子手：

> 筑墓经今已八年，梦魂落此亦欣然。莫教输与鸢蚁笑，一把枯骸不自专。

> 年来赖汝苦支撑，鸡骨支床得暂宁。若使松声翻恶浪，万端瓦裂丧平生。[1]

鸢蚁，指大大小小生灵。松声，以墓旁常植松柏，借喻墓园环境。他说：别让我一把枯骨不能自专，连鸢蚁之类都不如；别让我于九泉下听到那样的消息，儿子在人世违我意愿，令我一生瓦全亦不可得。话说得很重，也相当恳切。

黄百家述至此，枉然叹道："呜呼！严命如此，不孝百家敢不遵乎？"[2]

---

[1] 黄宗羲《示百家》，《黄宗羲全集》第十一册，浙江古籍出版社，2005，第344页。

[2] 黄百家《先遗献文孝公梨洲府君行略》，黄炳垕《黄宗羲年谱》附录，中华书局，1993，第71页。

肆
壹

谢世

当七十八岁的梨洲决心裸葬时，他的心胸已迈过了许多沟壑。寻常之人站不到那样的高度，不免反而因自己的一叶障目而对他困惑以至非议。比如对康熙皇帝的态度问题，众人眼睛还盯着"爱新觉罗"这么个异族姓氏，梨洲目光却已投在了别处。众人只想到他不该作为一个"中国人"而称道"外来统治者"，却不曾单独地看看这"外来统治者"表现如何、做了哪些事、坏事多还是好事多、比过去的朱姓汉家君主如何，尤其是普通的中国人——老百姓得失如何……当然，这些问题不简单，有千头万绪的内容缠绕其中，谁也没法一语廓清。但梨洲无疑有他的道理，那道理也许距现实有些远，也许再过一千年就是人间很普通的道理——因此也许是现实还裹在沉重因袭里，一层一层的走不出来。

无论如何，他基本是走出来了，裸葬便是最好的表征。

体会一下：不要棺木、不要纸块钱串、不要做七七、凡世俗所行一概扫除，这是与"一定之说""肤论瞽言"、种种可笑的束缚人的习规决裂；"敛以时服"，不刻意着明朝装束表示遗民身份，只如平时衣着，这是顺其自然、去身份化、以自我回归。

以上是"不要"，而他又"要"什么呢？要三池荷花、要"相厚之至者"每人于坟上植五株梅树、要与自然亲近、与鸢蚁们的平等与融洽……古时，没有我们嘴边的时髦词"自由"，却并非没有那意识或精神。"莫教输与鸢蚁笑，一把枯骨不自专。"自专，差不多是自由的意思吧，至少是自主。"残骸桎梏向黄泉，习惯滔滔成自然。"① 这一句，意思清楚多了——他不愿意自己的身体纳在习惯的桎梏里，就算死掉了，那把骨头也不愿进入桎梏。

人生最后几年，和所有老者一样，身体犹如一台磨损过度的机器。从他自己所述，有以下几种病症。首先是严重的足疾，"老病废人，足不履地，四顾无语，如此便与地狱何殊！"②"别后足疾愈甚，至今不能履地，真同桎梏。"③足疾具体为何不详，总之严重到卧床，不能下地走路。次为呼吸道病症："痰嗽半月，几于不起，今尚未可知也。"④高龄老者，最易肺部感染，梨洲显亦不免。另外还有一种情形："麻症时发时愈"⑤，所谓"麻症"，多半是脑部供血不足，而致肢体失感，"时发时愈"，或为初起症状，若不得治向前发展便是脑卒中。其诉该状之《与万承勋书》写在"乙亥立秋"，即一六九五年八月七日，而仅过五天，与世长辞；据此来看，大概死于脑梗突发。

梨洲似乎有所预感，《与万承勋书》是当作辞世宣言来写的：

> 总之，年纪到此，可死；自反平生虽无善状，亦无恶状，可死；于先人未了，亦稍稍无歉，可死；一生著述未必尽传，自料亦不下古之名家，可死。⑥

① 黄宗羲《刻中筑墓杂言》，《黄宗羲全集》第十一册，浙江古籍出版社，2005，第322页。
② 黄宗羲《与郑禹梅书一》，同上，第79页。
③ 黄宗羲《与郑禹梅书二》，同上，第80页。
④ 黄宗羲《与郑禹梅书四》，同上，第81页。
⑤ 黄宗羲《与万承勋书》，同上，第82页。
⑥ 同上。

连列四个"可死",表其无憾。末条是重点,说明梨洲的骄傲;他料着了自己著述在历史上将居何种地位。

康熙三十四年 1695 七月三日,为"文明"思考终生的黄宗羲,用死亡完成了最后一次思想过程。遗愿得到遵从:

> 不孝百家谨遵末命,于次日舁至化安山,不用棺椁,安卧圹中石床,前设石几,置所著述图书其上,即塞圹门。①

梨洲逝世一周年,弟子们讨论给他上一个怎样的私谥。地点在宁波万言宅舍,到场者二十七人。首先确定下来"文"字,皆无异议。第二个字,有人提出"孝",仇兆鳌不可,主张用"节":

> 先生抗蹈海之踪,而高不事之守,直使商山可五,首阳可三,此宇内正气之宗,有明三百年纲常所系也。谥以"文节",乃不失先生之大全矣!②

仇兆鳌学问很好,此番议论却不让人佩服。说什么乃师一生行迹,足令"义不食周粟"的首阳二贤平添一位,变成三贤;尤其还扯到"有明三百年纲常",若梨洲有知,恐叹其死读书、读死书矣。众同门相执不下,遂"共就先生像前决之,得'文孝'二字"③——兴许是拈阄来定吧。梨洲真是把"自专"进行到底了,竟冥冥中替自己定下"文孝"之谥。大家诧曰:"先生之灵,殆欲自昭其苦志之所在欤?"④

---

① 黄百家《先遗献文孝公梨洲府君行略》,黄炳垕《黄宗羲年谱》附录,中华书局,1993,第 62 页。
② 万言《文孝梨洲先生私谥议》,《黄宗羲全集》第十一册,浙江古籍出版社,2005,第 398 页。
③ 同上,第 399 页。
④ 同上。

以上过程，由万言完整录于《文孝梨洲先生私谥议》。根据这记载，自由思想者黄宗羲于死后拒绝将自己与"节"字联系起来。"文"，是他一生的事业、内涵和理想。"孝"，则有袖锥刺贼、替父申冤的少年壮举和多年"负母流离"为依据。

2012 年 8 月写起

2013 年 9 月毕

2014 年 1 月小改

2014 年春节再补正

2014 年 3 月据审读意见修讫

附录一 黄宗羲系年简表

说明：表内年号依违，考虑到传主的政治立场，不宜采取通行的历代纪元划分。黄宗羲始奉清朝年号，约在康熙十九年。为了既尊重传主，又便于溯沿，本表试予折中处理：以一六五三年鲁王在金门自去监国之号为界，之前一律奉明朝年号，之后改书清朝年号。

明万历三十八年（1610） 一岁

八月八日戌时，生于浙江绍兴府余姚县通德乡黄竹浦。父讳尊素，母姚氏。以姚氏有麟瑞之梦，乳名麟。

万历四十一年（1613） 四岁

八月、十一月，曾祖母章氏、曾祖父黄大绶相继去世。

万历四十三年（1615） 六岁

秋闱，黄尊素举于乡。

万历四十四年（1616） 七岁

春榜，黄尊素成进士。七月三日，仲弟宗炎生。

万历四十五年（1617） 八岁

黄尊素授南直隶宁国府推官，随父任。

万历四十六年（1618） 九岁

三弟宗会生。

天启二年（1622） 十三岁

自宁国回乡，在绍兴应童子试。七月十六日，四弟宗辕生。年底，黄尊素考授御史，悬缺，归余姚候职。

天启三年（1623） 十四岁

补仁和博士弟子员。秋，随父至京。冬，黄尊素授山东道监察御史。

天启五年（1625） 十六岁

三月，黄尊素疏劾魏忠贤、客氏，削籍归。季弟宗彝生。十二月，娶同邑叶氏为妻。叶氏长黄宗羲一岁，系南宋诗人叶梦得之后，其父叶宪祖曾任广西按察使。

天启六年（1626） 十七岁

三月，黄尊素被逮。送父至绍兴，见到刘宗周，拜为师。闰六月初一，黄尊素惨死狱中。

崇祯元年（1628） 十九岁

入京颂冤。二月或正月从余姚动身，在杭州稍停留，访陈继儒，陈为之改定疏稿。三月，抵京，呈疏。五月，会审许显纯、崔应元，袖锥刺显纯。六月，会审李实等三人，上演同样一幕。狱毕，同难东林后人设祭诏狱中门，共署《同难录》，叙爵里年谱，相传为兄弟。秋，奉父枢南归。

崇祯二年（1629） 二十岁

刘宗周在绍兴蕺山讲学，侍其讲席。六月十八日，长子百药生。十一月二十五日，黄尊素安葬于隐鹤桥。

崇祯三年（1630） 二十一岁

奉祖母卢氏至南京探望任应天府经历的叔父黄等素，从韩上桂、林古度等学诗。经周镳介绍，加入复社，出席复社"南中大会"。尤与沈眉生相友，在其劝导下，习举业、参加乡试。榜发未中，与复社名流张溥、杨廷枢、陈子龙、吴伟业等舟游秦淮。旋南回，遇文震孟于京口，同舟至苏州，文阅其试卷，勉之曰"异日当以大著作名世"。

崇祯四年（1631） 二十二岁

发愤读史，自本朝《实录》而二十一史，每日一本，两年而毕。

崇祯五年（1632） 二十三岁

与宁波陆文虎、万履安订交。

崇祯六年（1633） 二十四岁

成立孤山读书社。

崇祯七年（1634） 二十五岁

继续读书孤山，对研究音乐有兴趣。至太仓拜访张溥、张采。随刘宗周去嘉善参加魏大中葬礼。返绍兴，在木莲庵见周云渊所著百科书《神道大编》数十册，憾不能尽抄之。

崇祯八年（1635） 二十六岁

祖母卢氏卒。

崇祯九年（1636） 二十七岁

二月，去苏州拜访文震孟，为父求墓志铭。途经常熟，访钱谦益。秋，在杭州偕黄宗炎、黄宗会同应乡试，再次落榜。十二月，黄尊素迁葬化安山。

崇祯十一年（1638） 二十九岁

暮春，赴皖地访沈眉生，不遇，欲转往安庆，眉生之弟沈寿国知之，邀入城，宿徐律时家，与梅朗中、麻三衡等盘桓十日。继至池州，会读书社友刘城。旋往南京，时阮大铖招摇白下，复社诸人议挫之。七月，周镳、顾杲、陈贞慧、吴应箕等倡集名士，出《留都防乱公揭》，具名其上。八月十五观涛日，与东林同难兄弟出席桃叶渡大会。年内，注《西台恸哭记》《冬青引》。

崇祯十二年（1639） 三十岁

赴南京，第三次参加乡试，不中。复社才俊啸聚南中，举国门广业社，与梅朗中、顾杲、陈贞慧、冒辟疆、侯朝宗、方以智等，无日不相征逐。

崇祯十三年（1640） 三十一岁

充点解南粮之役，奔走求告，因倪元璐、祁彪佳之助，其事得集。仲子正谊生。

崇祯十四年（1641） 三十二岁

又至南京，在黄居中家阅"千顷堂"藏书殆尽。此时似独钟地理学，阅朝天宫《道藏》，凡涉山水者悉手抄之。冬，岳父叶宪祖病故，葬之。

崇祯十五年（1642） 三十三岁

官府为黄尊素在余姚建祠。与陆文虎一道去北京备考，读书万驷马北湖园中。榜后，大学士周延儒拟荐其为中书舍人，辞之。十一月返乡，约诸弟探踏四明山，归来写成《四明山志》。

崇祯十六年（1643） 三十四岁

到杭州，会沈士柱。三子百学后改名百家生。

崇祯十七年（1644） 三十五岁

四月，闻北京之变，从刘宗周到杭州，与章正宸、朱大典、熊汝霖等议招募义师事。不久，福王监国诏书发表，即至南京。

弘光元年（1645，清顺治二年） 三十六岁

马士英、阮大铖当政，构陷东林、复社，以《留都防乱公揭》事欲与顾杲并逮，得人暗助，脱厄，归浙东。六月，清师下绍兴，刘宗周避居城外，绝食。徒步往返四百里探师，归后奉母避乱。闰六月，熊汝霖、孙嘉绩等浙东起义，迎奉鲁王监国。

闻讯与宗炎、宗会纠黄竹浦子弟数百人举事，呼"世忠营"。十一月，进《监国鲁元年大统历》。

鲁监国元年（1646，清顺治三年） 三十七岁

二月，监国授予兵部职方司主事，寻改监察御史，仍兼主事。五月，领兵三千意欲西进。六月，兵溃钱塘江，以余卒数百逃入四明山。旋微服潜出，访监国消息。未果而归，山寨已破，乃奉母入化安山，以避追捕。

鲁监国二年（1647，清顺治四年） 三十八岁

匿身深山，研究历法，注《授时历》。

鲁监国三年（1648，清顺治五年） 三十九岁

出山回黄竹浦居住。四弟宗辕卒，年仅二十七。

鲁监国四年（1649，清顺治六年） 四十岁

打听到监国下落，遂赴行朝，晋左佥都御史，再晋左副都御史。六月，张名振攻占健跳，迎监国至此。不久，清廷核查不顺命者，令有司录家口以闻。因陈情监国，获准还家。十月，监国由健跳至舟山，召为副使，偕冯京第、阮美乞师日本，抵于长崎，不得请而返。

鲁监国五年（1650，清顺治七年） 四十一岁

弟宗炎因抗清被捕，待死牢中，与万泰、高旦中等设计救出。三月，为地下反清活动到常熟访钱谦益，同时饱览绛云楼藏书。

鲁监国六年（1651，清顺治八年） 四十二岁

充当反清据点，与行朝秘密来往。八月十六日，清兵攻舟山，九月二日下之。除张名振保护监国逃脱，整个行朝皆墨。自张肯堂、吴钟峦以下，全部就义。四子阿寿出生。《海外恸哭记》或作于是年，其序云："因次一时流离愁苦之事，为《海外恸哭记》，以待上指鲁王之收京返国，即创业起居注之因也。舟山以后，濲所未详，行朝之臣必有同志者。"显示写作时鲁王犹未去监国之号。

鲁监国八年（1653，清顺治十年） 四十四岁

三月，鲁王在金门自去监国号。九月，作《留书》，是为《明夷待访录》前身。又，《怪说》一文亦极可能作于是年抑或稍早，该文与《留书》自序，都出现了"梨洲老人"自称。"梨洲"之号启用，应在此时。

清顺治十一年（1654） 四十五岁

仍与抵抗组织来往，并因张名振密使被执再招名捕。

顺治十二年（1655） 四十六岁

最钟爱的小儿子阿寿夭折，年方五岁。

顺治十三年（1656） 四十七岁

三月，与三个弟弟一道在山中遭土匪绑架，经救脱身。四月，二儿媳孙氏卒。五月，一孙死于天花。同时，故居坍塌，并遭粮绝。秋，返于故居，而反清义士沈尔绪祸作又受牵连，亡命。黄宗炎第二次被捕，为故人救出。

顺治十五年（1658）　四十九岁

失音讯多年，得沈眉生消息，作诗寄之。十月，着手写《弘光实录钞》。

顺治十六年（1659）　五十岁

郑成功反攻长江，清兵围剿，入化安山避战乱。山中闻郑兵败，痛郁满怀、百感交集，为之连赋六诗，题《山居杂咏诗》，"横身苦楚，淋漓满纸"，于反清之事终于绝望。获悉沈士柱南京遇害，作《哭沈昆铜》："传生传死经二载，果然烈火燎黄琮。"

顺治十七年（1660）　五十一岁

居龙虎山堂。八月，往游庐山，沿途访故人，遇到阎尔梅等，寄柬方以智。十月，由庐山至南京。十一月返浙，在杭州由黄宗炎介绍，与吕留良会面于孤山。十二月，次子正谊与续弦虞氏所出女孙阿迎生。是年成稿《匡庐行脚诗》《匡庐游录》。

顺治十八年（1661）　五十二岁

仍居龙虎山堂，研究易学。元旦，万斯祯、斯同兄弟携侄万言，自甬上来访，以践乃父拜师遗命。年底，为避盗贼出龙虎山，回故居。

康熙元年（1662）　五十三岁

二月和五月，龙虎山堂与黄竹浦故居相继失火，四处迁徙，将是年所作诗名之《露车集》，言此不安居状。着手著《明夷待访录》。

康熙二年（1663） 五十四岁

四月，赴语溪执教吕氏梅花阁。五月，三弟宗会病重，驰归。八月，宗会卒。《明夷待访录》脱稿。

康熙三年（1664） 五十五岁

二月，之语溪教席。四月，钱谦益病，与吕留良、吴孟举等同往常熟探视，被反锁室内，代笔某官所求三篇文章。回程时，在苏州访周茂兰兄弟、徐枋等。六月，返里，万斯选来谒，选部分诗作编为《南雷诗历》，交万斯选抄写成书。十月初，再至语溪，两月而返。

康熙四年（1665） 五十六岁

春，甬上学子陈锡嘏、仇兆鳌等二十余人，由万斯大、斯同兄弟引领，前来受业。仍至语溪吕氏梅花阁执教。约于是年作《汰存录》。

康熙五年（1666） 五十七岁

春，仍馆语溪。中间去海昌访陈确，并一起去与朱朝瑛谈学。五月，回到语溪，闻祁氏旷园之书乱后迁化鹿寺，遂与吕留良等集资往购，致生龃龉，吕黄决裂。郡中天花流行，十二月初七日，女孙阿迎于七岁生日当晚，忽然发病，二十日而殇。

康熙六年（1667） 五十八岁

不再去语溪。九月，与姜希辙、张应鳌在绍兴恢复证人书院讲会。

康熙七年（1668） 五十九岁

开始选《明文案》。继续在绍兴主持证人书院。三月，到宁波，与门下弟子大会于广济桥、延庆寺，亦以"证人"名之。

康熙八年（1669） 六十岁

春，至绍兴，寓证人书院。与同门恽日初论刘子之学。五弟宗彝卒。《孟子师说》或作于是年。

康熙九年（1670） 六十一岁

得沈眉生亲笔信，彼此不通音问二十年矣。是岁，高旦中卒，葬宁波乌石山。为之撰墓志铭，并亲赴葬礼。因对墓志铭的内容与写法不满，吕留良发难，双方相持不下，矛盾公开化。

康熙十四年（1675） 六十六岁

编定《明文案》二百十七卷。记载隆武、绍武、鲁王、永历几个明朝流亡政权历史的《行朝录》，约写于此时。

康熙十五年（1676） 六十七岁

二月，到海昌今海宁。邑令许三礼鉴于绍兴、宁波证人书院影响，邀来讲学，听众多为官员。徐秉义亲至，徐乾学虽未来但派彭孙遹代为捧场。留两月而归。顾炎武读到《明夷待访录》，寓书激赏，且以所著《日知录》，呈请评弹。六月，夫人叶氏卒。获沈眉生死讯，赋《哭沈眉生征君》。

康熙十六年（1677） 六十八岁

复至海昌讲学。弟子董允瑶受侍讲学士、玄烨近臣叶方蔼之托，捎来三百五十字长诗，称道其家世与学问，游说出仕；以诗答，表示推辞。

康熙十七年（1678） 六十九岁

诏征博学鸿儒，叶方蔼以其名奏闻，并移文吏部。门人陈锡嘏闻讯，代为力辞，乃止。致书陈锡嘏，对其所为表示首肯。继续到海昌讲学。

康熙十八年（1679） 七十岁

清开史馆，监修《明史》总裁徐元文、叶方蔼，征其门下万斯同、万言预其事，允之，且授史料若干，赋诗送行。《明儒学案》稿成。

康熙十九年（1680） 七十一岁

母姚氏卒，享年八十七。徐元文谓"公非可召使就试者"，有旨："着该督抚以礼敦请。"仍以老病辞，但遣其子百家至署。继奉特旨："凡黄宗羲有所论著及所见闻，有资《明史》者，着该地方官钞录来京，宣付史馆。"徐秉义亲至黄竹浦拜访。自订《南雷文案》。

康熙二十年（1681） 七十二岁

与理学名臣汤斌往还书信。汤读《明儒学案》，盛赞。

康熙二十一年（1682） 七十三岁

魏学濂之子来，为父求墓志铭，慨然允之，曰："子一之大节，四十年尚然沉滞，则党人余论锢之也。"

康熙二十二年（1683） 七十四岁

弟子万斯大卒。至昆山，住徐乾学家，观传是楼藏书。吕留良卒。

康熙二十四年（1685） 七十六岁

再至昆山，在传是楼抄书，拟编《宋元集略》《宋元文案》。

康熙二十五年（1686） 七十七岁

浙省负责文教的官员王掞，"表章启、桢忠节，立'六贤讲院'，而以先忠端公为首"，又修葺祠堂，恢复祭祀。二弟宗炎卒。

康熙二十六年（1687） 七十八岁

编刻《刘子全书》四十卷。

康熙二十七年（1688） 七十九岁

春，由徐秉义接至昆山，与徐乾学等谈学，留一月。自订《南雷文案》《吾悔集》《撰杖集》《蜀山集》，钩除其不必存者三分之一，曰《南雷文定》。写信给在北京的儿子百家，告以关于未来丧事的决定。筑生圹于父墓旁，内设石床。

康熙二十九年（1690） 八十一岁

二月，圣祖问"海内有博学洽闻、文章尔雅、可备顾问者？"徐乾学再以"浙江黄宗羲"对。七月，余姚大水，作《姚沉记》述其状。对绍兴郡守李铎、浙江布政使马如龙救灾得力，印象深刻，作《大方伯马如龙救灾颂》。黄尊素祠屋毁于洪水，地方官员、名流捐资，在余姚新城南门附近另择新址重建，较前更便于祭祀，作《迁祠记》铭记。

康熙三十年（1691） 八十二岁

门人靳治荆任新安令，请游黄山。以高龄而往。

康熙三十一年（1692）　八十三岁

七月起，病体缠身，暂停一切文字交往。后恢复写作，而名所作之文曰《病榻集》。

康熙三十二年（1693）　八十四岁

在《明文案》基础上扩编成《明文海》四百八十二卷。冬，次子正谊卒。《思旧录》宜作于是年。

康熙三十三年（1694）　八十五岁

八月，得意门人万斯选卒，至恸，不俟其家人之请而铭之。同月末，长子百药卒。

康熙三十四年（1695）　八十六岁

立正式遗嘱《梨洲末年》，并作《葬制或问》及《示百家》二首。七月三日卯时辞世。众门生"共就先生像前决之，得'文孝'二字"，为之谥。

附录二 《清史稿》卷四百八十 黄宗羲传

黄宗羲，字太冲，余姚人，明御史黄尊素长子。尊素为杨、左同志，以劾魏阉死诏狱，事具《明史》。思宗即位，宗羲入都讼冤。至则逆阉已磔，即具疏请诛曹钦程、李实。会廷鞫许显纯、崔应元，宗羲对簿，出所袖锥锥显纯，流血被体；又殴应元，拔其须归祭尊素神主前；又追杀牢卒叶咨、颜文仲，盖尊素绝命于二卒手也。时钦程已入逆案，实疏辨原疏非己出，阴致金三千求宗羲弗质，宗羲立奏之，谓："实今日犹能贿赂公行，其所辨岂足信？"于对簿时复以锥锥之。狱竟，偕诸家子弟设祭狱门，哭声达禁中。思宗闻之，叹曰："忠臣孤子，甚恻朕怀。"归，益肆力于学。愤科举之学锢人，思所以变之。既，尽发家藏书读之，不足，则钞之同里世学楼钮氏、澹生堂祁氏，南中则千顷堂黄氏、绛云楼钱氏，且建续钞堂于南雷，以承东发之绪。山阴刘宗周倡道蕺山，以忠端遗命从之游。而越中承海门周氏之绪，授儒入释，姚江之绪几坏。宗羲独约同学六十余人力排其说。故蕺山弟子如祁、章诸子皆以名德重，而御侮之功莫如宗羲。弟宗炎、宗会，并负异才，自教之，有"东浙三黄"之目。

戊寅，南都作《防乱揭》攻阮大铖。东林子弟推无锡顾杲居首，天启被难诸家推宗羲居首。大铖恨之刺骨，骤起，遂按揭中一百四十人姓氏，欲尽杀之。时宗羲方上书阙下而祸作，遂与杲并逮。母氏姚叹曰："章妻、滂母乃萃吾一身耶？"驾帖未行，南都已破，宗羲跟跄归。会孙嘉绩、熊汝霖奉鲁王监国，画江而守。宗羲纠里中子弟数百人从之，号世忠营。授职方郎，寻改御史，作《监国鲁元年大统历》颁之浙东。马士英奔方国安营，众言其当诛，熊汝霖恐其挟国安为患也，好言慰之。宗羲曰："诸臣力不能杀耳！春秋之孔子，岂能加于陈恒，但不谓其不当诛也。"汝霖谢焉。又遗书王之仁曰："诸公不沉舟决战，盖意在自守也。蕞尔三府，以供十万之众，必不久支，何守之能为？"闻者皆韪其言而不能用。

至是孙嘉绩以营卒付宗羲，与王正中合军得三千人。正中者，之仁从子也，以忠义自奋。宗羲深结之，使之仁不得挠军事。遂渡海屯潭山，由海道入太湖，招吴中豪杰，直抵乍浦，约崇德义士孙奭等内应。会清师纂严不得前，而江上已溃。宗羲入四明山结寨自固，余兵尚五百人，驻兵杖锡寺。微服出访监国，戒部下善与山民结。部下不尽遵节制，山民畏祸，潜薰其寨，部将茅翰、汪涵死之。宗羲无所归，捕檄累下，携子弟入剡中。闻鲁王在海上，仍赴之，授左副都御史。日与吴锺峦坐舟中，正襟讲学，暇则注《授时》《泰西》《回回》三历而已。

宗羲之从亡也，母氏尚居故里。清廷以胜国遗臣不顺命者，录其家口以闻。宗羲闻之，亟陈情监国，得请，遂变姓名间行归家。是年监国由健跳至瀚洲，复召之，副冯京第乞师日本。抵长崎，不得请，为赋式微之章以感将士。自是东西迁徙无宁居。弟宗炎坐与冯京第交通，刑有日矣，宗羲以计脱之。甲午，张名振间使至，被执，又名捕宗羲。丙申，慈水寨主沈尔绪祸作，亦以宗羲为首。其得不死，皆有天幸，而宗羲不慑也。其后海上倾覆，宗羲无复望，乃奉母返里门，毕力著述，而四方请业之士渐至矣。

戊午，诏征博学鸿儒。掌院学士叶方蔼寓以诗，敦促就道，再辞以免。未几，方蔼奉诏同掌院学士徐元文监修《明史》，将征之备顾问，督抚以礼来聘，又辞之。朝论必不可致，请敕下浙抚钞其所著书关史事者送入京，其子百家得预参史局事。徐乾学侍直，上访及遗献，复以宗羲对，且言："曾经臣弟元文疏荐，惜老不能来。"上曰："可召至京，朕不授以事。即欲归，当遣官送之。"乾学对以笃老无来意，上叹息不置，以为人材之难。宗羲虽不赴征车，而史局大议必咨之。历志出吴任臣之手，总裁千里遗书，乞审正而后定。尝论《宋史》别立《道学传》，为元儒之陋，《明史》不当仍其例。朱彝尊适有此议，得宗羲书示众，遂去之。卒，年八十六。

宗羲之学，出于蕺山，闻诚意慎独之说，缜密平实。尝谓明人讲学，袭语录之糟粕，不以六经为根柢，束书而从事于游谈。故问学者必先穷经，经术所以经世。不为迂儒，必兼读史。读史不多，无以证理之变化；多而不求于心，则为俗学。故上下古今，穿穴群言，自天官、地志、九流百家之教，无不精研。所著《易学象数论》六卷，《授书随笔》一卷，《律吕新义》二卷，《孟子师说》二卷。文集则有《南雷文案》《诗案》。今共存《南雷文定》十一卷，《文约》四卷。又著《明儒学案》六十二卷，叙述明代讲学诸儒流派分合得失颇详，《明文海》四百八十二卷，阅明人文集二千馀家，自言与十朝国史相首尾。又《深衣考》一卷，《今水经》一卷，《四明山志》九卷，《历代甲子考》一卷，《二程学案》二卷，辑《明史案》二百四十四卷，又《明夷待访录》一卷，皆经世大政。顾炎武见而叹曰："三代之治可复也！"天文则有《大统法辨》四卷，《时宪书法解新推交食法》一卷，《圜解》一卷，《割圜八线解》一卷，《授时法假如》一卷，《西洋法假如》一卷，《回回法假如》一卷。其后梅文鼎本《周髀》言天文，世惊为不传之秘，而不知宗羲实开之。晚年又辑《宋元学案》，合之《明儒学案》，以志七百年儒苑门户。宣统元年，从祀文庙。

宗炎，字晦木。与兄宗羲、弟宗会俱从宗周游。其学术大略与宗羲等。著有《周易象辞》三十一卷，《寻门余论》二卷，《图书辨惑》一卷，力辟陈抟之学。谓《周易》未经秦火，不应独禁其图，至为道家藏匿二千年始出。又著《六书会通》，以正小学。谓扬雄但知识奇字，不知识常字，不知常字乃奇字所自出也。又有《二晦》《山栖》诸集，以故居被火俱亡。康熙二十五年，卒，年七十一。

宗会，字泽望。明拔贡生。读书一再过不忘。有《缩斋文集》十卷。

百家，字主一。国子监生。传宗羲学，又从梅文鼎问推步法。著《句股矩测解原》二卷。康熙中，明史馆开，宗羲以老病不能行，徐乾学延百家入史馆，成史志数种。

附录三 梨洲末命

黄宗羲

余圹虽成，然顶未淋土，非三百担不可，此吾日夕在心者也。

吾死后，即于次日之蚤，用棕棚抬至圹中；一被一褥，不得增益；棕棚抽出，安放石床。圹中须令香气充满，不可用纸块钱串一毫入之；随掩圹门，莫令香气出外。墓前随宜分为阶级、拜坛，其下小田，分作三池，种荷花。

春秋祭扫，培土要紧，切不可一两担循故事而已。其祭品：干肉一盘、鱼腊一盘、果子两色、麻餈一盘、馒首一盘。上坟须择天气晴明，第一不可杀羊。天雨变为堂祭，此流俗无礼之至也。凡世俗所行折斋、做七，一概扫除。来吊者五分以至一两并纸烛，尽行却之。相厚之至，能于坟上植梅五株，则稽首谢之。

有石条两根，可移至我圹前，作望柱。上刻："不事王侯，持子陵[1]之风节；诏钞著述，同虞喜[2]之传文。"若再得二根，架以木梁，作小亭于其上，尤妙。

---

[1] 严光字子陵，汉代隐士，余姚人，婉拒光武帝征召，隐居富春江一带，终老林泉。
[2] 虞喜，东晋学者，余姚人，博学好古，尤喜天文历算。

附录四　文孝梨洲先生私谥议

万言

先生既卒之明年，小祥[1]迈矣。其孤百家以谢吊至宁[2]，门人二十有七人聚于言舍[3]，援陶靖节[4]、王文中[5]、孟贞曜[6]之例，谋所以私谥先生者。

董充玮曰："先生之在本朝，征聘不起，则犹然士[7]也。《檀弓》记礼所由失，谓士之有诔，自县贲父始。可知士不当谥矣。吾党以此加先生，不几诬乎？"万斯备曰："先生尝以副宪[8]从亡。景炎、祥兴之

---

① 逝世周年曰小祥。
② 宁波。
③ 万言家中。
④ 陶渊明私谥"靖节"。
⑤ 王通，隋末大儒、民间教育家、诗人王勃的祖父，死后由门人私谥"文中子"。
⑥ 即孟郊，死后由诗人张籍为其私谥"贞曜"。
⑦ 这里指没有官职的读书人，亦即布衣。
⑧ 黄宗羲在监国行朝官授左副都御史。

除拜^①，至今正史犹遵之。先生所仕，虽偏隅之主，夫宁得竟泯其迹乎？副宪三品，当谥。先生之谥无所疑也。"陈自瞬曰："然则当谥为'文'。先生渊源六籍，贯穿百家，赋物则万态毕呈，论性则三品俱绌。以此为谥，其庶几乎？"刘甲曰："自宋以前，谥多一字，今之典制必取兼美。先生袖锥北阙，以刺父仇；承欢箭山，以康耄母。'文'而加'孝'，斯为允宜。"仇兆鳌曰："不然！孝者一身之行，而一家之事也。先生抗蹈海之踪，而高不事之守，直使商山可五，首阳可三，此宇内正气之宗，有明三百年纲常所系也。谥以'文节'，乃不失先生之大全矣！"言于是与冯政、仇云蛟、陆鋆、李开、高宇亮、高宇隆、裘链、姜宸萼、陈和衷、陈之璿、毛文强、王锡庸、李暾、郑性、张锡琨、张锡璜、张锡璁、王锡仁、陈汝登、董胡骏、董孙符，万世标折衷众论而断之曰：

> 道德博闻，先生之文不待言矣。顾非先生之孝，无以启先生之节之奇；抑惟先生之节，愈以成先生之孝之大。盖言节而先生之制行固直而彰，言孝而先生之立心更曲而苦也。

爰取谥法"秉德不回曰孝"之义，而以"文孝"拟正；更取"好廉自克曰节"之义，而以"文节"拟陪。共就先生像前决之，得"文孝"二字。先生之灵，殆欲自昭其苦志之所在欤？

于是退记其语，以传于门人之去宁与非宁者。康熙丙子重九日，甬上门人万言百拜谨议。

---

① 景炎为南宋端宗赵昰年号，祥兴为南宋怀宗赵昺年号，他们在位时宋室都已处在被蒙元追击围剿状态。除拜，即官职之任免。

附录五 《交游尺牍》① 选注

顾炎武

辛丑②之岁，一至武林③，便思东渡娥江④，谒先生之杖履，而逡巡未果。及至北方十有五载，流览山川，周行边塞，粗得古人之陈迹。而离群索居，几同伧父。年逾六十，迄无所成，如何如何！伏念炎武自中年以前，不过从诸文士之后，注虫鱼、吟风月而已。积以岁月，穷探古今，然后知后海先河，为山覆篑，而于圣贤六经之旨，国家治乱之原，生民根本之计，渐有所窥，恨未得就正有道。顷过蓟门，见贵门人陈、万二君⑤，具念起居无恙，因出大著《明夷待访录》，读之再三，于是知

---

① 原见《南雷文定》，共收书信二十六通，兹选其九。
② 1661 年。
③ 杭州。
④ 即曹娥江，浙江第三大河，以孝女曹娥投江故事得名，源于金华尖公岭，流经新昌、嵊州、上虞，在绍兴入杭州湾。
⑤ 即陈锡嘏、万斯同。

天下之未尝无人，百王之敝可以复起，而三代之盛可以徐还也。天下之事，有其识者未必遭其时，而当其时者或无其识，古之君子所以著书待后有王者起，得而师之。然而《易》"穷则变，变则通，通则久"，圣人复起而不易吾言，可预信于今日也。炎武以管见为《日知录》一书，窃自幸其中所论，同于先生者十之六七。惟《奉春》一策，必在关中[①]，而秣陵[②]仅足偏方之业，非身历者不能知也。但鄙著恒自改窜，且有碍时，未刻。其已刻八卷及《钱粮论》二篇，乃数年前笔也，先附呈大教。倘辱收诸同志之末，赐以抨弹，不厌往复，以开末学之愚，以贻后人，以幸万世，曷任祷切！

沈寿民

知己之难久矣！梨洲先生之于弟，与弟之于梨洲先生，今世裁一见耳。家印侄招晤濑[③]上，反复存注，恨不即披衣从之。世路羊肠，踢天踣地，不敢逾咫尺，先生悉此情事哉？初意道驾西来，不腆[④]敬亭[⑤]，愿撰杖履，自此陟黄岳[⑥]，渡渐江[⑦]，下严濑[⑧]，买舟而东，拜吾母太夫人[⑨]堂下。日复一日，好音不续，此志渐颓。眼中之人老矣，而弟尤甚，奈之何哉！奈之何哉！道旨愧未亲承，然于诸时贤传诵，颇窥什一，古今生知惟尧、学知惟舜[⑩]，大禹口口说艰说难，殆困知也。旨哉言乎！佩服佩服！

---

① 西安一带。
② 南京别称。
③ 濑，溧水别名，在江苏。
④ 谦词，意浅薄。
⑤ 敬亭山，在宣州城北水阳江畔。
⑥ 即黄山。
⑦ 新安江。
⑧ 即严陵濑，严光隐钓处，在桐庐县南。
⑨ 指黄宗羲母姚氏。
⑩ 古称尧生而知之，舜学而知之。

恽日初

河干握别，倏已五年，跂想无已。笫兄邮中得手教，知故人之思，彼此同也。弟今年七十又加二，精神志气，较五年前更大相悬，不复能读书，有所历进。而二三旧学兄弟又不能合并相劘切，崦嵫日月，尽弃之于无用，为可叹息，不知仁兄何以策之？先师《节要》①，敝乡学者亟欲见其书，遂谋付梓，所乏纸价，不能广为流通，今却寄一部。卷首要刊同门姓氏②，弟不知其详，吾兄幸为参酌其关系者数人寄示。老师之学，同门中惟吾兄能言之，或作序，或书后，惟尊意。吾兄所为《状》③，欲采入附录中，并望惠教。《节要》中有可商榷处，更希一一昭示。

陈确

仁兄以硕德宏才，扩无类之教，唤醒群迷，吾道幸甚！弟病废十有五年，困苦万状，尚赊一死，不知何故，惟有冥心待尽而已。弟愚人也，何敢言学？唯是世儒习气，敢于诬孔、孟，必不敢信程、朱，时为之痛心。《性解》数篇呈教，据褊见所及如此，是非一听天下之公，弟何敢强辩！重蒙驳正，感极涕零，病极未能一一作答，唯有痛自刻责已耳。空玷山阴④之门，不能设诚制行，即一二知己，未能相喻，何况其他！为学原不在多言，顾力行何如耳。即弟所答刘世兄⑤书，极为辞费，自以通家骨肉，直抒胸臆如此，已深悔其渎矣！

---

① 指《刘子节要》，由恽日初携其弟子编于康熙七年。
② 指刘宗周弟子名录。
③ 即《子刘子行状》，黄宗羲作于康熙六年。
④ 山阴，绍兴古名。刘宗周绍兴人，代指刘宗周。
⑤ 当指刘宗周子刘汋。

汤斌

戊申①承先生赐《证人会语》，又得读《蕺山遗书》，知吾道真传，实在先生。此心归依，寤寐以之。惜当时渡江匆匆，未得面晤，至今歉然。戊午②入都，于叶讱老③案头得读《待访录》，见先生经世实学。史局既开，四方藏书大至，独先生著述宏富，一代理学之传，如大禹导山导水，脉络分明，事功文章，经纬灿然，真儒林之巨海，吾党之斗杓也。承乏试事，拟撤棘后方一登龙门，遂夙昔之愿。乃蒙主一④年兄惠然远临。恭接台函，眷爱殷殷，若以为可与闻斯道者。斌何幸得此于先生哉！窃以学者要在力行，今之讲学者只是说闲话耳。诋毁先儒，争长竞短，原未见先儒真面目。学者不从日用伦常躬行实践，体验天命流行，何由上达天德？何由与千古圣贤默相契会？如此，即推奉先儒与诋毁先儒，皆无当也。蕺山先生曰："天理何理？归之日用；日用何用？归之自然。"又曰："心体本自圆满，忽有物以撄之，便觉有亏欠处。自欺之病，如寸隙当堤，江河可决。"此切至之言也。先生曰："蕺山从严毅清苦中，发为光风霁月，学问缜密而平实。《人谱》一书，真有途辙可循，不患不至上达。"此善论蕺山者也。斌谓今日学者，当以蕺山为宗，既所以教末学之流弊，而得大中至正之道，无事他求也。承谕《蕺山学案序》，自顾疎陋，何能为役！然私淑之久，不敢固辞，此最有关系文字。目下匆匆起行，不敢率尔命笔。舟中无事，敬书请政。斌得附名简末，遂数十年景仰之私，为幸多矣。《忠端公集》，盥手拜读，如对道容。敬谢敬谢。临楮瞻依，言不尽意。

---

① 1668 年。
② 1678 年。
③ 即叶方蔼，号讱庵。
④ 黄百家，表字主一。

陈维崧

崧发未燥，即知忠端公，当代之日星河岳也。稍长读书，授章句，随家大人①后，获识海内贤豪诸先生。年十三，即执经楼山②夫子之门。盖梨洲先生之高风，得于父师所颂述者非一日矣。嗣后世故鞅掌，楼山师既慷慨赴义，先大人亦修所南③、皋羽④之节。茹恨黄垆⑤，遗迹不彰，将就湮没，崧诚私心痛之！每欲乞当世能文章者作为传记，以附不朽。而数年以来，环顾父友，无一二人在者。岿然鲁灵光⑥，独有黄先生耳！若又不刲肝沥血，哀恳大君子前，赐以志铭，钻之墓石，是崧遂忍死吾亲也，崧即腼焉若禽兽哉，何敢出此！当今不乏能文家以韩、欧自命，然贵而在上者，虽瑰辞钜制，举非先子之所乐闻；其穷而在下操著作之柄者，又或未知先人本末。惟吾先生知之最深。先生而肯惠以言，则先人固借大文以不朽矣。此固先人志也。崧不肖，不能守父遗教，遂婴世网，其为先生所屏弃也固宜。惟是祖父⑦以来，与尊门同其出处者五十年于兹矣。傥不以不孝孤而终弃之也，维崧幸甚！先君子亦幸甚！一缣将意，深愧辎襄，惟先生鉴其诚可也。

---

① 即陈贞慧，复社名士，明末四公子之一。
② 吴应箕，号楼山，贵池人，复社名士，乙酉抗清被执不屈死。
③ 郑所南，宋亡后以遗民终。
④ 谢翱字皋羽，宋遗民。
⑤ 黄垆，即坟墓。范成大《伊尹墓》："三尺黄垆直棘边，此心终古享皇天。"
⑥ 东汉王延寿名篇《鲁灵光殿赋》，借宫阙描写以怀汉室，句云："遭汉中微，盗贼奔突，自西京未央、建章之殿皆见隳坏，而灵光岿然独存。"
⑦ 陈维崧祖父陈于廷，官左都御史，东林党人，与黄尊素为同志。

徐乾学

乾学束发受书时，习闻前朝文献，即知有忠端公，大节凛然，昆玉秋霜，照耀千古，私心恒向往之。又闻先生隐居不出，博极群书，深明理学，著述等身，皆有裨于世教，蔚然为东南大儒。乾学亟欲造请云亭，敬聆惇诲，而山川缅邈，兼为世网所牵，未能一展宿心，此中耿耿，常若有所失。顷接手书，情文肫挚，披读再三，如亲眉宇。乾学于文章一道，虽常苦心研究，而命意属词，终未能窥古作者之壶奥。先生过为奖许，殊不敢当。至以祠碑①见委，斯事体大，又难胜任。然数十年向慕之诚，得以片言附琬琰之末，绰有余荣，纵自分固陋，亦不敢辞也。承告忠端公二事，真阐幽之论。所称正气流通，鉴往察来，不假数术者，与古事适相类。然忠端公光明俊伟，直接邹、鲁②一派。其卒也，当为浩气流行于天地之间，岂胥③涛之愤激所能仿佛万一哉！诗以"属镂"④自喻，犹为谦也。意欲稍为发挥，不敢率尔下笔。俟心绪稍清，当积精构思，以应台命耳。

朱彝尊

康熙十九年，监修《明史》昆山徐公立斋⑤，举梨洲黄先生入史馆编纂。先生辞不赴，以经义教授乡里，聚书万卷，从游弟子数百人。先生长予且二十年，余童稚时，即知先生名。方忠端公与六君子同时为魏忠

---

① 黄尊素祠碑文。
② 孔子，鲁国人；孟子，邹国人。
③ 胥门，古苏州城门，传伍子胥死后挖睛悬于此门，故名胥门。
④ 古剑名，传伍子胥忠谋，吴王赐之属镂之剑，自刭而死。此处引为忠义之意。
⑤ 徐元文，字立斋。

贤所害。思陵^①即阼，先生诣阙讼冤，手铁椎椎许显纯，又椎崔呈秀之胸，拔其须，归而焚之，告于忠端公墓。勇哉，先生之复父仇也！既而偕两弟读书谭艺，合名士襟契。转往兵戈俶扰之中，不忤俗以为高，不妄交以干祸，先生之明哲，又有不可及者。回思曩昔讼冤之日，除恶难于拔山。迨忠贤虽僇，而其党散处四方，泊乎南渡，若厝火之复灼，盖至十年以来，始消歇无复存者。而先生犹康强无恙。忠端公特祠，春秋膢腊，率子姓奉祀；目击其先公之大节，具书于国史。先生之心，足以自慰。余之出，有愧于先生。顾性好聚书，传钞不辍，则与先生有磁芥之合。明年归矣，将访先生之居而借书焉，冀先生之不我拒也。

许三礼

先生当世文献，渊源有本，仰止实甚！何幸道以时著，学自天开，其值九百六十年嘉会，圣主^②幸鲁^③表圣，虑天下学者但知孔圣垂教万世已耳，特经开发而后，乃今莫不共知此道上备元亨利贞^④天德，中集皇帝王霸治统，下而生长收藏天下万世民物，前古后今，言理言心。说知说行，总未尝透彻如今日，岂偶然哉！遡自唐开元十二年甲子逢乾，素圣南面，计至今康熙二十三年甲子逢乾，师表万世^⑤，圣道昌明，恰符千岁日至，应其时而圣系彰，天为之也。不先不后，先生初度齐八十，海内庆道长者望属东南，不向先生而谁归之哉！

---

① 即崇祯皇帝。
② 指康熙皇帝。
③ 曲阜。
④ 乾卦卦辞，大德之谓。《程氏易传》卷一："元亨利贞，谓之四德。元者，万物之始；亨者，万物之长；利者，万物之遂；贞者，万物之成。"
⑤ 康熙皇帝书"万世师表"四字，赐为匾额，悬于孔庙大成殿。

附录六 近人评骘小辑

章太炎

季明之遗老，惟王而农为最清。宁人居华阴，以关中为天府，其险可守，虽著书，不忘兵革之事。其志不就，则推迹百王之制，以待后圣，其材高矣！征辟虽不行，群盗为之动容，使虏得假借其名以诳耀天下。欲为至高，孰与船山榛莽之地，与群胡隔绝者。要有规画，则不得不处都市。王之与顾，未有以相轩轾也。黄太冲以明夷待访为名，陈义虽高，将俟虏之下问。昔文天祥言以黄冠备顾问，世多疑其语为诬，端居而思，此不亦远乎？以死拒征，而令其子百家从事于徐、叶间。若曰明臣不可以贰，子未仕明，则无害于为虏者，以《黄书》种族之义正之，则嗒焉自丧矣！

（《衡三老》，《民报》第九号，1906 年 11 月 15 日）

梁启超

梁洲有一部怪书，名曰《明夷待访录》。这部书是他的政治理想。从今日青年眼光看去，虽像平平无奇。但三百年前——卢骚《民约论》出世前之数十年，有这等议论，不能不算人类文化之一高贵产品……的确含有民主主义的精神，虽然很幼稚，对于三千年专制政治思想为极大胆的反抗。在三十年前，我们当学生时代，实为刺激青年最有力之兴奋剂。我自己的政治运动，可以说是受这部书的影响最早而最深……此书乾隆间入禁书类，光绪间我们一班朋友曾私印许多送人，作为宣传民主主义的工具。章太炎不喜欢梨洲，说这部书是向满洲上条陈，这是看错了。《待访录》成于康熙元、二年。当时遗老以顺治方殂，光复有日。梨洲正欲为代清而兴者说法耳。他送万季野北行诗，戒其勿上河汾太平之策，岂有自己想向清廷讨生活之理？

（《中国近三百年学术史》，东方出版社，1996，第52—54页）

钱穆

梨洲讲学，初不脱理学家传统之见。自负为蕺山正传，以排异端为己任。至其晚年而论学宗旨大变，备见于其所为《明儒学案序》。然此特就其争门面、争字句处看则然耳。其实梨洲平日讲学精神，早已创辟新局面，非复明人讲心性理气、讲诚意慎独之旧规。苟略其场面，求其底里，则梨洲固不失为新时代学风一先驱也。

季野《明史》之学，实受于梨洲。此其治史注意于当身现代之史，异于后之言史多偏于研古者一也。二曰注意于文献人物……此种重现代、尊文献之精神，一传为万季野，再传为全谢山，又传为邵二云、章实斋。浙东史学，遂皎然与吴、皖汉学家以考证治古史者并峙焉。

明社既屋，兴复之望既绝，乃始激而为政治上根本改造之空想。此亦明末遗老一种共有之态度，而梨洲对政治理想之贡献，则较同时诸老为宏深。其议论备见于《明夷待访录》……其《原君》《原臣》诸篇，发明民主精义，已为近人传诵……其他诸篇，亦皆对政治上几种重要问题加以根本之讨虑。盖东林之议政，不过人物贤奸，出处忠佞而止。迄乎梨洲之时，则外族入主，务以芟薙为治，贤奸忠佞之辨无所用。一二遗老，留身草泽，惊心动魄于时变之非常，垂意来叶，既于现实政治，无堪措虑，乃转而为根本改造之想，以待后人。此亦当时一种可悲之背景有以酿成之也。今读其书者，惊其立说之创辟，而忘其处境之艰虞，则亦未为善读古人书矣。

（《中国近三百年学术史》，商务印书馆，1997，
第30—31、35、36—39页）

谢国桢

梨洲生于百六之后，身丁阳九之厄，当清兵南侵，南都倾覆之时，起兵江上，参加戎行，目睹全国人民义愤填膺，前仆后继，抗清义师力量之伟大，梨洲本负有忠义之气节，爱国之热忱，遂发为民族思想，民主学说。又鉴于人民英勇之气概与当时君主昏庸无能之对比，痛心匡复之举，功败于垂成，故曰："为天下之大害者君而已矣。"是有其历史之背景，社会之根源也。因之梨洲之政治思想，首在："天下之治乱，不在一姓之兴亡，而在万民之忧乐。"以为君臣本同为保卫疆土，维持社会秩序之人，君主与人臣虽有地位之高下，而职守则相同。故云："夫天下犹曳大木然，前者唱邪，后者唱许，君与臣共曳木之人也。"又曰：

"天下之大，非一人之所能治，而分治之以群工。"是则以君臣关系，仅在于分工而治，所谓君者，亦臣民中之一员也。迨后世，"臣为君而设，视天下人民为人君囊中之私物。"于是民生凋敝，君臣之道大坏，为君者遂肆无忌惮是，为所欲为，而其害有不可胜言者。至其所谓"我之出仕者，非为君也，为万民，非为一姓。"则一反过去忠于王室之传统观念，进而为服务人民、服务国家之思想，乃尤有进步意义而含有民主主义意识者也。

（《黄梨洲学谱》，商务印书馆，1956，第59—60页）

侯外庐

宗羲是中国近代第一个把历史上所谓农业为本工商为末的观点颠倒过来，具有工商业自由生产的理想的人……他的"工商皆本"之论，在三百年前是珍奇的思想。因此，我们认他为城市平民反对派的异端，并非杜撰。他这一主张积极则期望于富民，消极则攻击封建的特殊享乐。

宗羲的经济思想，已有"国民之富"的萌芽。一则曰"天下安富"，再则曰"金银……与民间无与，则银力竭"，三则曰"遂民之生，使其繁庶"，其内容近似于近代魁奈"经济表"的思想。

上节所讲宗羲的经济思想，大都根据他的代表作《明夷待访录》来论述的。此书前于卢梭《民约论》一个世纪……类似《人权宣言》，尤以《原君》《原臣》《原法》诸篇明显地表现出民主主义思想……他更超过了王朝更替的中古君臣之义，去寻求新的制度。这在《明夷待访录》中，也可以看出来的。他开宗明义即把中古分为一乱，客观的历史使他憧憬着资本主义式的一治……他不是以朝代更替划分时代，而是以中古一乱划分时代的。他所经历的历史，具有着资本主义的萌芽形态，因此他也有将来的信仰。所谓"一治"，是梦想着远处光明。

（《中国早期启蒙思想史》，人民出版社，1956，

第 145—146、150、155—157 页 ）

金耀基

先生才高力勤，于古今学问，莫不旁推交通，其影响学术界最大者是他的史学。所著《明儒学案》为中国第一本完善的学术史，非徒为讲学之圭臬，抑且为史学界之新纪元。其他著作如《易学象数论》《授书随笔》，皆为清儒治学之先导。而他在五十四岁时所写的《明夷待访录》，则是最为有关政治思想的名著。其中《原君》《原臣》《学校》诸篇，置诸洛克（John Locke）《政府论》（ *The treaties of Civil Government* ）中可无逊色，较之卢梭（J.J.Rousseau）之《民约论》（ *The Social Contract* ）已着先鞭矣。其所论之民本思也实上继孟子贵民之绝学，下开梁启超、孙中山诸氏民治思想之先河。

梨洲的"君客民主"的思想。可以说是承继了儒家民本思想的大遗产而加以阐扬光大的，吾人谓梨洲是中国民本思想之集大成者，当非溢美。从他"天下为主。君为客"的观念推衍开去。便是肯定了人民为政治之主体，而逼近了西洋近代"主权在民"的思想，是不能不说是中国政治哲学中极精彩的一页。

梨洲是中国民本思想之集大成者，他这部《明夷待访录》可说是我国民本思想的渊海，其立论之大胆精确，见解之深远密察，足可与孟子先后辉映，与卢梭东西媲美，所陈之政治理想为学术中极精彩的高贵产品，不仅在亡明遗老中为首屈一指，即在我国二千多年士林中，亦罕有与其匹者。顾亭林与梨洲书谓："读之再三，于是知天下之未尝无人，百

王之弊可以复起，而三代之盛可以徐还也。"他的推崇可说无以复加了。

（《中国民本思想史》，台湾商务印书馆，1997，

第 150、151、155 页）

朱维铮

章太炎反复研究过清代学术文化史。对于二百六十多年里出现的学派和学者，曾在不同时期，从不同角度，作过不同评价。他主编《民报》时期，以"说林"为总题，陆续发表过一串学术短论。内有一组关于清代学术史的评论，便拿学者们对待清朝统治者的实际态度，作为检验他们优劣和影响的标准。

三老，就是三位晚明遗老——黄宗羲、顾炎武和王夫之。他们都是有思想的学者，都做过南明政权的官，都拒绝同清朝统治者合作，但在清朝前期的遭遇却颇不相同：黄宗羲活得最舒服，被尊为一代史学的宗师；顾炎武生前名声很大，死后有些著作遭禁止，到乾嘉时期又被奉为考据学的开山；王夫之隐居深山，著作湮没无闻上百年。原因呢？章太炎从政治上估量的结果，认为在于三人的反清气节实不相同：黄主妥协，顾有求名嫌疑，王最坚定。

本文虽短，却有助于澄清某些误解，如说章太炎一味仰慕顾炎武，讨论学术总由古文经学的门户之见出发等。这类说法不能解释以下事实：章太炎在戊戌维新时期高度赞扬过《明夷待访录》，据此将黄宗羲列为唐以后唯一值得推许的古人，为什么这里却据此斥他没骨气？同样，这里对讲理学的王夫之的评价，实际上也高于讲经学的顾炎武。可见，单看现象，单看观念，说不清楚思想的变化。

（《走出中世纪》增订本，复旦大学出版社，2007，第339—340页）

温家宝

晓风先生：

承赠"割爱"之藏书已收到，深表谢意。因忙于"两会"，迟复为歉。我喜读黄宗羲著作，在于这位学问家的许多思想有着朴素的科学性和民主性。身为天下人，当思天下事。而天下之大事，莫过于"万民之忧乐"了。行事要思万民之忧乐，立身要先天下之忧而忧，后天下之乐而乐。我应谨记这些道理，并身体力行。

顺祝

春安

温家宝　二〇〇五年三月廿二日夜

（《温家宝总理论黄宗羲思想的亲笔信》，
《浙江学刊》，2005 年第 4 期）

后记

一百年来，中华民族翘首期盼的，应不仅仅是器物现代化抑或生活之富足，而是开明、健康、充满善意、令人愉快的社会。

一九二三年，梁启超论述五十年间中国走过的路，把它分为三期，第一期是从器物上感觉不足，第二期是从制度方面感觉不足，第三期是从文化方面根本感觉不足。

这确是我们民族觉悟的三个阶段，但当中有一个大失误，就是认为中国补上这些不足，唯有走全盘西化的路——陈独秀所谓"欧洲输入之文化"——中国文化则被置于彻底否定的境地。比如鲁迅说，"我以为要少——或者竟不——看中国的书"。

但一个国家，尤其是一个古老民族，完全用拿来主义办法，不能解决自己的问题。

历史进化，缺不了一门功夫：解释学。西方的近代之路怎么来的？很多人忘记它先后做过两件重要的事情。一个文艺复兴，通过祖述希腊，走出中世纪。一个宗教改革，使基督教核心价值融入资本主义伦理。这两件事，使西方打通了自己的古代、中古和近代文明。不独西方，其他近代化之路走得扎实的地方，也都不曾将传统打烂。我们左近，有日本可以观察。

莫非中国人不懂这个道理？不是。春秋战国，是运用解释学衔接过去未来的典范，孔子就是一位解释学大师，他通过"述周"，为中国后来两千年世界领先的农耕文明奠定基础。秦代大斫伤后，汉儒又出色地完成了文明接续任务。已经嗅到近代民族国家气息的宋明两代，也是解释学重镇，而着手于与欧洲文艺复兴、宗教改革相似的新儒学建设。

说起来，二十世纪中国对自身传统也并非不曾尝试新的解释，但一是专挑中国文化坏的方面来解释，二是专把中国文化往坏里解释。终迄"文革"，这种思潮达到顶峰。

抹煞中国传统思想和文化，认为它只有消极面，造成一大困难，一大矛盾处境。一方面，更好社会绕不开人类共通价值；另一方面，此类价值却被指为中国所天然匮乏。于是，在中国讲民主、个人尊严、精神独立等，变成了伸张西方话语。美之者如此，詈之者亦然。

这是我们奋力向前的大障碍。中国要将社会改进目标从生产和技术的发达或国力强盛层次，提升到开明、健康、充满善意、令人愉快这种"好社会"层面，非得重新解释自己的文化，使之不外在于人类共通价值；比如，对民主社会、法治社会的追求，不是抄摹外国，不是以夷乱华，而是中国精神资源固有之义。

这不是搞廉价的"古已有之"。人类共通价值根植于普遍人性，本非一时一地、个别民族个别文化所独有。其次，中国文明既然数千年傲立于世，乃至是唯一从古代延嗣于今、不曾中断的文明体系，则必有厚德善因，以及正大轩昂的道理。诚然，历史上我们曾顿挫、停滞，以至有朽腐窳窾的段落。但是，讳疾固不可取，隐善扬恶又岂宜乎？良则良，莠则莠，理应分别论之。"夷狄之有君，不如诸夏之亡也。""民之于仁也，甚于水火。"从孔子起，倡文明、反野蛮，始终是中国历史主线，着眼整体，就能看见这条主线。

中国欠一个解释学努力，欠一个自己的文艺复兴和宗教改革。没有哪个国家可在一味反传统中完成过去、现在与未来的衔接，走出健康的现代之路。

实际上，近代中国曾经有过类似尝试，黄宗羲写《明夷待访录》、重新发明孟子，就是如此。而且他的工作，当时在世界范围甚至具有领先性。这些可贵幼芽，虽因社会条件严酷（清初激烈的民族矛盾）未能生长而夭折，但无疑是我们正面的精神资源，沿着它、通过它，可以追寻到中华文化向善和光明的力量。黄宗羲生前自觉地为吾族做着此事，三百多年后既有机会替他作传，我自当接过这衣钵。简而言之，为中国文化激浊扬清，彰其与人类文明并行不悖的一面。中国真正交其"大壮"之运——以今天话讲是实现向开明社会的进化——这将是关乎根本的环节，有巨量的工作在等待我们，几十个世纪的精神脉络和底蕴需要整理与重释，亟盼有识者同襄其事。

图书在版编目（CIP）数据

天崩地解：黄宗羲传 / 李洁非 著. -- 北京：作家出版社，2014.7（2016.2 重印）

（中国历史文化名人传丛书）

ISBN 978-7-5063-7422-4

Ⅰ.①天… Ⅱ.①李… Ⅲ.①黄宗羲（1610～1695）-传记 Ⅳ.①B249.3

中国版本图书馆CIP数据核字（2014）第122594号

天崩地解——黄宗羲传

作　　者：李洁非
责任编辑：林金荣
书籍设计：刘晓翔+韩湛宁
责任印制：李卫东　李大庆
出版发行：作家出版社
社　　址：北京农展馆南里10号　　　　邮　　编：100125
电话传真：86-10-65930756（出版发行部）
　　　　　86-10-65004079（总编室）
　　　　　86-10-65015116（邮购部）
E-mail:zuojia@zuojia.net.cn
http://www.haozuojia.com（作家在线）
印　　刷：北京汇林印务有限公司
成品尺寸：152×230
字　　数：280千
印　　张：20
版　　次：2014年7月第1版
印　　次：2016年2月第2次印刷
ISBN 978-7-5063-7422-4
定　　价：60.00元（精）